CRIANÇAS e suas Vidas Passadas

CAROL BOWMAN

Crianças e suas Vidas Passadas

Como as lembranças de vidas passadas afetam nossos filhos

3ª Edição

SEXTANTE

Título original: Children's Past Lives

tradução
Gilson Dimenstein Koatz

preparo de originais
Regina Maria da Veiga Pereira

revisão
Ivone Teixeira e Luiz Otavio de Souza e Silva

capa
Luciana Melo e Monika Meyer

CIP-Brasil. Catalogação-na-fonte
Sindicato Nacional dos Editores de Livros, RJ.

B783c Bowman, Carol
Crianças e suas vidas passadas : como as lembranças de vidas passadas afetam nossos filhos / Carol Bowman e Steve Bowman ; prefácio do Dr. Brian Weiss ; tradução Gilson Dimenstein Koatz. — Rio de Janeiro : Salamandra, 1997 ; Sextante, 1999

Tradução de : Children's past lives

1. Reencarnação e crianças. I. Bowman, Steve. II. Título.

97-0972 CDD 133.9013
CDU 133.7

GMT Editores Ltda. Ltda.
Av. Nilo Peçanha, 155 - Gr. 301 - Centro
20020-100 - Rio de Janeiro - RJ
Tel.: (021) 524.6760 - Fax.: (021) 533.1622
Serviço de Atendimento a Clientes: 0800-22-6306

*Este livro é dedicado à memória
de Ian Ballantine, cuja visão e espírito
continuam a mudar o mundo.*

AGRADECIMENTOS

Meus sinceros agradecimentos às pessoas abaixo mencionadas, por sua ajuda:

À minha editora Betty Ballantine, por sua sabedoria e paciência, e pelas inúmeras horas de trabalho.

A Norman Inge, por ter dado a partida a esse processo.

Aplausos para Elisa Petrini, da Bantam, por ter juntado todas as peças.

Agradeço a Kyle King por sua magia; a Joseph Stern por um telefonema; a Judith Wheelock por seus esforços e perspicácia; a Ellen Nalle Hass, Dra. Emma Mellon, Susan Garrett, Rosemarie Pasdar, Amy McLaughlin e Michaela Majoun por terem gasto seu tempo lendo meus rascunhos, e por suas sugestões.

Sou grata a todos os casais que desejaram partilhar suas histórias.

Agradecimentos aos doutores Hazel Denning, William Emerson, David Chamberlain, Winafred Blake Lucas e Colletta Long por partilharem seus casos e por seu bom aconselhamento. E a Henry Bolduc, por seu infatigável entusiasmo desde o começo, e a Tineke Noordegraaf e Roger Woolger por seus magníficos ensinamentos.

Minha maior estima e amor por Sarah e Chase, por me deixarem contar suas histórias.

Minha gratidão eterna a Steve, meu co-autor nesta vida.

SUMÁRIO

SUMÁRIO

PREFÁCIO

São inúmeras as publicações que tratam de casos clínicos e relatos de reencarnação em adultos, mas há muito poucos livros sobre lembranças de vidas passadas em crianças. E, no entanto, as histórias que envolvem crianças são, quase sempre, as mais fascinantes e convincentes.

Já vi crianças falando em línguas estrangeiras às quais nunca tinham tido acesso em sua existência atual. Já ouvi várias vezes crianças narrando, com detalhes precisos, acontecimentos vividos há décadas ou séculos, quando "eram grandes". Em vários momentos, eu ou seus pais pudemos conferir essas lembranças. Presenciei um menino de quatro anos relatando sua experiência como piloto de um bombardeiro na Segunda Grande Guerra, descrevendo com incrível meticulosidade e perfeição a intrincada maquinaria e funcionamento do avião. As lembranças de vidas passadas destas e de outras crianças são espantosas e extremamente importantes.

Os pais precisam saber como identificar as lembranças de vidas passadas de seus filhos. É necessário que saibam que essas lembranças são normais e não devem ser motivo de preocupação ou objeto de tratamento psiquiátrico. E é também fundamental que aprendam a lidar com essas lembranças de seus filhos, para transformá-las em instrumentos de cura.

A criança pode ter, na vida atual, sintomas causados por traumas em vidas passadas. Por exemplo, o pânico de fogo, associado com problemas respiratórios e asma, muitas vezes tem origem numa morte em incêndio numa vida anterior. Você saberia o que fazer se um de seus filhos, com esses sintomas, tivesse sonhos ou vagas lembranças de acidentes com fogo?

Em outro dos meus casos, uma criança com terror de água lembrou-se de ter-se afogado numa vida passada. Depois disso, o medo desapareceu. Um menino de nove anos, que entrava em pânico cada vez que sua mãe se afastava, mesmo momentaneamente, ficou curado ao lembrar de sua separação traumática da mãe, seguida de morte, em outra existência, quando eram marido e mulher. Estes casos, como tantos outros, demonstram como a recordação de traumas em vidas passadas pode curar sintomas na vida presente de adultos e crianças.

É por todas essas razões que quero recomendar o livro de Carol Bowman, *Crianças e Suas Vidas Passadas*, especialmente para o público brasileiro. Durante minha primeira viagem ao Brasil, em agosto de 1996, fiquei profundamente impressionado com a espiritualidade de seu povo, com a abertura de sua mente e com a qualidade de seu interesse por minhas pesquisas e por meus livros. Estou certo de que vocês estão aptos a acolher e pôr em prática os conhecimentos e conselhos que Carol Bowman apresenta neste livro.

A abertura de espírito dos brasileiros permite que seus filhos lhes falem livremente de suas lembranças de vidas passadas. As crianças não têm medo de comunicar suas experiências. O livro de Carol Bowman irá seguramente contribuir para que os pais possam compreendê-las e ajudá-las. Por isso eu o recomendo com entusiasmo.

Dr. Brian L. Weiss, M.D.
Autor de *Muitas Vidas, Muitos Mestres*

PRIMEIRA PARTE

Histórias de Vidas Passadas

CAPÍTULO 1

Chase e Sarah

"Sente no colo da sua mãe, feche os olhos e conte-me o que vê quando ouve o barulho forte que o amedronta", pediu o hipnoterapeuta Norman Inge.

Meu coração bateu acelerado. Talvez agora pudéssemos resolver o mistério do medo de barulhos fortes do meu filho de cinco anos. Relembrei um incidente que ocorrera meses antes, em 4 de julho de 1988, quando o estranho comportamento de Chase começou.

4 DE JULHO DE 1988

Todos os anos, meu marido Steve e eu dávamos uma grande festa de 4 de julho, Dia da Independência americana, em nossa casa, que ficava a poucos minutos a pé do melhor ponto de Asheville para se assistir à queima de fogos. Nossos amigos e seus filhos pequenos ansiavam por se juntarem a nós no quintal de casa, onde passávamos a tarde. A festa sempre culminava com uma caminhada colina abaixo, até o campo de golfe, para assistir à grande queima de fogos.

Chase passara semanas comentando animadamente como se divertira nas festas dos anos anteriores, e sobretudo como gostara dos fogos. Seus olhos se arregalavam ao lembrar das cores brilhantes no céu. Desejava muito que o espetáculo desse ano fosse longo e espetacular.

Nossos amigos chegaram na tarde do dia 4 trazendo comida e caixas de estrelinhas. O quintal se encheu rapidamente e havia crianças por todos os cantos. Os adultos tentavam descansar na varanda, enquanto as crianças davam voltas pela casa e pelo quintal, tendo quase sempre Chase como líder.

Chase era um menino cheio de energia e curiosidade, muitas vezes impossível de parar, dando sempre a impressão de estarmos dois passos atrasados, tentando detê-lo antes que derrubasse alguma coisa.

Sarah, nossa filha de nove anos, se reuniu com as amigas ao lado da casa, criando sua própria festa.

Quando o sol desceu atrás das árvores, percebemos que era hora de juntar as crianças e preparar-nos para a caminhada. Peguei Chase quando passou correndo por mim e, levando mantas e lanternas, nos juntamos às pessoas que desciam nossa rua em direção ao campo de golfe.

UM MEDO INEXPLICÁVEL

Segurando firme a minha mão, Chase balançava meu braço e avançava aos saltos acompanhando as pessoas. As meninas mais velhas, amigas de Sarah, formaram seu próprio e risonho cortejo. Chegamos ao nosso lugar predileto e abrimos as mantas sobre o gramado íngreme. Daquele ponto víamos a planície e os campos de golfe cheios de gente. À medida que o céu escurecia, meninos e homens soltavam bombinhas e morteiros, enchendo o vale com explosões de luz, som e fumaça.

Movido pela ansiedade e pelo açúcar consumido, Chase subia e descia a colina com os amigos, até perder o gás e cair sentado no meu colo. Ficamos vendo o grupo barulhento lá embaixo, esperando o início da grande comemoração.

De repente, a explosão do início da queima de fogos reverberou colina acima, ecoando à nossa volta. O céu se iluminou, estalando com as explosões. A multidão à nossa volta gritava "oh" e "ah" a cada nova explosão de luzes e cores no céu escuro.

Porém, ao invés de se divertir, Chase começou a gritar. "Qual é o problema?", perguntei. Ele não conseguiu responder, gritando cada vez mais alto. Segurei-o fortemente contra mim, achando que estivesse tão exausto que as explosões o tivessem amedrontado. Seu choro se tornou mais profundo e desesperado. Após alguns minutos, pude perceber que Chase não se acalmava, só piorava. Senti que tinha que levá-lo para casa, afastá-lo do barulho e da confusão. Avisei a Steve que ia embora com Chase e pedi que ficasse com Sarah até o término da queima de fogos.

O pequeno percurso até a casa pareceu enorme. Chase soluçava tanto que não conseguia andar, e tive que levá-lo no colo. Continuava chorando quando chegamos em casa. Sentei numa cadeira de balanço na varanda dos fundos e o mantive no colo, esperando que se acalmasse. Quando seu choro se tornou um choramingo, perguntei se estava se sentindo mal ou se tinha se machucado, e sua resposta foi um não, balançando a cabeça. Perguntei se tinham sido as explosões que o amedrontaram, e ele voltou a chorar forte.

Não me restava outra coisa a fazer senão segurá-lo e embalá-lo. Chase foi se acalmando pouco a pouco e se aninhou no meu peito. E quando meus braços já não agüentavam segurá-lo mais tempo, caiu no sono e o coloquei na cama.

O comportamento incomum de Chase me intrigou. Nunca chorara tanto nem tão profundamente. E jamais tivera medo de fogos. Aquele incidente me pareceu estranho para um menino como Chase, que não era de se amedrontar facilmente. Afastei aquilo da minha cabeça, dizendo para mim mesma que ele devia estar esgotado após um longo dia de ansiedade e brincadeiras, ou talvez tivesse comido doces demais, ou algo que o tivesse indisposto – afinal, coisas assim acontecem às crianças.

Um mês depois, aquilo aconteceu novamente. Num dia quente de agosto, um amigo nos convidou para nos refrescarmos na piscina interna de sua casa. Chase adora nadar e estava louco para cair na piscina. Assim que entrou no recinto da piscina, onde o barulho do trampolim, o som dos mergulhos e dos gritos ecoavam, começou a chorar histericamente. Agarrou meu braço e, aos gritos, me puxou para a porta. Tentar conversar com ele foi inútil, só o fez me puxar com mais força. Desisti e o levei para fora.

Encontramos uma cadeira à sombra. Segurei Chase e perguntei o que o estava incomodando. Ele não conseguia me dizer, mas estava profundamente perturbado, aterrorizado com alguma coisa. Finalmente acalmou-se e, mesmo depois de ter parado de chorar, não consegui persuadi-lo a voltar à piscina.

Sentados ali, lembrei da outra vez em que agira assim, no dia 4 de julho. Relembrei do som dos fogos reverberando nas colinas, que provocara seu primeiro ataque histérico. E então percebi que o som do trampolim reverberando nas paredes nuas soava da mesma maneira. Perguntei a Chase se estava assustado com o barulho e ele concordou envergonhado, mas nem assim consegui convencê-lo a voltar para perto da piscina.

Então era aquilo, o estrondo! Mas *por que*, de repente, Chase passara a temer sons altos? Tentei entender, mas não consegui lembrar de nada que tivesse acontecido no passado que pudesse provocar uma reação tão forte aos ruídos de explosões. E era a segunda vez que acontecia no espaço de um mês. O medo parecia vir do nada. Será que passaria a acontecer mais freqüentemente, toda vez que Chase ouvisse um ruído forte? Fiquei preocupada. Aquilo poderia se transformar num problema de verdade, sobretudo se eu não estivesse por perto na próxima vez que ficasse histérico. Não sabia o que fazer e decidi esperar e rezar para que ele ultrapassasse aquele medo.

Poucas semanas depois, tivemos a sorte de ter Norman Inge como hóspede em casa. Ele é um homem maravilhoso e um competente hipnoterapeuta. Ficaria algum tempo conosco, durante o período em que fosse dirigir seminários sobre regressão a vidas passadas em Asheville, e fez algumas sessões particulares para alguns amigos meus. Tendo Norman como professor, começávamos a explorar os domínios da regressão a vidas passadas.

Certa tarde, Norman, Chase, Sarah e eu estávamos sentados à mesa da cozinha, tomando chá com biscoitos e rindo das histórias que Norman contava. Algo me lembrou o medo irracional que Chase sentira, e pedi a opinião de Norman. Ele ouviu meu relato e perguntou a Chase e a mim se queríamos fazer uma experiência. Embora não soubesse o que Norman tinha em mente, confiava nele e sabia que seria sensível às limitações do meu filho. E como Chase tinha tanto desejo de resolver seu problema quanto eu, ambos concordamos. Até aquele momento jamais havia imaginado que crianças pudessem lembrar de suas vidas passadas.

Ainda sentado à mesa da cozinha, Norman começou. Aquele momento, só depois pude perceber, foi um ponto crucial na minha vida.

CHASE VÊ A GUERRA

"Sente no colo da sua mãe, feche os olhos e conte-me o que vê quando ouve o barulho forte que o amedronta", disse Norman suavemente a Chase.

Olhei o rosto sardento de Chase. *Nada* poderia ter-me preparado para o que iria ouvir.

Imediatamente, Chase começou a descrever-se como um soldado armado – e um soldado adulto. "Estou de pé atrás de uma pedra. Empunho uma arma comprida com uma espécie de espada na ponta." Meu coração batia tão forte que o ouvia pulsar, e os cabelos dos meus braços estavam arrepiados. Sarah e eu nos entreolhávamos espantadas.

"Como você está vestido?", perguntou Norman.

"Visto roupas sujas e rasgadas, botas marrons e um cinturão. Estou agachado atrás de uma pedra, atirando contra o inimigo. Estou na beira de um vale. A batalha se espalha à minha volta."

Ouvia, surpresa, Chase falando em guerra. Jamais se interessara por brinquedos de guerra e nunca tivera uma arma de brinquedo. Sempre preferira jogos e brinquedos de construir, e era capaz de passar horas se divertindo com blocos, Legos e seus trens de madeira. Seu tempo diante da televisão era estritamente limitado a *Vila Sésamo* e *Mister Rogers,* e nenhum dos filmes de Disney que vira retratava guerras.

"Estou atrás de uma pedra", disse novamente. "Não quero olhar, mas tenho que fazê-lo ao atirar. Há fumaça e clarões por todos os lados. E barulhos fortes: gritos, urros e explosões fortes. Não tenho certeza do meu alvo – há muita fumaça no ar. Estou com medo. Atiro em tudo o que se move. Não me agrada estar aqui atirando em pessoas."

Embora fosse a voz infantil de Chase falando, o tom era sério e maduro – não característico de um menino de cinco anos. Parecia sentir realmente o que sentia o soldado e pensar como ele. Não queria estar ali atirando em outros homens, realmente. Não era uma imagem glorificada nem da guerra nem do comportamento de um soldado. Chase descrevia os sentimentos de um homem no calor de uma batalha, duvidando profundamente do valor de suas ações, aterrorizado, pensando unicamente em continuar vivo. Aqueles sentimentos e imagens vinham de algum ponto bem no seu íntimo. Aquilo não era invenção.

Até o seu corpo revelava quão profundamente vivenciava aquela passagem de vida. Enquanto descrevia-se atirando de trás da pedra, sentia seu corpo tenso no meu colo. Quando admitiu que não queria estar ali e atirar contra outras pessoas, sua respiração se acelerou e seu corpo se curvou como uma bola, como se tentasse se esconder e evitar o que via. Segurando-o, podia sentir seu medo.

Norman percebeu o sofrimento de Chase no papel de soldado que, para sobreviver, tinha que matar outros homens. Explicou a Chase, falando vagarosamente: "Vivemos várias vidas diferentes na Terra. A cada vez desempenhamos um novo papel, como atores numa peça de teatro. Aprendemos o que significa ser uma pessoa desempenhando esses diversos papéis. Algumas vezes somos soldados e matamos outros numa batalha, outras vezes somos mortos. Estamos simplesmente desempenhando nossos papéis para aprender." Usando uma linguagem simples, Norman enfatizava que não havia nenhuma vergonha em ser soldado. Assegurou a Chase que ele estava apenas cumprindo seu papel, mesmo que para isso tivesse que matar outros soldados na batalha.

À medida que meu filho ouvia Norman falar, seu corpo foi relaxando e sua respiração se regularizou. A angústia em seu rosto desapareceu. As palavras de Norman estavam funcionando. Chase entendia e reagia àqueles conceitos universais.

Quando Norman percebeu que Chase havia se acalmado, pediu que continuasse nos contando o que via.

"Estou agachado atrás da pedra. Fui ferido no pulso direito e o tiro partiu de um ponto acima do vale. Eu me arrastei para trás da pedra, segurando meu pulso onde foi atingido. Estou sangrando e me sinto tonto.

Um conhecido me tirou da batalha e me levou para o local para onde levam os feridos – não é um hospital comum, apenas uma barraca aberta, com muitas estacas, cheia de material. Há macas de madeira no lugar de camas. São duras e desconfortáveis."

Chase disse que se sentia tonto e podia ouvir o som dos tiros à sua volta enquanto faziam uma bandagem no seu pulso. Pouco depois, lhe ordenaram que voltasse para o campo de batalha, e ele voltou relutante.

"Estou voltando à batalha. Vejo galinhas na estrada e uma carroça puxando um canhão. O canhão está preso por cordas a uma carroça que tem grandes rodas."

Chase disse que recebeu ordens de manejar um canhão numa colina que dominava o campo de batalha principal. Estava visivelmente contrariado com aquela ordem e repetiu que não queria estar ali. Disse que sentia falta da família. Ao mencionar sua família, Norman e eu nos entreolhamos intrigados. Porém, antes que pudéssemos saber mais, Chase começou a ficar irrequieto e disse que as imagens estavam desaparecendo. Abriu os olhos, olhou em volta da cozinha, viu-nos e sorriu. O brilho infantil voltara ao seu rosto. Norman perguntou como se sentia. Chase respondeu alegremente que estava bem. Então, saltou do meu colo, pegou um biscoito e saiu para brincar.

Norman, Sarah e eu ficamos nos olhando, de queixo caído. Segundo o relógio do forno, somente vinte minutos haviam passado desde que Norman pedira que Chase fechasse os olhos. Parecia que horas haviam passado.

Norman quebrou o nosso silêncio de espanto pedindo mais chá. Falamos sobre o milagre que acabáramos de presenciar. Norman tinha certeza de que Chase se lembrara de uma vida passada. Explicou que uma experiência traumática numa vida pregressa, tal como ter participado de uma guerra, especialmente com uma morte traumática, pode causar uma fobia na vida atual. Seria sua experiência de vida anterior na guerra a causa do enorme medo que Chase sentia de barulhos? Possivelmente. Norman disse que teríamos que esperar para ver se o medo desapareceria.

Admitindo que nunca trabalhara com uma criança tão jovem, surpreendeu-se com a facilidade com que Chase reconstituiu a memória de sua vida passada. Não tinha sido necessária a indução hipnótica, como acontecia com sua clientela mais velha. Aparentemente, as memórias de Chase estavam mais próximas da superfície e só precisaram de um suave encorajamento para vir à tona.

Sarah, que absorvia tudo o que estava acontecendo em silêncio, se agitou na cadeira, mexendo os braços e disse: "O lugar em que Chase foi ferido no pulso é onde ele tem eczema!"

Ela tinha razão. A localização da ferida que Chase descrevera era exatamente a mesma de uma persistente brotoeja que o afligia desde que era um bebê. Sempre tivera eczema no pulso direito. Sempre que ficava irritado ou muito cansado, coçava o pulso até sangrar. Sarah dizia que parecia que Chase queria "rasgar sua carne", coçando sem parar aquele ponto. Várias vezes enfaixei seu pulso para impedir que coçasse até sangrar. Sem uma bandagem, encontrávamos manchas de sangue no lençol quando Chase acordava. Levei-o a vários médicos por conta dessa coceira, mas os testes alérgicos, as dietas, as pomadas e ungüentos de nada adiantaram.

Para nossa surpresa e alívio, poucos dias depois da regressão à vida como soldado, o eczema do pulso direito de Chase desapareceu completamente, e nunca mais voltou.

O medo de barulhos altos também desapareceu. Fogos de artifício, explosões e estrondos nunca mais o amedrontaram. Na verdade, pouco após sua regressão, Chase começou a demonstrar grande interesse em brincar com tambores. Ganhou sua primeira bateria ao fazer seis anos. Hoje ele é um baterista convicto, e enche a casa com o estrondo de seus tambores.

BONECAS SOB A CAMA

Nossa filha Sarah, então com nove anos, assimilara tudo o que Norman dissera, e parecia ter entrado em transe durante a regressão de Chase, ouvindo atentamente cada palavra. Quando terminamos de analisar a experiência de Chase, ela perguntou a Norman se ele faria a mesma experiência com ela. Confessou-lhe que vivia lutando contra seu medo pânico de que a casa pegasse fogo.

Como o medo que Chase sentia de barulhos fortes, o pânico de Sarah por incêndios também era inexplicável. Embora agora admitisse que o fogo sempre a aterrorizara, Steve e eu só o percebemos um ano antes quando Sarah dormira na casa de sua grande amiga Amy. As meninas ficaram acordadas até tarde e assistiram a um filme que continha cenas de casas e edifícios em chamas. Sarah ficou tão perturbada ao ver aquelas cenas que a mãe de Amy teve que trazê-la de volta para casa, no meio da noite. Aquilo nunca havia acontecido antes, e ela já dormira na casa de Amy várias vezes.

Ao chegar em casa, seus olhos estavam vermelhos de tanto chorar. Teve um acesso de choro ao lembrar que gritara descontroladamente quando viu alguém no filme morrer num incêndio. Ficamos surpresos com a reação de Sarah e perguntamos se aquilo já acontecera antes. Ela confessou que vivia tão aterrorizada por incêndios, sobretudo de casas, que tinha uma sacolinha debaixo da cama, com as suas bonecas favoritas e algumas peças de roupa, preparada para o caso de ter que escapar rapidamente. Aquela revelação nos surpreendeu, sobretudo porque aquele tipo de precaução nos parecia totalmente fora de propósito para a nossa Sarah, tão segura e independente. De onde viria aquele medo? Acalentei-a até que se acalmasse. Exausta com aquela experiência emocionante, Sarah finalmente dormiu. Mas ficou abalada por vários dias. Apesar de repetirmos várias vezes que estava segura, e de termos revisto rotas de fuga de todos os aposentos da casa, seu medo se tornou ainda mais pronunciado. Ficava nervosa até mesmo quando acendíamos velas na mesa do jantar, e insistia para que as apagássemos. Não era capaz de acreditar quando prometíamos que a protegeríamos caso a casa pegasse fogo.

Então, como fizera com o medo de barulhos fortes de Chase, pensei que Sarah perderia seu medo com o passar do tempo. Afinal, muitas crianças têm medos irracionais que se dissipam naturalmente ao crescerem. Além do mais, não sabia o que fazer. Mas, agora, vendo o que Norman fizera com Chase, Sarah percebeu que era a oportunidade de obter ajuda para o seu medo de incêndios. Norman concordou em tentar. Ainda sentado na cozinha, ele instruiu Sarah: "Feche os olhos e sinta o medo de incêndio. Agora, conte-me o que está vendo."

Com os braços apoiados na mesa, Sarah fechou os olhos, caiu em profunda concentração e passou a descrever o que via. Eu, que ainda tentava me recobrar da surpresa de ouvir meu filho falar como um adulto e descrever uma guerra, não sabia o que esperar de sua irmã. Só me restava ouvir e observar.

Sarah descreveu uma casa de madeira simples, de dois andares, tendo a forma de um galpão, cercada de árvores e terras cultivadas. Uma estrada de terra, coberta de relva, passava diante da casa. Ela se via como uma menina de uns onze ou doze anos (mais velha que agora). Disse que passava a maior parte do tempo trabalhando na casa, ajudando a mãe e, às vezes, dava uma mão ao pai com os animais. Ela não ia à escola porque "eles não acreditam que as meninas precisem ser educadas". Ela viu um irmão mais novo que ainda não ajudava no serviço. Apertando os olhos fechados à procura de mais detalhes, disse que o irmão podia ter uma deficiência física ou mental.

Até aquele ponto, Sarah contara a história como se fosse uma observadora, relatando objetivamente o que via, sem nenhum envolvimento ou emoção. Então, Norman sugeriu que ela "fosse adiante, até o ponto em que passou a ter medo de fogo". O ponto de vista de Sarah mudou. Agora falava como uma menina, usando os verbos no presente, totalmente absorta pelo terror da sua situação.

"Acordei de repente e senti cheiro de fumaça – sei que a casa está em chamas. Estou com medo. Em pânico. Não consigo pensar. Pulo fora da cama. Há chamas e fumaça por todos os lados. Atravesso o vestíbulo à procura dos meus pais. Grandes labaredas cobrem as escadas e o corrimão. Pequenas chamas brotam pelas frestas do piso. A ponta da minha camisola pegou fogo! Corro para o quarto dos meus pais. Eles não estão aqui! Sua cama está arrumada. Onde estão? Continuo correndo até ficar encurralada num dos cantos do quarto. Tremo ali parada. Por que eles não me salvam? Por que não me tiram daqui?"

Sarah fez uma pausa para respirar. Ainda estava inclinada, com os braços sobre a mesa, olhos fechados, o rosto contorcido e pálido. Revivia aquela dolorosa lembrança em pânico, como um animalzinho que caiu numa armadilha, encurralada no canto do quarto pelas chamas e pelo calor.

O terror na sua voz me fez entrar na sua história. Senti a adrenalina bombeando em meu corpo, acelerando os batimentos cardíacos e me deixando nervosa. O ar na cozinha estava tenso. Levada pelo instinto materno, me virei para segurar e confortar Sarah. Mas outro instinto me disse que não interrompesse o fluxo do drama de sua experiência passada. Olhei para Norman à procura de um sinal. Ele acenou com a cabeça para me tranqüilizar de que Sarah estava bem, e fez um gesto para que eu ficasse onde estava. Sarah prosseguiu, gritando em pânico.

"Uma viga coberta de chamas cai bem diante de mim e abre um rombo no piso. O fogo se propaga por tudo. Não tenho como sair daqui. Ai, como dói respirar! Sei que vou morrer!"

Sarah ficou em silêncio por alguns intantes na mesa da cozinha, com a cabeça nas mãos. Sua respiração se acalmou, seu rosto relaxou. Descobri que tinha prendido a respiração e exalei de uma só vez. Fez-se paz na cozinha. O silêncio era total.

Norman esperou, e então perguntou suavemente a Sarah: "O que está sentindo agora?"

"Sinto que estou flutuando bem acima das árvores. Sinto-me leve, como o ar. Acho que estou morta. Não sinto dor nenhuma. Estou aliviada de que tenha terminado. Foi terrível."

Norman perguntou se Sarah podia ver sua família lá embaixo.

"Lá está minha casa, completamente tomada pelas chamas. O telhado desapareceu. Posso ver minha família no quintal. Meu irmão está sentado no chão e meu pai abraça minha mãe, que chora e gesticula apontando para a casa."

Sarah começou a chorar forte ao descrever a família. Disse que sabia que eles haviam tentado salvá-la, mas foram impedidos pelas chamas e pelo calor. Estavam arrasados por não terem podido salvar sua filha. Sarah ficara profundamente mobilizada com o pesar de sua família. Soluçando, ainda com os olhos fechados, disse que percebeu que sua família realmente a amava. Agora entendia que não havia nada que pudessem ter feito para salvar sua vida, e estava enormemente aliviada de ter conhecido a verdade. Admitiu ter trazido para a vida atual a crença de que seus pais não tivessem tentado salvá-la da morte na casa em chamas.

O soluçar de Sarah foi diminuindo. Norman e eu ficamos em silêncio até que ela esfregasse os olhos e depois os abrisse e olhasse para nós. Fungou algumas vezes e deu um grande sorriso. O pânico e o terror haviam desaparecido. Ela parecia em paz.

Percebeu a preocupação nas minhas feições e me assegurou de que estava bem. Depois, contou os últimos momentos antes de sua morte. Disse que tudo aconteceu tão rápido, apenas alguns segundos desde o momento em que acordou, até sua última lembrança da viga caindo à sua frente e o fogo explodindo à sua volta. Explicou que correra para o canto do quarto dos pais de puro pânico, sem tempo para pensar em um meio de sair da casa. Só pensou em procurar os pais. Admitiu que seus últimos momentos foram de muito ódio pelos pais, por achar que eles não a amavam e por isso não a haviam tirado da casa em chamas. Disse outra vez que trouxera aquele ódio – seus últimos pensamentos – para a sua vida presente, interpretando de forma errada o que realmente ocorrera, e sentindo-se confusa com o terror de sua morte súbita. Então, explicou que seu medo atual de incêndios era um lembrete de que havia algo inacabado em uma vida anterior que precisava ser liqüidado.

Norman e eu ficamos espantados de não termos que interpretar nada para Sarah. Ela entendera intuitivamente, e sem precisar de explicações, as conexões entre seu medo e ódio do tempo daquela morte traumática e o medo de incêndios atual. Muitos adultos que relembram vidas passadas não processam tão rapidamente essas conexões entre passado e presente, explicou Norman. Sarah o fizera imediatamente e por conta própria.

Alguns dias mais tarde, Sarah desfez a sacola que mantinha sob a sua cama com as bonecas e roupas. Seu medo "irracional" de incêndios desapareceu desde aquele dia, embora continue sendo muito cuidadosa ao acender um fósforo.

INTERLÚDIO

Alguns dias depois que Chase e Sarah relembraram suas vidas anteriores, Chase entrou no jardim-de-infância e Sarah começou a quarta série. As novas aventuras na escola deixaram para segundo plano a intensidade das extraordinárias experiências que tiveram com Norman semanas antes. Suas regressões rapidamente se tornaram apenas "algo que aconteceu".

Poucas vezes, Sarah, Chase, Steve e eu comentamos suas lembranças. Tive o cuidado de proteger as crianças de alguém que pudesse rir delas ou acusá-las de inventar histórias. Temia que a zombaria pudesse fazer Sarah e Chase se fecharem completamente, e que as portas para suas vidas passadas, que tão miraculosamente se haviam aberto, pudessem se cerrar. Instruí-os para não falarem sobre suas experiências com vidas passadas com ninguém sem que antes me consultassem. Certifiquei-os de que o que haviam visto era real, mas expliquei que a maioria das pessoas não entenderia e outras até poderiam querer rir deles. Eles entenderam e aceitaram o conselho rapidamente.

Pensava constantemente em suas incríveis memórias de vidas passadas, e tinha muitas dúvidas. Será que as outras crianças também lembram suas vidas anteriores? E, se assim for, as lembranças estarão à flor da superfície e tão facilmente acessíveis como as de Sarah e Chase? Quantos outros temores e problemas físicos infantis teriam origem nas vidas passadas? E as perguntas continuavam surgindo. Queria encontrar as respostas. Porém, algumas semanas mais tarde, Steve aceitou um novo emprego na Pensilvânia e, três meses depois, em dezembro, vendemos nossa casa e nos mudamos. Por causa dessa mudança nas nossas vidas, não tive tempo nem forças para procurar as respostas para as minhas perguntas – pelo menos ainda.

Partir de Asheville foi uma perda para todos nós, especialmente para as crianças, que nasceram lá. Mudamo-nos para uma sede de fazenda centenária nos subúrbios da Filadélfia, numa vizinhança com ruas e vielas sem saída, onde era seguro andar de bicicleta ou de *skate*. Chase e Sarah entraram na escola pública, uma experiência nova para ambos, e em poucas semanas já estavam fazendo novos amigos.

Desde que nos estabelecemos em nossa nova casa, Chase não mencionara sua regressão. Pensei que tivesse esquecido. Certa manhã, alguns meses depois, quando Chase e eu tomávamos o café da manhã, ele me espantou com mais informações sobre sua vida como soldado.

"Mãe, lembra quando vi que fui um soldado, com Norman?"

"Sim", respondi, surpresa por ele falar no assunto após tanto tempo. Podia sentir todo o meu corpo se arrepiar. Respirei fundo para me acalmar e olhei Chase nos olhos.

"Sabe, a gente falava engraçado", disse Chase, me encarando.

"Como assim, falava inglês, como nós agora?"

"Sim", respondeu um tanto intrigado. "Mas a gente falava engraçado. Parecia diferente." Ele hesitava, procurando palavras para descrever o que queria dizer. "Sabe como falam as pessoas negras?" Eu disse que sim. "Pois é, eu era negro."

Após me recobrar do choque, consegui perguntar num tom mais ou menos coloquial: "E você estava com outros soldados negros?"

"Sim. Havia soldados negros e brancos lutando juntos", respondeu Chase. Olhei para o rosto dele. Seus olhos se desviaram. Parecia estar vendo imagens em sua mente e relatando o que via para mim.

Lembrando das perguntas que Norman fez, insisti: "O que mais está vendo?"

"Só isso."

E foi só aquilo mesmo. Chase perdeu a imagem e continuou comendo seu cereal.

Fui pega de surpresa pela conversa de Chase e não consegui fazer as perguntas certas. Haveria algo mais a ser revelado sobre a sua experiência como soldado? A memória de sua vida passada ainda o estaria afetando de alguma forma que eu não percebia? Talvez houvesse mais emoções e assuntos daquela existência que precisassem aflorar. E por que teria aquela nesga de lembrança aparecido espontaneamente durante o café da manhã? As observações de Chase não foram provocadas por nada que estivéssemos dizendo ou fazendo naquela hora, até onde me lembro. Estaria pensando naquilo? Teria algum incidente na escola dado partida a mais lembranças? Eu não sabia. Era um mistério. Queria saber as respostas, mas percebi que teria que aguardar outra oportunidade para fazer perguntas a Chase.

Por coincidência, no dia seguinte, o jornal *The Philadelphia Inquirer* trazia um artigo ilustrado com fotografias sobre uma exposição, que estava para ser inaugurada na cidade, de objetos dos soldados negros que participaram da Guerra Civil. Aprendi, lendo o artigo, que regimentos de soldados negros lutaram na Guerra Civil ao lado de soldados brancos, como dissera Chase. Examinei bem as fotografias dos soldados negros e depois olhei para a cara ruiva e sardenta de Chase. Ri, pensando que Deus tinha um estranho senso de humor.

O artigo me deu a oportunidade de fazer mais perguntas. Como ele ainda não sabia ler, simplesmente mostrei as fotos no jornal, sem fazer comentários, esperando que aquilo pudesse induzi-lo a dizer alguma coisa. Examinei o rosto dele como examinara as fotos dos soldados negros vestindo uniformes. "Isso lhe parece familiar?", arrisquei.

"Sim", respondeu Chase. Como não disse mais nada, tentei persuadi-lo contando-lhe como o artigo descrevia os soldados negros lutando na Guerra Civil junto com soldados brancos, como ele me contara no dia anterior.

"Lembra de algo mais?", perguntei.

"Não, nada." Não estava dando certo. No dia anterior notara um certo olhar no seu rosto – um olhar energizado, brilhante, à medida que falava das suas lembranças. Aquele olhar não estava presente agora. Então, deixei o jornal de lado e mudei de assunto. Não queria forçá-lo nem mostrar quão ávida estava de saber mais. Queria que ele se sentisse à vontade ao falar sobre suas memórias, se elas voltassem à superfície.

AS GALINHAS ANDAM SOLTAS

Fevereiro de 1991 foi um mês terrível para muitos de nós. O conflito no Iraque trouxe a realidade da guerra para o interior de nossas casas e, pela primeira vez, para a vida dos nossos filhos. Ouvíamos ansiosamente o rádio e líamos os jornais à medida que o conflito aumentava. Todos sentiam a tensão.

Certa noite, enquanto escutávamos o anúncio do primeiro ataque de mísseis Scud a Israel, caiu um raio, cujo relâmpago brilhou lá fora, e ficamos sem energia elétrica. Estávamos abalados e Chase começou a chorar. Steve e eu fizemos o possível para acalmar as crianças e afastar seu temor de que a guerra chegasse à Filadélfia.

No dia seguinte ao começo da guerra por terra, peguei Chase na escola. Ele entrou no carro e disse: "Jamais me farão lutar novamente!" Não sabia se tinha escutado bem e pedi que repetisse o que dissera. E Chase disse outra vez: "Jamais me farão lutar novamente."

"Que quer dizer com isso?", perguntei, tentando descobrir em que contexto falava.

"Quero fazer outra regressão como a que fiz com Norman, quando era soldado. Tem mais coisas aparecendo. Os garotos só falam da guerra que estão vendo na TV, mas eu continuo pensando no que vi com Norman." Evidentemente as notícias sobre a guerra desencadearam a memória do menino. Era a oportunidade que estava esperando.

Durante o trajeto até nossa casa, Chase me explicou que a escola estava decorada com fitas amarelas, demonstrando apoio incondicional às tropas americanas em combate. Descreveu como as crianças e os professores se sentiam apreensivos com a guerra, mas ao mesmo tempo estavam orgulhosos da liderança americana no ataque ao Iraque. Esta glorificação da guerra, explicou, trouxe sentimentos desconfortáveis para ele. Disse que sabia que aqueles sentimentos tinham relação com sua existência anterior como soldado. A observação madura de Chase me soou verdadeira. Concordei em fazer a regressão.

Já fazia dois anos que Chase mencionara sua vida como soldado pela última vez. Durante esse período, pratiquei hipnoterapia e estudei as técnicas de regressão a vidas passadas com Norman Inge e o Dr. Roger Woolger. Fiz meu aprendizado ajudando adultos em suas experiências com suas vidas passadas e fiquei conhecendo a gama de assuntos e traumas que podem vir à tona durante as regressões. Também aprendi, por ter regredido eu mesma, que o processo de regressão é seguro. O inconsciente, onde residem as memórias de vidas passadas, é seletivo no que libera para o consciente: permitirá que a pessoa vá tão fundo quanto for necessário, mas não ultrapassará este ponto. Estava confiante fazendo a regressão de Chase. Sabia que podia dominar qualquer situação que se apresentasse.

Esperei até que tivéssemos um período de tempo tranqüilo durante a tarde, desliguei o telefone e fiz Chase se deitar confortavelmente na sua cama. Lembrando-me de quão facilmente Chase e Sarah tinham acessado suas memórias com Norman, decidi seguir o exemplo e não usar uma técnica de indução formal. Disse apenas que Chase fechasse os olhos, respirasse fundo algumas vezes e "voltasse à cena que viu com Norman, quando era um soldado". Desta vez, anotei detalhadamente o que Chase, com oito anos, contou.

"Não ouço nada, mas posso ver. Vejo cavalos entrando no

vale. Homens com armas com espadas na ponta. Eu me vejo agachado atrás de uma pedra olhando para eles. Sinto-me triste, amedrontado e orgulhoso. Há soldados a cavalo do meu lado. Agora estou ajoelhado atrás da pedra, esperando.

"A batalha continua. Há muita fumaça. Não estou atirando, estou esperando. Começo a atirar no inimigo – não tenho escolha, preciso me proteger. As pessoas montadas são brancas e eu sou negro. Há soldados brancos ao meu lado. Acontecem muitas coisas ao mesmo tempo. Muita confusão. Estou com muito medo. Ah, acertaram meu pulso com um tiro. Não sinto dor. Tudo escurece."

Chase falava baixo, com frases curtas e espaçadas, à medida que pensamentos e imagens se revelavam numa torrente de consciência, nem sempre em seqüência. Parecia assistir a uma história contínua que passava em sua mente, e só relatava fragmentos da ação. Via e sentia muito mais do que era capaz de descrever. Às vezes parava de falar, deixando vazios na narrativa. Encorajei-o, com perguntas, a continuar: "O que está sentindo?" "Que aconteceu depois?" Sem esta suave cutucada, ficaria parado num ponto.

Como acontecera antes, falava com sua voz de menino, mas com a seriedade e fraseado de adulto. Certas palavras que usava me surpreendiam, pois ou não faziam parte do seu vocabulário ou jamais as tinha ouvido usar.

Deitado na cama, o corpo de Chase espelhava as mudanças de cenas e emoções de que se recordava. Ficou rígido ao se descrever amedrontado e esperando atrás da pedra. Ao ser ferido no pulso, ficou tenso e parou de falar. Seu corpo relaxou quando disse que "tudo ficou escuro". Esta sutil linguagem corporal deu nova dimensão a um relato já por si só fascinante.

Encorajei-o a continuar: "Que está sentindo agora?"

"Vou voltar à luta com uma bandagem no pulso. Vejo cavalos puxando um canhão, levantando muita poeira. O canhão está numa carroça de rodas enormes, amarrado com cordas muito grossas. Há galinhas soltas pela estrada. Estamos num intervalo da batalha. Estou pensando em como me sinto infeliz por estar na guerra. Não sabia em que ia me meter."

Após uma longa pausa, perguntei: "Que aconteceu depois?"

"Voltei à luta. Estou manejando um canhão no topo do vale. Puxo uma corda e o canhão atira. Não sou eu quem o alimenta. Não posso atirar com um fuzil por causa do meu pulso. Sinto medo atirando com o canhão. Agora sei como se sentem os que levam tiros. Também sentem medo."

Chase fez outra pausa. Perguntei: "Sabe por que está lutando?"

"Não sei", murmurou.

Por palpite, baseada num comentário que fizera – "não sabia em que ia me meter"–, pedi que Chase voltasse a um tempo anterior à batalha. Queria saber alguma coisa sobre a sua vida antes da guerra, para entender por que dizia que não queria estar ali atirando nas pessoas.

"Estou numa casa. É minha. Um tipo de cabana feita de madeira tosca. Tem uma varanda na frente com uma balaustrada, um lugar para se prender cavalos. Há uma cadeira de balanço na varanda e uma porta no meio. Tenho dois filhos. Creio que tenho uma esposa – tenho sim. Sou feliz. É antes da guerra. Vivo onde os negros são livres. Vejo minha esposa – e a vejo de costas. Está dentro da casa. Usa um vestido azul e um avental branco. Usa anáguas e botas pretas. Seus cabelos são lisos e estão penteados para trás, amarrados com uma fita.

"Vejo um negro na varanda fumando um cachimbo – sou eu. Não sou jovem – cerca de trinta anos. Eu me sinto muito feliz na cidade. Não nasci aqui, fui trazido ainda pequeno, numa carroça coberta. Sou pintor e carpinteiro, faço vasos para vender e bonecos de madeira como passatempo. Há uma área plantada atrás da minha casa, cercada de arbustos. É o meu lugar predileto – e onde faço meus vasos.

"Em frente à casa passa uma estrada poeirenta que vai para a cidade. Minha cidade é um lugar amistoso com carroças e fazendas. As galinhas andam soltas. Outros negros vivem aqui e têm uma boa vida. O nome da nossa cidade é algo como Collosso. Estamos em mil oitocentos e sessenta e pouco, no início da guerra.

"As pessoas estão reunidas em torno de um poste, no local onde as estradas se encontram, no centro da cidade. Há muito nervosismo, estão falando da guerra. Leio um aviso colado no poste. No aviso está escrito 'Guerra' e o texto está em letras miúdas. Não tenho certeza se sou capaz de ler, mas sei que o aviso está pedindo voluntários. Também fico nervoso e me ofereço como voluntário. Assino um papel. Não sei o que está escrito nele. Não sei ler.

"Estou deixando o lar. É um momento triste para mim e minha família, especialmente as crianças. Estão chorando. Estou muito triste. É o momento mais penoso da minha vida."

Chase parou de falar outra vez, ao sentir-se triste. Após uma longa pausa, perguntei: "E o que aconteceu depois?"

"Estamos nos encontrando com alguém importante, um general ou algo assim, após ter-me alistado. Ele fala de estratégia. Devo escutar para o meu próprio bem. Mas não estou prestando atenção – penso na minha família. Estou me sentindo intimidado e não estou gostando. As pessoas à minha volta estão mais tristes que amedrontadas."

Chase fez uma pausa e depois voltou à cena no hospital de campanha. "Fui ferido no pulso. Estou sob uma enorme coberta sustentada por estacas – parece uma grande barraca ou uma carroça coberta – completamente aberta dos lados. Está muito cheia de gente. Muito barulho – ruídos de luta ao longe, tiroteio. Alguém coloca uma bandagem no meu pulso. Tem gente gritando por causa da enorme dor que sente. Estou grato por não sentir tanta dor quanto os outros. Creio que meu pulso não está muito ferido. Lamento ter que voltar à luta. Sinto falta da família.

"Estou atrás do canhão. Fui ferido!" Chase parou de falar. Senti uma mudança de energia – estava mais leve, como uma brisa fluindo pelo quarto.

Após a pausa, Chase continuou. "Estou flutuando sobre o campo de batalha. Sinto-me bem por estar tudo terminado. Vejo a batalha e a fumaça lá embaixo. Olhando de cima para o campo de batalha, vejo tudo imóvel e esfumaçado – nada se move lá embaixo. Estou feliz por ter acabado. Preciso ir para uma vida mais feliz. Flutuo sobre minha casa. Vejo minha esposa e meus filhos. Digo adeus à minha família. Eles não me vêem porque sou um espírito, mas sabem que estou morto."

Chase parecia em paz. Deixei que curtisse a paz por um instante. Depois perguntei o que aprendera em sua existência como soldado. Sua resposta me surpreendeu:

"Todo mundo tem que passar por uma guerra. Ela harmoniza tudo. Não é preciso morrer na guerra, mas experimentá-la. A guerra nos ensina os sentimentos. Nos dá o sentido de como as outras pessoas se sentem. É um péssimo lugar. Não estive na Segunda Guerra Mundial. Estava fora, esperando minha vez de voltar para um tempo mais pacífico. Tive uma vida curta no intervalo."

Ouvi maravilhada meu pequeno filho falar de equilíbrio universal e de compaixão. Falou com uma sabedoria muito além da sua pouca idade. Suas palavras e seu tom de voz soaram como se viessem de uma alma idosa. Não sabia o que dizer. Onde era "fora"? Onde esperava pela sua vez de voltar? Queria saber mais, mas tinha acabado. A janela para aquele mistério fechou de repente, e sabia que não poderia abri-la novamente.

Chase abriu os olhos e ficou deitado por mais alguns minutos. Parecia distante, mas calmo. Perguntei como se sentia. Disse que se sentia melhor depois que se lembrara de mais coisas do passado. Dei-lhe um abraço e disse que agora estava livre e a salvo, que não precisaria lutar novamente, e que estávamos todos em segurança e unidos em uma família. Chase gostou do que ouviu e me abraçou. Pulou fora da cama e saiu do quarto. Em poucos minutos estava de volta, brincando animadamente com seu mais novo conjunto de Lego.

AS CAMADAS DA CEBOLA

Algo extraordinário acontecera naquela tarde. Voltei a pensar na reclamação que Chase fizera. "Jamais me farão lutar novamente!" Agora entendia o seu significado. As lembranças de sua vida como soldado eram reais demais para ele. O medo, a tristeza e a confusão daquele homem pacífico que se tornara soldado se aproximaram da superfície da memória do menino, influindo em sua personalidade atual e em sua visão do mundo.

As duas regressões de Chase àquela existência desnudaram camadas sucessivas de emoções, pensamentos e imagens. Como as camadas de uma cebola, quando a primeira é retirada, a seguinte é exposta. Norman ajudara Chase a trazer a primeira camada de emoção a um nível consciente: a do medo, que era precipitada por barulhos fortes, lembrando-o da guerra. Tão logo Chase conciliou seus sentimentos de soldado com a morte de outros em batalha, o medo e o eczema – o estigma de sua ferida – desapareceram.

A guerra no Oriente Médio deixou à mostra outra camada de memória: a saudade da família. A tristeza de Chase transformou-se em alívio à medida que progrediu na história até a sua morte e teve a oportunidade de se despedir da família. Fechara finalmente sua vida como soldado. Isto lhe permitiu ir além de sua tragédia pessoal, e alcançar um entendimento universal do significado da guerra no desenvolvimento de uma alma. Seu sofrimento pessoal se transformou em consciência espiritual.

A coerência entre esta versão mais recente da história e sua primeira regressão era notável. Embora os dois relatos distassem três anos um do outro, Chase descreveu as mesmas imagens e sentimentos quase palavra por palavra. Seu vocabulário crescera desde os cinco anos, adicionando uma textura mais rica à história, sem mudá-la. A lembrança permanecera intacta. Ele visualizava claramente aquelas imagens, relatando o que via.

Chase fez o que me pareceu um acurado retrato da vida de um soldado da Guerra Civil. Seu relato de como era estar no meio de uma confusa batalha e sentir-se "intimidado" soava mais realístico do que a versão glorificada comumente mostrada em filmes. Os detalhes corriqueiros adicionaram colorido e realismo à história: galinhas andando soltas, as múltiplas anáguas e as botas pretas de sua esposa, o cartaz de recrutamento num poste no centro da cidade, fichas de alistamento que não podia ler, o hospital de campanha feito de estacas e lona, o puxar de uma corda para disparar o canhão (que, como verifiquei depois, era o método de disparo daqueles canhões). O efeito cumulativo dos detalhes, o fluxo e a irrefutabilidade da sua história, a crível dificuldade do protagonista dariam fama a um escritor que tivesse imaginado aquela trama. Entretanto, ela partira de um menino de oito anos, sem nenhum contato com a realidade da guerra.

Mais importante ainda, os benefícios da regressão eram tangíveis. Após a última regressão, Chase tornou-se mais seguro e descontraído. Não se atormentava mais com a guerra no Iraque, embora tivesse ficado aliviado com o seu término alguns dias depois.

CAPÍTULO 2

Prelúdio

Um ano antes de guiar Chase e Sarah em suas vidas passadas, Norman Inge me fez regredir a duas das minhas existências anteriores. Aquilo me curou de uma doença crônica e explicou visões, obsessões e sonhos que me intrigavam desde a infância.

Se não tivesse vivenciado minhas próprias vidas passadas, o que aconteceu com meus filhos aquele dia na cozinha talvez não tivesse a mesma importância. Mas, por ter passado por aquilo, fui capaz de reconhecer rapidamente a veracidade da experiência deles. Pude ir além do simples fato de estarem lembrando de suas vidas passadas e prestar atenção às sutilezas do processo, tais como a facilidade com que as lembranças chegaram à superfície e a naturalidade com que as crianças absorveram as lições de vida do passado. Fui preparada para reconhecer o potencial que existe neste processo para *todas* as crianças: vi as regressões dos meus filhos não como eventos isolados, mas como um exemplo de como outras crianças poderiam ser ajudadas.

A descrição da minha regressão mostra a aparência e a sensação que dão as lembranças das vidas anteriores, e como certas vezes elas estão logo abaixo da superfície da consciência e influindo na vida de uma pessoa. As lembranças de vidas passadas das crianças funcionam mais ou menos da mesma forma.

MEU ENTERRO

Durante o inverno de 1986, aos trinta e seis anos, eu estava tão doente que não sabia se sobreviveria. Era o terceiro inverno consecutivo em que lutava contra pleurisia, asma, pneumonia e infecção dos brônquios. Tinha tanta dificuldade em respirar, que Steve precisava me carregar no colo, escada acima, até o quarto – não agüentava subir as escadas. Minha dolorosa e entrecortada tosse ecoava por toda a casa, dia e noite.

Nenhum dos medicamentos reunidos na minha mesa-de-cabeceira me fazia parar de tossir. Só tinha alívio nos curtos períodos de sono intermitente, que também eram interrompidos por acessos de tosse. Permanentemente exausta e muito medicada, não tinha meios de cuidar de Sarah e Chase, então com seis e três anos. Sentia-me incapaz de cumprir a mais simples das tarefas.

Telefonamos para os nossos pais e pedimos que cuidassem das crianças até que eu ficasse boa. Num dia gelado de janeiro, Steve as colocou num avião para Nova York e nossa casa ficou silenciosa.

Certo fim de tarde, quando a luminosidade no quarto começava a desaparecer, estava completamente exausta e louca para conseguir dormir. Minha tosse e a fadiga me haviam impedido de descansar o dia todo, e minha mente passara horas oscilando na zona crepuscular entre o sono e a vigília.

No momento em que meu corpo finalmente se rendeu ao cansaço e comecei a cochilar, tive a visão de um frágil homem de meia-idade. A princípio vi apenas o seu rosto, pois a visão ficou fixa defronte dos meus olhos fechados, e seus olhos castanhos-escuros fixaram penetrantemente os meus. Lutei para me manter olhando para aquela visão, para ver o que significava, porque era muito viva e real. Ao focalizar o rosto, a imagem cresceu. No instante seguinte, pude ver uma imagem completa do homem e do aposento em que se encontrava. Estava deitado numa cama, vestindo uma túnica branca, apoiado em vários travesseiros. Podia ver e ouvi-lo tossir, ofegando para respirar e cuspindo sangue num lenço. Uma mulher de meia-idade, de vestido longo, estava sentada ao lado dele, tendo uma expressão de preocupação no rosto. Como eu também estava deitada e lutando por respirar, a situação daquele homem me era estranhamente familiar.

A força daquelas imagens me atraiu; tinham uma luminescência e vitalidade diferentes dos devaneios. Eu sabia que não estava dormindo, porque ouvia o latido do cachorro do vizinho. Esqueci minhas dores e a tosse. Minha respiração difícil e dolorosa foi acalmando e se tornando mais suave. Fiquei quieta, de olhos fechados, concentrada nas imagens, dando a elas o máximo da minha atenção.

Havia algo obsessivo e familiar naquela cena – a cama de madeira lavrada, os lençóis brancos, a mulher na cabeceira e a fisionomia do moribundo –, especialmente seus comoventes olhos. À medida que me permitia ir mais fundo na visão, não apenas me pareceu familiar, como começou a dar a *sensação* de familiaridade.

Então, um raio de identificação atingiu meu corpo inteiro, como se eu tivesse tocado num fio elétrico. Soube naquele mesmo instante que eu tinha sido aquele homem – que vivera em outro tempo e lugar. Meu corpo reconheceu a verdade primeiro, antes que a minha mente pudesse registrar o fato. Era uma identificação desconcertante, como encontrar um amigo que não se vê há anos, sentir a familiaridade de imediato, mas não lembrar quando e onde nos conhecemos.

Esta súbita familiaridade sacudiu meu corpo todo. E quando meu cérebro finalmente percebeu que eu estava me vendo numa vida anterior, outra percepção me atingiu para completar a história: aquele homem (ou deveria dizer *eu?*) morrera de tuberculose aos trinta e poucos anos, a mesma idade que eu tinha na vida atual.

Levei um minuto para absorver aquela percepção. E logo depois as imagens do filme na minha mente passaram para a cena seguinte: seu funeral – um cortejo de carruagens e cavalos, com homens e mulheres vestidos com suntuosas roupas do século dezenove. De um ponto de vista aéreo, acima do topo das árvores, vi o cortejo passar pelo requintado portão de pedra e ferro do cemitério. Parecia um parque verde com belas árvores que se curvavam fazendo sombra, e cheio de mausoléus.

Mais uma vez meu ponto de vista mudou. Vi de perto a mulher que estivera amorosamente à cabeceira do morto, tendo um lenço diante do rosto coberto por um véu. A visão daquela sofredora me fez sentir vagas de tristeza e medo indescritíveis. Lutei para dominar aqueles sentimentos indesejáveis, o que rompeu minha concentração. Tão rapidamente quanto se formaram, as imagens desapareceram.

Abri os olhos e olhei o quarto em volta, tentando me manter presa ao presente. Um pouco de luz ainda filtrava pelas cortinas. O cachorro do vizinho continuava latindo. Então, outra onda de percepção me atingiu: se eu havia sido mesmo aquele homem que morreu na mesma idade que tenho agora, e de uma doença dos pulmões similar, estaria destinada a repetir o mesmo destino? Morreria em breve? Seria aquilo uma visão da minha própria morte iminente? Estava aterrorizada. Não podia suportar a idéia de morrer deixando duas crianças e marido sozinhos.

Minha mente disparou. Seria simples alucinação, por conta da fadiga e da medicação? Preferia pensar que estava imaginando tudo aquilo – que tudo aquilo desapareceria. Mas os intensos sentimentos que aquelas imagens evocaram eram fortes demais para serem descartados. A emoção era familiar demais, como algo que tivesse sabido e esquecido. E a imagem tinha a clareza e corpo de uma visão de quem está acordado, não a cambiante desordem de um sonho ou alucinação.

Mas o que devia fazer com aquela informação? Se repetia um acontecimento de uma vida passada, haveria algum meio de mudar o padrão e romper o ciclo da minha doença?

Assim que Steve chegou em casa, contei toda a minha visão. Ele não sabia o que dizer. Mas se a minha revelação sobre uma vida passada pudesse me curar, não havia por que não tentar.

No dia seguinte, dirigiu-se à biblioteca local para buscar livros sobre reencarnação que pudessem trazer luz ao mistério.

Steve achou livros sobre religião e discursos teológicos sobre reencarnação, mas nada que dissesse o que significava lembrar de uma vida passada. Voltou para casa de mãos vazias e decepcionado. Eu teria que encontrar as respostas por mim mesma, de alguma forma.

"NO PONTO FIXO DO MUNDO EM MOVIMENTO..."

Nos dias seguintes, fiquei na cama, impossibilitada de fazer qualquer coisa. Estava doente demais para ler e, para meu desapontamento, falar ao telefone por mais que alguns minutos me fazia irromper numa dolorosa tosse. Só me restava ficar observando as manchas de luz andando pelas paredes – e pensar.

Perguntas sobre reencarnação e morte giravam na minha mente. A visão da minha morte e do meu funeral em uma vida passada estavam vivas na minha memória e eu estremecia cada vez que uma fria premonição de morte iminente passava pelo meu corpo. Agora, estando tão doente, entender as conseqüências da reencarnação tornava-se fundamental para minha sobrevivência na vida presente.

Pensei na educação religiosa judaica que recebi quando criança, para ver se havia esquecido algo que pudesse me ajudar. Nunca pude aceitar uma existência que terminasse simplesmente com a morte. Sempre pensei que não fazia sentido que cada pessoa nascesse uma vez em circunstâncias injustas, vivesse e morresse, e que fosse o fim de tudo. Mas o Judaísmo nunca explicou adequadamente essas perguntas sobre a morte e a vida após a morte para mim, e jamais mencionara reencarnação. Nem tampouco o Cristianismo dos meus vizinhos, até onde me recordo.

Certa vez, quando eu era pequena, nosso rabino disse algo num sermão que jamais esquecerei: "Com um giro do punho de Deus, você poderia ter nascido na Índia, morrendo de inanição." Pensei: por quê? Como Deus decide quem terá uma boa vida e quem terá uma vida de sofrimentos? Eu tinha sorte, mas por que os outros não? Não me sentia à vontade pensando que os nossos destinos eram puramente caprichos de Deus. Não fazia sentido para mim, como criança.

Para aumentar minha confusão, minhas colegas católicas me assustavam com suas visões do céu, do inferno e do purgatório. A morte, segundo a descrição delas, era terrível porque a sua alma podia acabar no inferno para sempre. E, de acordo com elas, o caminho para o céu não era fácil. Apenas umas poucas pessoas perfeitas o alcançavam. E se eu fizesse algo errado – estaria condenada para todo o sempre?

Num dia de chuva, quando tinha cerca de sete anos, algumas crianças da vizinhança e eu brincávamos de casinha na garagem da minha casa. Uma das vizinhas afirmou: "Você vai para o inferno, porque os judeus não aceitam Cristo como seu Salvador." Aquilo me deixou furiosa. Não era justo! Naquele momento, decidi que a versão deles para a vida após a morte estava completamente errada. Como não me davam nenhuma chance por eu ser judia, não ia acreditar no que dissessem sobre o que acontecia depois que a gente morria. E assim encerrava o assunto!

Meu pensamento vagou para outro momento – um curso de literatura no Colégio Simmons, no final dos anos 60, quando tomei conhecimento da poesia de T. S. Elliot, especialmente sua obra-prima, *Quartetos*. Suas enigmáticas palavras ressoavam nos meus ouvidos: "Em meu começo está meu fim ... ser consciente não é estar no seu tempo."

Não podia tirar essas duas frases da cabeça, como a letra de uma música popular que não sai da memória. Carreguei o *Quartetos* na mochila durante meses, esperando penetrar no mistério daquelas frases.

Naquele verão, fui com alguns amigos para Plum Island, um refúgio de vida selvagem com dunas intocadas, praias e mangues na costa norte de Boston. Ficamos acordados a noite toda, rindo, contando histórias, comendo comida chinesa e namorando nas dunas às escuras. O céu estava perfeitamente claro; as estrelas brilhavam como nunca no céu enevoado de Boston. Quando a primeira luz da manhã coloriu o céu acima do oceano, decidi que já conversara demais. Deixei o círculo de amigos e caminhei até uma duna onde podia me sentar tranqüilamente sozinha, ouvir o barulho das ondas e ver o nascer do sol.

Ao notar a primeira faixa de sol laranja aparecer acima do horizonte, percebi um estranho zumbido nos ouvidos, e para onde olhava via tudo faiscando e cintilando. O horizonte começou a tremeluzir. De repente, tudo mudou como nunca tinha visto. Meu cansaço, o som hipnótico da arrebentação, o faiscar do sol nascente na água e outras forças desconhecidas me transportaram para um estado de consciência diferente.

Não via apenas com meus olhos – percebia tudo à minha volta. Via, sentia, me transformava em areia, nas ondas, no infinito céu laranja e rosa. Meu corpo continuava sentado na duna, mas eu não podia dizer que "eu" estava sentada na duna, porque de repente eu era energia pura, e tudo à minha volta era a mesma energia, fluindo em mim e fora de mim. O que eu normalmente considerava matéria sólida agora era uma extensão dessa energia dourada. Meu corpo parecia se derreter completamente. Tornei-me uma só coisa com a areia e as ondas – e então, por um instante, com toda a criação. Senti-me tremendamente expandida e viva. Eu era mundos a mais que o "eu" no meu corpo, mais que a personalidade "Carol" que eu pensava ser o meu limite. Alegria e alívio encheram minha mente quando entendi que eu era parte de algo muito maior que o finito eu.

Num átimo percebi que aquela energia que senti dentro de mim nunca poderia ser destruída – sempre existiria. Apenas o corpo morre, enquanto esta essência que está em toda parte, mas que de alguma forma ainda estava centralizada no meu corpo, continua para sempre. "No ponto fixo do mundo em movimento. Corpóreo ou incorpóreo; nem a caminho, nem voltando; no ponto fixo está o movimento." Finalmente, T. S. Eliot fazia sentido!

No dia seguinte, andei em volta da Harvard Square, ainda tonta com a experiência extraordinária, frustrada por não conseguir traduzi-la com palavras. Andei sem sentir até um dos meus refúgios prediletos, a Livraria Esfinge e, sem pensar, fui até uma estante e peguei um livro ao acaso. Abri-o no meio e comecei a ler. As palavras daquela página me causaram um choque. Descreviam perfeitamente minha indescritível experiência na praia. "Tua própria consciência, brilhando, vazia e inseparável do Grande Corpo de Irradiação, não tem nascimento, não tem morte, e é a Luz Imutável." Era *O Livro Tibetano dos Mortos.*

Nas semanas seguintes, mergulhei no *Livro Tibetano dos Mortos.* Descobri que não tratava tanto da morte, mas daquela parte de nós que nunca morre – a nossa consciência.

Para os budistas, a consciência é uma extensão continuada e ininterrupta que sempre existe, mesmo depois da morte. E renascer é um fato da vida. *O Livro dos Mortos* descreve os estágios de consciência experimentados imediatamente antes e depois do momento da morte, depois que a alma deixa o corpo, e à medida que a alma viaja de volta ao ventre para renascer. Este texto antigo, escrito por sábios budistas, é um guia que deve ser lido para pessoas que estão próximas da morte. Dá instruções detalhadas para a jornada da alma através dos estágios da consciência após a morte e antes do renascimento.

A fase mais significativa da passagem da alma, segundo *O Livro dos Mortos,* é o momento próximo da morte. Logo após a morte, a alma está mais ciente do alcance total de sua divina e intemporal natureza, sendo uma só com o Grande Corpo de Irradiação. A lembrança que me impregnava inteiramente, quando peguei o livro na estante pela primeira vez, descrevia este imenso momento de iluminação. Ele me falava por que, por um instante na praia, eu entendi a intemporalidade da existência.

Ler *O Livro Tibetano dos Mortos* me levou, depois, a estudar outros textos orientais como *Os Upanishads* e *O Bhagavad-Gita.* Eu procurava entender mais sobre a permanência da consciência e os mecanismos da reencarnação. Os *Upanishads* falam sobre o renascimento usando imagens poéticas: "Como o milho, um homem amadurece e cai na terra; como o milho, ele volta a brotar ao seu tempo."

Mas estes textos budistas e hindus, embora espantosamente sábios, por serem o ápice de séculos de sabedoria espiritual, não satisfaziam plenamente. A compreensão que buscava neles estava submersa sob complicadas doutrinas religiosas com as quais não podia me relacionar. Os textos orientais exigem uma vida disciplinada e de ações corretas como único caminho para um renascimento com liberdade e sabedoria. Esta vida disciplinada era definida em termos totalmente estranhos à minha cultura e modo de vida como estudante em Boston, nos febris anos 70. Nunca poderia me imaginar vivendo a vida disciplinada de um monge.

Na faculdade, descobri os poetas românticos ingleses do século dezenove, Wordsworth, Coleridge e Blake. Eles partilhavam visões afins com as dos sábios budistas e hindus. Fiquei aliviada ao descobrir o misticismo oriental na literatura ocidental, originada em pessoas cuja cultura e linguagem eram as mesmas que as minhas. Aqueles poetas falavam da imortalidade da alma – a essência de todos nós que é intemporal, eterna e divina: "Não vi nem ouvi Deus, numa finita percepção orgânica; mas meus sentidos descobriram o infinito em tudo", escreveu William Blake.

Após a leitura daquelas palavras, passei os três meses seguintes escrevendo um ensaio comparando a poesia de William Blake aos ensinamentos do *Livro Tibetano dos Mortos*. Escrever aquele ensaio tornou-se uma busca sagrada para esclarecer e explicar o momento luminoso experimentado na praia.

Toda essa pesquisa sobre o significado da morte e da reencarnação respondeu a algumas das minhas perguntas e deu uma nova estrutura às minhas crenças. Mas estava frustrada: não sabia como usá-la para nortear minha vida. Se parte de mim sempre existira em outras existências e com outras experiências, como podia me afetar agora, no sentido prático do dia-a-dia? E se padrões de raciocínio e experiência persistiam de existência em existência, como mudamos esses padrões? As respostas a estas importantes perguntas eu nunca tive. Tanto que, deitada doente na cama, com imagens de um moribundo na mente, a reencarnação foi se tornando uma realidade. Eu precisava saber mais, minha vida dependia disso.

A BARREIRA DO SEU EXTRAORDINÁRIO TALENTO

Não morri naquele inverno. A partir do momento em que tive aquela visão, minha saúde começou a melhorar. Claro que podem ter sido os medicamentos e o descanso que me curaram. Eu não sabia. Com a tosse cedendo, passei a dormir por períodos mais longos, um sono abençoado e ininterrupto. Retomava minha energia a cada dia.

Percebi que melhorava quando meus pensamentos se voltaram para assuntos mais corriqueiros, como limpar a casa, lavar a roupa suja, e ficar em forma. Semanas mais tarde, quando Steve voltou do aeroporto trazendo as crianças, apertei-as com força longamente, pensando nos dias negros em que imaginei nunca mais revê-las. Estava muito feliz e agradecida.

Quando os narcisos voltaram a florescer no nosso jardim, estava totalmente curada. E à medida que a primavera e a minha saúde floresciam, meu medo da doença e da morte dissipou-se como se fosse um pesadelo. Mas quando o outono chegou, as noites começaram a esfriar e voltei a me preocupar com a saúde, sem saber se agüentaria outro inverno como o anterior.

Em outubro, nosso amigo Rosario, a quem tinha confidenciado minha visão, telefonou com notícias interessantes. Tinha acabado de conhecer um hipnoterapeuta da Flórida que ia ficar alguns dias em Asheville fazendo regressões a vidas passadas. Talvez aquele homem pudesse me ajudar a entender minha visão e quebrar o ciclo de doenças. Sem hesitar e nem ao menos saber ao certo o que era regressão a vidas passadas, telefonei para o hipnoterapeuta Norman Inge.

Na manhã marcada, Norman apareceu na minha casa. Fiquei imediatamente fascinada por seu sorriso jocoso, seus olhos brilhantes e seus cabelos grisalhos. Conversamos e Norman me explicou sua experiência incomum. Disse-me que era havaiano e descendia de uma longa linhagem de *kahunas*, curandeiros espirituais das ilhas havaianas. Seguindo a tradição dos kahunas, Norman tinha aprendido a sabedoria nativa de seu povo com seu pai e seu avô. Combinara esse saber tradicional com o aprendizado da hipnoterapia e planejamento neurolingüístico, expandindo seu preparo e gosto pela cura.

Norman começou minha sessão com um simples exercício de relaxamento. Reclinada no sofá, de olhos fechados, ouvia uma fita de música relaxante. Mandou-me concentrar-me na respiração e relaxar conscientemente cada parte do meu corpo. Relaxei totalmente em pouco tempo. Então, Norman me fez visualizar uma breve viagem através de uma paisagem tranqüilizadora, seguida pelo descer de uma escada imaginária. Sugeriu que eu me encontraria em outra existência ao chegar ao pé da escada.

Imagens indistintas imediatamente surgiram na minha mente – imagens do mesmo homem doente que vira meses antes, quando estava doente na cama. Norman me instruiu: "Descreva o que vê – faça as imagens ficarem mais nítidas." Seguindo as sugestões, as imagens passaram de impressões confusas para imagens coloridas, claras e de corpo inteiro. Algumas vezes as cenas tinham movimento e se sucediam como num filme. Outras vezes a imagem parava, quando eu dirigia minha atenção para os meus sentimentos naquela cena.

À medida que Norman me guiava, as imagens mudaram da cena do moribundo para outra em minha tenra infância. "Vejome como um bebê. Estou usando um camisolão e sentado numa cadeira alta. Minha mãe me dá mingau. Vejo meu pai e minhas irmãs sentados em volta da mesa, comendo." Descrevi para Norman como me sentia amado, satisfeito e alimentado.

Uma voz cética na minha mente interrompeu, censurando: "Você está inventando tudo isso." Mas a energia irresistível das imagens e emoções foi mais forte que meu ceticismo. A voz logo desapareceu, quando fui levada ainda mais fundo na experiência, pelas palavras de Norman: "Que está vivenciando agora? Que está sentindo?"

Após alguns minutos desta concentração, não via apenas um filme na minha cabeça; era a personagem principal da história, engajada numa experiência sensorial completa. Podia "ver" através dos olhos daquele homem, podia "ouvir" pelos seus ouvidos, podia sentir o amor dilatar seu coração e sabia o que estava pensando. Mais incrível ainda, podia mudar facilmente minha perspectiva da de um observador para a do corpo da pessoa que eu via, ou estar em ambos os lugares ao mesmo tempo. Podia sair do meu corpo e me ver de qualquer ângulo do quarto. Naquele estado alterado, tinha uma onisciência super-real. Tinha acesso a tudo o que aquele homem sabia, entendia ou lembrava, e mais, tinha uma visão mais ampla e um entendimento dos padrões da sua vida além do que ele poderia imaginar.

Embora absorta com aquelas visões, continuava ciente de estar no quarto com Norman, deitada no sofá. Podia ouvir o telefone tocando, mas parecia longe e insignificante. Era como se estivesse completamente desperta enquanto sonhava, dirigindo minha atenção conscientemente para o sonho. Estava num paradoxo sensorial, vivenciando duas realidades.

A cena na minha mente seguiu adiante, e me vi como um menino de dez anos. Estava num aposento de teto abobadado e com enormes janelas. Um jorro de luz solar caía da janela sobre um grande piano no centro do aposento. Ao meu lado estava um senhor idoso, cuja mão repousava no meu ombro. Sabia que aquele homem era o meu querido professor de piano. Havia em mim uma sensação de calor e entusiasmo ao olhar para ele e pensar em minha família e minha música. Minha vida era a fusão do amor com a música. Estava feliz.

"O que aconteceu?", perguntou Norman, quebrando o encantamento do devaneio.

"Tomaram a decisão de que devo ir para uma cidade a uma certa distância de casa para estudar música. Sinto-me honrado com a decisão." Senti um aperto no peito e lágrimas nos olhos ao me ver dando adeus à família e ao professor de piano.

"Vá para algum ponto adiante no tempo", me encorajou Norman.

Eu me vi com cerca de trinta anos, perto de um piano, numa grande sala quadrada, com portas duplas de vidro cobertas por um longo cortinado, e repleta de pessoas finamente vestidas. A sala estava quente e abafada e cheirava a mofo (de repente, comecei a sentir odores). Estava ao lado do piano, conversando com um grupo de mulheres que me admiravam. Quando se aproximavam, podia sentir vestígios dos seus perfumes, e percebia o cheiro do talco que eu usava.

Sorri ao ver outra cena, em que descia uma larga escada atapetada, tendo uma jovem bem-vestida em cada braço. Via o colorido vivo dos vestidos a rigor das mulheres, refletido nos brilhantes cristais de um candelabro pendurado sobre a escadaria em curva. Aquela cena tinha uma textura aveludada de elegância e civilidade. Passei empertigado, orgulhoso de ser um pianista admirado, por entre os grupos que conversavam.

Mas aquele orgulho estava sendo minado por uma tristeza e saudade insuportáveis. "Sinto-me dividido. Adoro a admiração deles, mas não sabem quem eu realmente sou. Não são capazes de ver nada além do meu talento." Podia sentir o vazio no meu estômago pensando no amor e carinho que deixara para trás, com a família. "Tenho muitos amigos", continuei. "Gostam da música que toco. Mas ninguém gosta de mim profundamente." Senti-me ficando fraca e me enrolei em posição fetal na cama.

Depois voltei à cena em que aquele homem está em seu leito de morte, tossindo, mal podendo respirar, exausto – a mesma cena que vira meses antes, quando eu mesma estava doente. Uma mulher, que pressenti ser minha irmã, sentou-se perto de mim na cama, atendendo aos meus desejos carinhosamente. Podia sentir no meu corpo a exaustão do homem e sua dor nos pulmões, lembrando da minha própria doença no inverno anterior. Neste momento, Norman percebeu a oportunidade e perguntou: "Quais são as razões emocionais para a sua doença? Do que é que você precisa?" Sem pensar, respondi: "Este é o único meio de obter a atenção e carinho de que preciso. Minha vida está desequilibrada." Embora estivesse respondendo do ponto de vista daquele homem, senti que o que acabara de dizer também fazia sentido em minha vida presente. Só não sabia bem como.

Mas Norman sabia. Enquanto ainda estava em transe, ajudoume a entender que minha vida atual era quase o inverso da minha vida passada como aquele homem. Como músico, podia expressar sua criatividade plenamente através da música, mas lhe faltavam os relacionamentos afetivos de que necessitava para ser uma pessoa completa e equilibrada. A barreira criada pelo seu extraordinário talento tornava quase impossível que os outros vissem a pessoa real por trás do gênio ou até mesmo se aproximassem dele. Sua doença era a expressão extrema da sua necessidade de amor e carinho.

Por outro lado, minha vida era rica em amor, família e amigos. Contudo, como mãe de duas crianças pequenas, todo o meu tempo e energia eram gastos cuidando das crianças e da casa. Sentia-me sufocada. Não tinha meios para exprimir minha criatividade, nenhum propósito maior além de amar minha família. Não tinha tempo para cuidar da exploradora, da artista e da professora que havia em mim, e que eu havia negligenciado completamente desde que me casara e tivera filhos. Naquele momento, com o paradoxo do meu passado exposto diante dos meus olhos, entendi que precisava tornar minha vida mais criativa e dar-lhe um outro propósito para me completar, me equilibrar e permanecer saudável.

Então, Norman me guiou pela morte daquele homem. Podia ver sua irmã sentada à sua cabeceira, quando finalmente morreu. Vi a cena como um observador no quarto. Vi o alívio em seu semblante macilento ao morrer e deixar para trás aquele corpo doente e consumido. Ao mesmo tempo, senti um leve formigamento no meu corpo.

Minha perspectiva mudou da cena do leito de morte para um ponto de visão superior à procissão do funeral – a mesma cena que vira meses antes, doente. Senti-me como o espírito desencarnado daquele homem, flutuando sobre as pessoas, vendo os acompanhantes enlutados lá embaixo, testemunhando meu próprio funeral. Estava muito emocionado pela quantidade de amigos que vieram me honrar na hora da morte. Subitamente, minha visão se aproximou do rosto da minha irmã, que estava no cortejo, enxugando com um lenço algumas lágrimas. Senti tristeza por ela; queria que soubesse que já não sofria mais e que era muito grato pelo seus carinhosos cuidados. Por sugestão de Norman, disse adeus e agradeci por seu amor.

SONHOS DESFEITOS E ANOS PERDIDOS

As imagens da vida daquele homem enfraqueceram. Sem fazer uma pausa, Norman sugeriu que eu fosse para uma outra existência. Vi imediatamente a imagem de uma jovem de onze ou doze anos, tocando um piano de cauda diante de uma pequena platéia. Usava um vestido azul-acinzentado, meias brancas e um laço branco e frouxo prendendo seus cabelos que lhe batiam no ombro. Tocava num recital. Sabia que seu desempenho agradava a seus pais e a outros adultos formalmente vestidos presentes na platéia. A voz de Norman fluiu até a minha consciência: "O que está vivenciando?"

"Estou tocando para pessoas que vão decidir se posso ou não ir para o Conservatório. Sei que toco bem. É fácil para mim. Fica decidido que devo prosseguir meus estudos. É uma grande honra entrar para o Conservatório. Estou triste por ter que me separar da família – estarei longe e sentirei falta deles. Mas preciso continuar meus estudos, minha música. Vejo meu pai, minha mãe e um irmão mais novo na estação de trem. Está tudo marrom-escuro ou cinza. Meu pai se curva e me dá um beijo, minha mãe chora e meu irmãozinho parece perdido. Minha mala é marrom e quadrada e a levo comigo."

"Onde está e para onde vai?"

"Estou deixando a Polônia para estudar em Viena." Esta informação pulou na minha mente e me assustou.

Depois, me vi no fim da adolescência, andando pelo corredor de um prédio. O teto era muito alto, as lâmpadas pendiam dele e havia janelas de vidro sobre as portas. "É onde estudo música. Tenho muitos amigos e sou feliz. Esta é a minha nova casa."

As imagens progrediram até a próxima cena, para um tempo em que meu humor mudara – minha felicidade transformara-se em medo. Vejo-me num apartamento estreito – tenho vinte e tantos anos, e dois filhos pequenos. Um piano de cauda enche um dos cantos do aposento. A porta se abre e um rapaz usando boina entra. Sei que é meu marido. Parece preocupado. As palavras 'é tarde demais' me vêm à cabeça. Sei que o que quer que tenha a me dizer tem a ver com o fato de sermos judeus. Meu marido, que é professor na universidade, fala abertamente contra a política alemã. Pelo medo que leio em seus olhos, vejo que teremos problemas. Não quero ver o que vai acontecer a seguir."

Norman disse: "Continue."

Curvei-me na cama e segurei meus joelhos; fiquei nauseada e tive que fazer força para dizer cada palavra com a qual descrevi o que vi. "Vejo meus dois filhos, uma menina de dois anos e um menino de seis, aproximadamente. Estamos numa rua pavimentada com pedras, junto com outras pessoas, e seguro as crianças pela mão. Visto um casaco marrom. Atrás de nós há um muro de pedras alto. Meu marido sumiu, não sei onde está. Devem têlo levado para algum lugar. Os alemães nos cercam. Sinto medo por mim e pelas crianças."

Comecei a chorar enquanto dizia o que via a Norman. Ondas de sofrimento varriam meu corpo. Tremia de frio à medida que a situação piorava.

"Estamos ao lado de um trem. Soldados e cães, pastores alemães. Seguro minha filha no colo e o meu filho segura com força minha mão livre. Gritos e confusão, gente em filas. Ninguém sabe ao certo o que está se passando."

Senti que algo terrível acontecia além daquilo que as imagens mostravam. Comecei a gemer e chorar, mas Norman me pediu delicadamente outra vez: "Continue." Chorei ainda mais forte, deitada na cama, sem poder falar. Entretanto, ainda tinha presença de espírito suficiente para pedir um lenço de papel a Norman, assoar meu nariz e secar os olhos.

Meu corpo foi tomado por pavor e resisti a olhar para a cena seguinte. Depois de esperar longo tempo até que eu chorasse o suficiente, Norman voltou a me pedir que continuasse.

"Estou num campo. Tudo está cinza. Ando em círculos, entorpecida. Não sei mais o que está acontecendo. Não sei o que aconteceu a meu marido nem às crianças. Minha família desapareceu, minha música sumiu. Meu espírito parece morto. Não quero viver mais. Sinto-me flutuando. Olho para baixo e vejo um aposento glacial com paredes de concreto. Vejo meu corpo sobre uma pilha de corpos retorcidos. Fui morta numa câmara de gás."

Descrevo estas últimas e frias imagens com a voz monótona e desprovida de emoção. As imagens vão desaparecendo. "Que desperdício", é tudo o que consigo dizer. "Que desperdício."

Norman percebeu que era o bastante para mim e terminou a sessão sugerindo que eu voltasse ao tempo atual, lembrando tudo o que tinha vivenciado. Após ter-se certificado de que estava de volta ao meu corpo e tranqüilizada, conversamos brevemente. E depois ele saiu.

Fiquei deitada mais alguns minutos, incapaz de pensar, completamente drenada pelas emoções e pelo choro. Fui mobilizada de maneira indescritível por essas lembranças, especialmente pela mulher que morreu com a família durante o Holocausto. Agora percebo que carreguei a sombra do pesar dessa mulher a vida inteira. Que alívio deixá-la partir! Eu me senti mais leve e livre.

Nos dias seguintes, absorvendo as lições da regressão, pude perceber como as lembranças das vidas passadas haviam dado uma nova dimensão à minha vida. Os vapores das imagens do passado que me seguiram por toda a vida haviam sido congelados como memória consciente e sólida. Minha idéia de que deveria haver algo mais além da minha experiência nesta vida estava confirmada. Agora tinha certeza de que parte de mim havia sobrevivido à morte e o faria novamente. Minha crença sobre a reencarnação e a continuidade da alma, aqueles nobres princípios dos tempos de colégio, se transformavam em uma parte da minha realidade cotidiana. Esta certeza me fez sentir mais sã e mais feliz.

Duas semanas depois da minha regressão, meu pai morreu repentinamente após uma cirurgia rotineira, colocando minha nova percepção da vida e da morte em teste. Aquela morte súbita chocou e entristeceu a todos nós.

No cemitério, ouvi o rabino ler o Eclesiastes, buscando o conforto na poesia e sabedoria das palavras: "Para tudo existe uma estação, e um tempo para cada propósito sob o céu." Pensei a respeito do meu próprio enterro e das mortes que havia visto na regressão, e como flutuara fora do meu corpo. Pensei: "Será que meu pai pode nos ver agora? Onde estará? O que estará sentindo?" De repente, os pêlos dos meus braços se eriçaram; meu corpo estava energizado. Senti que ele estava ali no cemitério conosco. Lembrei das palavras do *Livro Tibetano dos Mor-*

tos, que deveriam ser lidas para uma pessoa imediatamente após sua morte: "Oh, nobre filho, agora estás experimentando a Irradiação da Luz Brilhante da Realidade Pura. Aceita." Imaginei meu pai ouvindo estas palavras e entendendo seu significado.

"SOU MAIS QUE O MEU CORPO"

Durante as semanas e meses seguintes, enquanto lavava pratos, dobrava roupas e levava as crianças pela cidade, as imagens das vidas passadas percorriam minha mente. Novas percepções vinham como lampejos, reforçando a compreensão de como minhas vidas anteriores se relacionavam com a presente.

À luz desse entendimento, cenas e sentimentos de minha tenra infância começaram a fazer mais sentido: minha paixão por música e pelo piano, minha fascinação horrorizada pelo Holocausto, minhas doenças pulmonares. Uma brincadeira infantil ganhou novo significado para mim: minha amiga e eu costumávamos nos esconder sob a escada do porão da casa, como se estivéssemos fugindo dos nazistas, e levávamos latas de comida para não passarmos fome – sem sombra de dúvida, uma brincadeira estranha para crianças. Voltando a pensar naquilo, a ligação ficou óbvia.

Finalmente entendi outro mistério da minha infância. Desde que eu era muito pequena, tinha um sonho recorrente em que uma mulher de cabelos castanhos não muito longos, usando um casaco marrom, chapéu preto e levando uma mala no ombro, caminhava por uma rua em que havia um muro de pedras ao fundo. A imagem era clara e brilhante, tão vívida que nunca pude esquecer.

Este sonho foi e voltou várias vezes e era sempre o mesmo. Mas da última vez que o tive, poucas semanas antes da regressão, progredi e mudei. Daquela vez sabia que era aquela mulher. Mais uma vez andava pela rua, vestida da mesmíssima maneira e, quando segui adiante, me aproximei de um palácio com uma área quadrada central. A visão era tão completa e vívida que no dia seguinte ainda era capaz de desenhar um esquema do prédio. Entrei num aposento escuro na ala direita do palácio. O teto era alto, a mobília era antiga e pesada, e cortinas pesadas bloqueavam a luz do sol.

Aproximei-me de três homens vestindo uniformes que estavam atrás de uma mesa – um deles estava sentado, os dois outros o ladeavam, de pé. Eu me dirigi ao homem sentado, perguntando polidamente pelo meu marido. Minha pergunta foi recebida com silêncio. Agiram como se eu não estivesse ali. Frustrada, bati com o punho na mesa, exigindo atenção, gritando furiosamente com eles em alemão – língua que não falo. Riram de mim com desprezo e me retiraram dali à força. Deixei o prédio humilhada e amedrontada. E pensei: "Como cuidarei das crianças sozinha?" Saí vagarosamente do palácio, com os ombros curvados e a cabeça baixa.

Com as palavras em alemão flutuando na minha mente, pulei da cama, sacudi Steve até acordar e contei-lhe o sonho rapidamente para poder repetir as duas frases em alemão que ainda estavam claras e nítidas nos meus ouvidos. Entretanto, elas foram se desvanecendo em segundos. Mas o sentimento de presságio permaneceu comigo durante horas.

A mulher que eu via no meu sonho recorrente era a mesma que vira na regressão do Holocausto. Aparentemente, a partir da minha mais tenra idade, esses fragmentos de memória haviam passado do meu inconsciente para os meus sonhos. Antes de fazer a regressão, não tinha idéia do que as imagens no sonho significavam; depois dela, nunca mais tive aquele sonho.

Outro incidente da minha infância agora se esclarecia. Quando tinha três ou quatro anos, estava brincando no chão da sala de estar. Até hoje posso sentir o calor do sol matinal filtrando pela janela e o tapete de lã áspero em que estava sentada. Minha mãe entrou na sala e colocou um disco com músicas de piano clássico na vitrola. Larguei meus brinquedos de lado, e fui arrebatada pela música. Eu conhecia aquela peça! Podia cantarolá-la, antevendo as notas, as melodias, as harmonias que mudavam. Fiquei sentada escutando, tão feliz que cheguei a chorar. Senti o aposento e eu mesma crescer; me senti enorme, incorporando tudo o que estava à minha volta. Percebi naquele momento que eu era mais que o meu corpo. Embora aquela euforia tenha durado apenas um par de minutos, a intemporalidade e a magia daqueles instantes ficaram em mim para sempre.

Sou mais que o meu corpo. Anos depois, olhando para trás, e tendo a meu favor uma nova percepção dada pela regressão, entendo o que aconteceu naquele dia. A música que minha mãe colocara na vitrola deve ter sido uma peça que eu tocara centenas de vezes em alguma das minhas vidas passadas. Os sons familiares destravaram a memória da minha alma daquela vida e me lançaram numa percepção muito mais antiga do que a da menina de quatro anos que brincava sentada no tapete. "Ser consciente não é estar no seu tempo." Tive aquela experiência enquanto menina. Passei por algo semelhante, só que maior, sentada na praia perto de Boston, muitos anos depois.

CAPÍTULO 3

MEDITANDO DURANTE O RECREIO

Poucas semanas após as regressões de Chase e Sarah, era a minha vez de trabalhar como voluntária na pré-escola de Chase. Fiquei no *playground* entre as crianças que gritavam e riam. Observei os jovens colegas de Chase – na sua maioria, crianças de quatro a cinco anos – espalhados por todos os cantos do *playground*, brincando de pique sob o sol brilhante do outono.

Olhei ao redor procurando Chase – seu cabelo ruivo tornava fácil identificá-lo na multidão. Minha mente começou a divagar: se Chase fora um soldado negro ferido numa batalha, onde teriam estado antes aquelas crianças? Será que elas lembrariam? Se perguntasse quem tinham sido, elas me contariam histórias sobre suas vidas como esquimós, um fazendeiro na Rússia ou um pastor na África?

Meu olhar circulou pelo *playground*, parando em uma pequena menina ajoelhada diante da gaiola do coelho, falando seriamente com o bichinho. Lembrei de minha infância, das inúmeras conversas que tivera com minha amiga imaginária, uma coelha do tamanho de uma pessoa, chamada Betty. Já na época eu sabia que Betty era de mentirinha, mas gostava do nosso relacionamento como se fosse uma amiga de verdade. Lembrei de outras aventuras imaginárias. Senti a magia dessas fantasias infantis passando por mim, olhando as crianças completamente absortas em suas brincadeiras.

Voltando para a sala de aula, fiquei encantada de ver como era rica a imaginação daquelas crianças. Pensei em como as lembranças de vidas passadas parecem, superficialmente, com fantasias: em ambas, a criança pode experimentar ser uma outra pessoa num outro tempo, vendo coisas que ninguém vê, falando com gente que não existe. Quanto mais penso nisso, melhor percebo que é fácil fazer a distinção entre os dois. Uma criança brincando constrói uma realidade temporária que vira e muda à vontade. Pode facilmente transformar personagens e cenários, desempenhando o papel de um arrojado soldado que defende heroicamente o forte, num momento, ou um feliz confeiteiro fazendo tortas para o Rei e a Rainha do Mundo, no instante seguinte. Nestas fantasias, inconsistências óbvias também entram na mistura – uma combinação do que a criança acredita ser verdade no papel que desempenha, temperada pela mais desenfreada imaginação e magia possível. O resultado é uma mistura de fatos e ficção.

Quando Sarah e Chase relembraram suas vidas passadas, viram outro tipo de realidade – uma realidade interna intacta e *consistente,* com todos os detalhes plausíveis. E estas lembranças soaram verdadeiras. Ninguém nelas tinha nenhum poder mágico mirabolante. Ao contrário, os eventos que descreveram eram mais trágicos do que qualquer experiência que tivessem tido nesta vida. Não estavam brincando; não se divertiam em aventuras forjadas que pudessem dirigir e controlar.

Sentei sobre um pedaço de carpete no chão da sala de Chase e ouvi sua professora ler a história de um rato e sua motocicleta. Estudei as feições das crianças próximas a mim. Algumas ouviam, arrebatadas e encantadas; outras estavam quietinhas em seus pedaços de carpete, de olhos fechados. Um menininho irrequieto se mexia sem parar e brincava com o carpete, puxando suas pontas desgastadas. Admirei-me com a diversidade de personalidades naquela pequena turma, e não pude parar de imaginar quem teriam sido aquelas crianças e o que suas almas já teriam vivenciado. Quanto daquela diversidade seria conseqüência das vidas passadas? Examinei atentamente as faces jovens naquela classe. À luz daquelas reflexões, suas feições infantis passaram a despertar um interesse mais profundo.

Olhei para Chase, sentado entre seus melhores amigos, Henson e Mari. Estava com o olhos bem abertos, mas cansados. Tive dó do sofrimento que passou como soldado, ferido num campo de batalha, longe de casa e da família. Senti o calor do amor pelo meu filho crescer dentro de mim ao pensar de quão longe sua alma tinha vindo, desde os horrores daquela batalha longínqua até aquela sala de aula confortável, ileso entre amigos simpáticos. Ri comigo mesma e depois afastei aqueles pensamentos, pois já era hora de guardar os pedaços de carpete e ir para casa.

IDÉIAS ESTIMULANTES

Algum tempo depois, minha amiga Cathy Sky e eu fomos almoçar juntas. Ela era professora de jardim-de-infância e mãe de três filhos; também era música e escritora perspicaz. Sabia que eu fizera regressão com Norman e notara minha extraordinária melhora. Aquele almoço era a minha primeira oportunidade de dizer-lhe o que acontecera com as crianças graças a Norman, e também de falar a respeito de umas idéias que vinha tendo.

Meia hora depois, quando parei de falar, ela me espantou perguntando: "Então... é seguro?" Seguro? Aquela pergunta jamais passara pela minha cabeça. As regressões das crianças tinham sido tão tranqüilas, tão naturais, que não podia imaginar que pudesse haver qualquer perigo. Por isso, afirmei com convicção: "O fato é que suas vidas melhoraram depois disso. Seus medos desapareceram e o eczema de Chase está curado." Cathy me entendeu.

Já na sobremesa, Cathy e eu nos lembramos de crianças que conhecíamos e que tinham fobias. Lembramos de um menino que tinha pavor de água, cuja mãe não conseguia convencê-lo a entrar na piscina. Teria se afogado em outra vida? Será que seu pavor desapareceria se ele apenas se lembrasse de sua vida passada?

Fiquei ansiosa ao seguirmos naquela linha de raciocínio. Qualquer característica poderia ser resultante de outras vidas, não só os medos. Falamos de crianças conhecidas que tinham talentos incomuns, interesses estranhos e comportamentos peculiares que intrigavam seus pais. Ela me contou a história de uma aluna sua de três anos que se sentou chorando no *playground* diante de um pequeno buraco que cavara na terra e cobrira com folhas. Quando Cathy lhe perguntou o que estava acontecendo, respondeu: "Estou chorando pelas crianças que morreram na enchente." Cathy fez perguntas aos pais da menina sobre aquele comportamento, mas eles também não tinham explicação.

Examinando as possibilidades, Cathy e eu passamos a um outro aspecto. Quantas vezes encontramos nas famílias crianças que parecem totalmente diferentes dos pais e entre si? Ambas havíamos percebido a singularidade de nossos próprios filhos quando os seguramos pela primeira vez; as sementes da personalidade já estavam ali desde o nascimento. Podíamos *sentir* aquilo. Talvez a singularidade não seja apenas resultante da combinação casual dos genes dos pais. Talvez se deva também a traços da personalidade e experiências de vidas passadas que as crianças carregam consigo para as novas vidas. E talvez nossos filhos sejam muito mais que lousas em branco que se deve preencher com a experiência, como os cientistas nos fizeram crer por tanto tempo.

Cathy foi embora, deixando-me com a cabeça cheia de idéias estimulantes.

"TERRITÓRIO PERIGOSO"

Nem todo mundo sentia o mesmo entusiasmo de Cathy. Outros amigos com quem conversei sobre as minhas experiências com regressão a vidas passadas eram menos receptivos. Alguns consideravam possível a reencarnação, e que o carma fosse a melhor explicação para as injustiças da vida. Mas, quando se defrontavam com meu relato pessoal de como a lembrança de vidas passadas pode ser curativa, e especialmente quando ouviam que meus filhos estavam envolvidos, se tornavam céticos. Sugeriam que eu estava de alguma forma enganada e que deveria haver alguma outra explicação para o que havia acontecido.

Outros ficavam embaraçados, temendo que eu estivesse à beira da insanidade. Para estes, a reencarnação está nos limites do sobrenatural e é tão suspeita quanto qualquer manchete nos tablóides de supermercados. E sujeitar meus filhos àquilo! Uma amiga em particular me alertou, dizendo: "Você está entrando em território perigoso. Corre o risco de não ter retorno." Tentei argumentar, mostrando que fazia sentido para mim e confirmava verdades de que suspeitei a vida inteira. "E o que é mais", salientei, "estou melhor e as crianças também." Pude perceber que não haveria meio de convencê-la e desisti.

Esta resistência e desaprovação me fizeram perceber que eu precisava de confirmações de outras fontes – documentação sólida e confiável de lembranças de vidas passadas – que pudesse mostrar aos céticos. Senti que eles só acreditariam no que eu falava tão animadamente se pudesse mostrar pesquisas sérias que validassem minhas próprias experiências. Se eu tivesse um livro cheio de casos e explicações que pudesse mostrar aos meus incrédulos amigos... Pensava muito naquilo, pois também queria conhecer um livro que assegurasse a *mim mesma* a veracidade do que acontecera aos meus filhos e a mim, e pudesse me ajudar a entender como aquilo funcionava.

Estes livros sobre vidas passadas de crianças deviam existir. Outros profissionais com grau universitário e pós-graduação teriam pesquisado e documentado o que eu descobrira quase acidentalmente. Mas quem seriam e onde estariam? Como poderia encontrá-los?

CAPÍTULO 4

A Hora da Morte

ASSUNTOS NÃO RESOLVIDOS ESTIMULAM AS LEMBRANÇAS

Comecei minha busca retornando às prateleiras de religião e filosofia da biblioteca local, onde Steve havia pesquisado um ano antes, para ver se não deixara nada de lado. Mas nenhum daqueles objetos acadêmicos tinha nada a dizer sobre como era restaurador lembrar-se de uma vida passada.

Talvez um livro mais novo respondesse às minhas questões. Na livraria de Asheville, encontrei enfiados entre os livros de Astrologia e Budismo alguns títulos que me pareceram interessantes: livros escritos por Fiore, Sutphen, Wambach e Moody.

DRA. WAMBACH E O CASO DO GARFO DE QUATRO DENTES

Reliving Past Lives, livro da Dra. Helen Wambach, era a prova perfeita que eu procurava para mostrar aos meus críticos. Ela arquitetara uma experiência engenhosa para provar que as lembranças de vidas passadas são reais.

A Dra. Wambach inicialmente era uma psicóloga e cientista convencional. Seu interesse por esse campo invulgar começou como uma investigação para explicar uma experiência pessoal perturbadora – uma intensa sensação de *déjà vu* – que tivera certo dia, enquanto visitava um museu histórico *quaker* em Nova Jersey. À medida que subia as escadarias do velho prédio, foi tomada pela nítida sensação de estar em outro lugar e tempo. "Entrei na pequena sala da biblioteca e fui automaticamente para a prateleira de livros, peguei um e o retirei da estante. Parecia que eu sabia que aquele livro tinha sido meu, e à medida que olhava as páginas, uma imagem se formou na minha retina. Montada numa mula, atravessava uma plantação coberta de restos da colheita, com o livro apoiado à sela, à minha frente. O sol batia quente nas minhas costas, e minhas roupas me espetavam. Podia sentir a mula se mover sob meu corpo, sentada na sela, profundamente absorta na leitura do livro apoiado na minha frente. Parecia conhecer o seu conteúdo antes mesmo de passar as páginas."

A Dra. Wambach estava profundamente abalada com a sensação inequívoca de que estivera em outro corpo, em outra existência. A sensação era nova e estranha para ela. Àquela época, considerava-se uma psicóloga e professora universitária respeitável, e sempre acreditara que os fenômenos psíquicos podiam ser explicados como fantasias sem significado ou delírios. Mas a intensidade do seu *déjà vu* era real demais para ser desprezada. Ela precisava saber mais sobre aquilo. Suspeitava que pudesse ser um vestígio de uma realidade oculta, uma passagem rápida por uma dimensão da mente nunca admitida nos livros de psicologia. E pressentia que aquela nova dimensão poderia ser imensamente valiosa na sua prática terapêutica.

Essa experiência pessoal mudara o conceito da Dra. Wambach sobre o potencial da mente, mas não diminuiu sua fé nos métodos científicos. Sua formação exigia que ela estudasse o fenômeno objetiva e racionalmente.

Começou lendo tudo o que pôde encontrar sobre fenômenos psíquicos e lembranças de vidas passadas. Depois, passou a usar a hipnose para fazer regressão a vidas anteriores em estudantes voluntários. E a cada regressão tornava-se ainda mais intrigada. Os pesquisados passaram por experiências profundamente emocionantes que os convenceram – e a ela também – da veracidade de suas memórias de vidas passadas. Descreveram vidas anônimas em todas as partes do mundo e em todos os períodos da história humana, e com riqueza de detalhes. A maioria dos fatos históricos das regressões que pôde pesquisar – detalhes das vestimentas, alimentação, clima e arquitetura, por exemplo – coincidia com o que os historiadores conheciam da vida através dos séculos. Estava espantada em perceber como as lembranças eram precisas. Seus voluntários não cometiam erros nem no mais obscuro dos detalhes, que lhe tomavam horas de pesquisa para confirmação na biblioteca.

Mas provar a realidade das vidas passadas não bastava. Não via um meio de provar conclusivamente que seus pesquisados não tivessem, de alguma forma, inventado suas histórias a partir de um conhecimento prévio.

Então, procurou padrões entre as informações que colheu. Um padrão em particular mostrou-se significativo para a Dra. Wambach, e lhe deu confiança para prosseguir. Percebeu que metade dos seus pesquisados lembrava de pelo menos uma vida em que morria na primeira infância. Aquilo espelhava o fato histórico de que, nas sociedades primitivas, quase cinqüenta por cento das crianças morriam antes de chegar aos cinco anos, e aquilo confirmava para a Dra. Wambach que aquelas histórias não eram fantasias inventadas, nem imagens compiladas de livros ou filmes. Que proveito teria fantasiar uma vida ceifada lamentavelmente cedo pela fome ou por uma doença?

Considerando aquela observação como um indício, a Dra. Wambach mudou seu método. Sua formação científica lhe permitia saber que o comportamento geral dos grupos, quantificado sob a forma de dados estatísticos, era muito mais confiável e convincente que casos isolados, por mais impressionantes que fossem. Então, ao invés de documentar algumas existências tão conclusivamente quanto possível, decidiu reunir dados de um vasto número de pessoas para verificar se os padrões que surgissem reproduziriam os principais padrões dos fatos históricos.

A Dra. Wambach já sabia que era capaz de fazer um grupo de doze pessoas ou mais regredir tão facilmente quanto uma única pessoa. Também descobrira que eles podiam lembrar tudo o que vivenciavam durante a regressão, mesmo não tendo falado durante o transe. Baseada nessas descobertas, começou a fazer a regressão de grupos de voluntários. Hipnotizava todos os grupos da mesma maneira, dando-lhes a opção de visitar onze períodos específicos da história, entre 2000 a.C. e 1945. Fez isso três vezes com cada grupo. Enquanto os voluntários estavam em transe, orientou-os para que observassem seu entorno e os levou a percorrer um dia típico em suas vidas; depois, guiou-os até suas mortes e ao estado de pós-morte. Nenhum falou durante as regressões ou antes de terem respondido por escrito a um questionário padrão.

O questionário pedia aos voluntários que registrassem o que haviam visto e vivenciado durante a regressão: o que vestiam e calçavam, a cor de sua pele e tipo de cabelo, o clima e paisagem, sua moradia e a arquitetura que viam, sua alimentação, seus utensílios e ferramentas, e o dinheiro que usavam. Outras perguntas buscavam informações sobre suas mortes: onde morreram, que idade tinham nesta hora, a causa da morte e o que acontecia após sua morte.

Seguindo métodos científicos cautelosos, a Dra. Wambach esforçou-se para evitar erros e distorções. Os voluntários desconheciam uns aos outros antes da experiência, e não lhes foi permitido conversar antes de preencherem o questionário. Ela organizou as perguntas de maneira a detetar quem estivesse fantasiando ou forjando as respostas, e examinou as respostas de cada questionário em busca de discrepâncias internas e anacronismos históricos. Ao terminar, tinha 1.088 questionários respondidos. Esperava que cerca de 10% a 20% deles tivessem que ser descartados por incorreções ou discrepâncias, mas, para sua surpresa, somente onze foram invalidados – menos de 1%!

De todos os seus pesquisados, 70% lembraram de uma vida anterior. Ela compilou e analisou suas respostas, reconstruiu a localização geográfica, a cultura, o clima, a raça e o status social das vidas de que as pessoas se lembraram. Desenhou tabelas e gráficos, e escreveu sumários de suas descobertas. O resultado final é uma impressionante correlação, ponto por ponto, entre as lembranças de vidas passadas dos seus pacientes com fatos históricos:

Como exemplo do alto grau de detalhamento, os resultados da Dra. Wambach traçam a evolução dos utensílios de mesa do homem, desde rústicas colheres e conchas de madeira até garfos de três dentes, que apareceram pela primeira vez em seu estudo em 1500, e o moderno garfo de quatro dentes, que apareceu por volta de 1800. A maioria dos voluntários, entretanto, relata ter comido com os dedos.

Baseada no conjunto de dados reunidos em mais de mil regressões, a Dra. Wambach considerou satisfatório o resultado obtido, que provava estatisticamente que a lembrança de vidas passadas sob hipnose reflete o passado com precisão. Estava convencida de que aqueles resultados não eram produto da racionalização fantasiosa das pessoas pesquisadas, mas sim memórias reais de vidas passadas.

A MORTE ATRAVÉS DA HISTÓRIA

Você pode imaginar como acolhi bem estas informações. Eram os dados objetivos que eu procurava para me ajudar a convencer meus amigos mais racionais sobre a realidade das vidas passadas. Em *Reliving Past Lives*, encontrei evidências para contestar a noção de que vidas passadas são superstição, fantasia ou algo de que se possa rir em festas.

A parte da pesquisa da Dra. Wambach que mais me intrigava era relativa ao que acontecia às pessoas quando morriam. Aquilo era informação nova – uma análise estatística da experiência da morte através da história.

Como fizera com os outros dados, a Dra. Wambach dividiu as causas da morte em categorias e traçou suas curvas através dos séculos. Do total de mortes confirmadas, 62% foram por causas naturais como a idade e doenças, 18% foram mortes violentas como assassinato, suicídio ou ataques de animais; mortes por causas desconhecidas completaram os 20% restantes. Muitos tinham menos de trinta anos ao morrerem, o que bate com o que se sabe sobre a média de vida através da história.

Mais interessante ainda era a análise da estatística do que os voluntários vivenciaram ao morrer:

• Para 90% das pessoas, a morte foi a melhor parte da regressão. Relataram repetidas vezes como foi agradável morrer.

• Setenta e nove por cento experimentaram uma calma profunda e paz após a morte, e muitos se sentiram felizes por estarem livres de seus corpos – tão alegres, que choraram durante a regressão.

• Cerca de 20% descreveram flutuar acima de seus corpos após a morte, observando a agitação em volta do corpo ao partirem.

• Dois terços elevaram-se em direção a uma luz muito brilhante após deixarem seus corpos; 25% contaram que primeiro se encontraram na escuridão e depois foram em direção à luz.

• A maioria reportou que havia perdido o medo da morte na vida atual.

Porém, nem todo mundo morreu tão pacificamente. Os 10% restantes relataram emoções altamente negativas circundando a morte. Todos essas pessoas morreram violenta ou subitamente, num acidente ou numa guerra, ou sentindo muito medo. Um exemplo mostra como uma morte súbita pode resultar em confusão e desorientação: "Fui atropelado por um carro ao atravessar uma rua correndo. Pareceu-me que eu continuava correndo pela rua, não estava cônscio de que estava morto. Depois, fiquei frustrado e perdido, porque não entendi o que estava acontecendo comigo."

Se a alma do morto sentiu algum pesar, não foi por si, mas pelas pessoas que ficaram para trás. As mortes mais tristes de todas são as dos pais que deixam filhos jovens que precisam ainda dos seus cuidados ou de mães que morreram durante o parto, o que aconteceu muitas vezes durante a história.

SINAIS DE CURA

A Dra. Wambach observou, também, um fascinante subproduto da experiência. Nas semanas posteriores à regressão do grupo, algumas pessoas relataram que suas fobias de toda a vida haviam desaparecido. Aquelas fobias eram sempre relacionadas ao modo de morte que haviam experimentado nas vidas passadas: um medo de água desapareceu quando a pessoa lembrou de ter morrido afogada; outro paciente perdeu seu medo de cavalos ao lembrar de uma morte provocada por um cavalo; e uma mulher que tinha ataques recorrentes de tontura e uma vontade irracional de correr, nunca mais sentiu aquilo após lembrar que foi perseguida pelos furiosos habitantes de sua aldeia, que a fizeram correr até um penhasco, de onde caiu e morreu. Wambach concluiu que as mortes traumáticas carregadas de emoções negativas *provavelmente* causam fobias na vida atual. Mas ela não foi adiante.

Talvez seja mais significativo ainda que muitos dos voluntários da Dra. Wambach tenham se visto livres de suas fobias sem nenhuma orientação ou intervenção da terapeuta e sem saber antecipadamente que suas lembranças poderiam curá-los. Nem a Dra. Wambach nem seus pesquisados previram que poderiam se livrar das fobias lembrando das vidas passadas. Apenas aconteceu. E a Dra. Wambach ficou tão surpresa quanto seus pacientes.

Aquela foi, para mim, a informação mais importante de todo o livro. Se a cura acontecia sem intenção ou expectativa nem do paciente nem do terapeuta, inferia-se que o efeito curativo de se relembrar das vidas passadas é tão poderoso quanto universal. *Que apenas lembrando de vidas passadas, as pessoas podiam se curar de fobias.* Elas nem precisavam saber que isto era possível.

Mas a Dra. Wambach fez apenas um breve comentário sobre isso no seu livro. Em seu esforço para encontrar evidências empíricas de lembranças das vidas passadas, deixou sem resposta muitas questões que eu considerava particularmente intrigantes. Por exemplo, ela não fez nenhuma tentativa para explicar *como* ou *por que* as lembranças de vidas passadas se conectam com as vidas presentes. Em sua busca para descobrir padrões nas estatísticas que reunira, passou por cima das intensas emoções que, para mim, pareciam ser o âmago da questão. E não mencionou as crianças.

DRA. FIORE E UMA DESCOBERTA TARDIA

You Have Been Here Before, livro da Dra. Edith Fiore, revelou-se uma excelente descoberta. Foi o primeiro dos livros encontrados que focalizava os efeitos *curativos* da regressão a vidas passadas.

Da mesma forma que a Dra. Wambach, a Dra. Fiore nunca acreditara em vidas passadas – nem jamais pensara no assunto – até descobrir por si mesma e acidentalmente. Ela se formou em psicologia clínica no Mount Holyoke College, da Universidade de Maryland, e na Universidade de Miami. Seus nove anos estudando psicologia enfatizaram a superioridade do método científico e da objetividade. Aprendeu a "lidar apenas com o observável".

Apesar da sua formação, convenceu-se com os escritos de Freud de que o meio de realmente ajudar as pessoas era trazer à luz suas motivações ocultas – coisas que não eram imediatamente observáveis. Então, quando abriu seu consultório psicoterápico na Califórnia, começou a usar a hipnose, que considerava ser um caminho mais curto para atingir as motivações escondidas no subconsciente.

A Dra. Fiore seguia o método freudiano de regressão na idade. Enquanto o paciente estava em transe hipnótico, ela sugeria que procurasse atentamente nos anos anteriores a fonte do problema atual, geralmente um trauma emocional de alguma espécie. Uma vez que o trauma esquecido era trazido ao nível consciente e trabalhado, os sintomas que haviam levado o paciente à terapia desapareceriam. Usando esta técnica, ela descobriu que problemas complexos que levariam anos de tratamento formal para serem resolvidos sem hipnose poderiam ser resolvidos em meses.

Surpreendentemente, descobriu que alguns problemas que se arrastavam por toda a vida podiam ser encontrados ainda *mais longe* no passado – até chegar a eventos nos primeiros meses de vida, durante o parto e até mesmo no útero. Quando os pacientes da Dra. Fiore se recordaram de suas experiências mais primitivas, seus problemas emocionais crônicos, como culpas, ou seus sintomas físicos, como dores de cabeça ou asma, desapareceram.

Certo dia, a Dra. Fiore topou com algo ainda mais extraordinário. Usava regressão na idade através da hipnose para descobrir a fonte das inibições sexualmente incapacitantes de um paciente e sugeriu que fosse até a fonte do seu problema. Ela estava totalmente despreparada para ouvir sua resposta.

Ele disse: "Há duas ou três existências passadas, fui um padre católico." Então, fez uma vívida e emocionante descrição de sua vida e das atitudes sexuais de um padre italiano do século dezessete. Como a Dra. Fiore sabia que aquele paciente acreditava em reencarnação, achou que aquela "existência" era apenas uma fantasia pitoresca. Mas na sessão seguinte ele contou, para surpresa dela, que não apenas estava curado de seu problema sexual, como também se sentia muito melhor no geral.

Logo após aquela sessão, a mesma coisa tornou a acontecer. Outra cliente em quem fazia regressão com hipnose, inesperadamente, pulou para uma vida passada e descreveu uma morte que explicava perfeitamente o problema que a havia trazido à terapia. Mais uma vez a Dra. Fiore não se convenceu de que as lembranças de vidas passadas da sua paciente fossem reais ou que sua cliente não estivesse apenas fantasiando uma causa para o seu problema numa vida passada. Mas, seis semanas mais tarde, a paciente voltou para lhe dizer que seu problema havia desaparecido completamente.

É evidente que nada na formação protestante da Dra. Fiore a havia preparado para aquilo. Ela aprendera que vivemos apenas uma vida na Terra. E sua formação científica a ensinara a ser cética diante de tudo o que não pudesse ser provado. Mas ela era uma pessoa comprometida com a cura, com a ajuda aos seus pacientes, e não podia ignorar o fato de que estavam melhorando por lembrar daquelas aparentes vidas passadas. Apesar das suas próprias crenças e das crenças de seus pacientes, as histórias das vidas passadas curavam. Daquele momento em diante, ela passou a usar a regressão a vidas passadas com seus pacientes.

As pessoas vinham pedir ajuda à Dra. Fiore para resolver todo tipo de problemas. Ela sempre sondava primeiro, buscando uma causa na vida presente. Quando não encontrava, examinava suas vidas passadas. Muitas vezes a raiz dos problemas era uma história de vida passada, particularmente uma morte. Ela achava que a experiência da morte era o evento mais responsável pelos sintomas e problemas das pessoas. Quando os pacientes obtinham um alívio expressivo de seus sintomas, quase sempre era resultado direto da revivescência da morte sob hipnose.

Um dos casos da Dra. Fiore mostra como isto funciona. Um bem-sucedido advogado e homem de negócios sentia tanto medo de altura que evitava viajar de avião e não conseguia sequer dirigir em montanhas. Aquele medo, limitando seus movimentos, prejudicava sua carreira. Após tentar terapias tradicionais sem sucesso, procurou a ajuda da Dra. Fiore como uma medida desesperada para vencer seu medo. Numa regressão impressionante e altamente emocional, aquele homem se lembrou de estar consertando o telhado de uma igreja na Europa. Escorregou numa telha e deslizou telhado abaixo, segurando-se numa calha para não cair. Reviveu os aterrorizantes segundos durante os quais foi se soltando da calha, até despencar e morrer empalado no andaime de madeira. Após ter revivido e processado totalmente sua morte horripilante durante várias sessões de regressão, livrou-se do medo paralisante de alturas.

A Dra. Fiore descobriu que enfermidades físicas também podiam ser conseqüência de uma morte em momentos de forte emoção – ódio, culpa, tristeza ou medo. Esses sentimentos não resolvidos mantinham a memória viva e se manifestavam como sintomas físicos numa vida posterior. Tão logo o trauma era revivido sob hipnose, e a emoção processada com a ajuda da Dra. Fiore, a lembrança física da experiência de vida passada ficava resolvida e os sintomas desapareciam.

Processei essas revelações na minha mente e comparei-as com o que acontecera a Chase. Seu sentimento de culpa, que se originara *em outra existência*, continuou a afligi-lo, não como tendo culpa nesta vida, mas como um sintoma físico – o eczema – no mesmo ponto em que fora ferido a bala no pulso, numa vida passada. E assim que teve uma oportunidade de revisitar o passado e processar as emoções, o eczema desapareceu.

Seus casos também confirmaram as lembranças das minhas próprias vidas passadas. Os casos que ela relatava tinham as mesmas qualidades e sensações das minhas histórias de vidas passadas. Eram histórias de gente de verdade, tentando achar seu caminho através da vida real e lutando corpo a corpo com suas mortes reais.

EXPERIÊNCIAS DE MORTE RELEMBRADAS

"Ajudei mais de mil pessoas a morrer. Todas no meu consultório." A pretensão da Dra. Fiore parece a princípio uma falácia. Mas é verdade. Quase todo paciente que se lembrou de uma vida passada também relembrou a experiência da morte que findou aquela vida. Os relatórios de mortes relembradas eram incrivelmente consistentes com os relatórios das regressões dos voluntários da Dra. Wambach e com os relatórios das experiências de quase-morte publicadas no livro *Vida Depois da Vida*, do Dr. Raymond Moody. Todas as pessoas que se lembravam de sua morte descreveram uma continuidade da consciência após a morte; a consciência não cessou quando o coração parou de bater. Suas percepções permaneceram válidas. Ainda podiam ver, ouvir, sentir o que acontecia com elas e à volta delas. Qualquer dor física ou emocional que estivessem sentindo no momento da morte se fora, a fome satisfeita, a sede saciada. Sentiram-se completas novamente.

No momento da morte, perceberam-se deixando seus corpos, sentindo uma súbita sensação de leveza, flutuando como uma pluma, subindo no ar, vendo o cenário que haviam deixado lá embaixo. Vários pacientes relataram ter presenciado seu próprio funeral do topo das árvores, como eu fizera com a minha morte no século dezenove. Muitos penetraram num espaço celeste de luz brilhante e se banharam em sua presença cálida e adorável. Apareceram anjos e seres de luz. Alguns ouviram ruídos – zumbidos, zunidos e até música celestial. Outros foram recebidos por amigos e parentes falecidos, em sua forma espiritual. Para muitos, constituía uma total beatitude. Invariavelmente, a transição era pacífica, preenchida com uma beleza e uma graça indescritíveis, estimulando alguns a chorar de alegria, ainda em transe.

Relembrando suas mortes, muitos dos pacientes da Dra. Fiore retomaram a confiança na vida. Não tinham mais medo da morte. Entenderam que a morte não é um fim, mas um novo começo. Para todos, a experiência da morte relembrada foi uma fonte de profunda inspiração que mudou sua forma de viver.

A Dra. Wambach descobriu que 90% de seus pesquisados tiveram as mesmas experiências agradáveis, quase palavra por palavra. É possível penetrar num dos maiores mistérios da vida através da regressão? Creio que sim. Minhas experiências com relembrança da morte foram quase idênticas àquelas descritas pelos pacientes das Dras. Wambach e Fiore. A descrição do estado de pós-morte de Sarah foi similar: "Sinto-me flutuando acima das árvores. Sinto-me leve como o ar. Creio que estou morta. Não sinto dor nenhuma. Estou aliviada porque tudo terminou." Chase lembrou de voar sobre o campo de batalha, sentindo-se bem por sua vida ter terminado, e por poder seguir para uma vida mais feliz.

Quando terminei de ler o livro da Dra. Fiore, percebi que era a prova de veracidade que eu estava procurando. Ali estava uma psicóloga clínica, que há anos aplicava métodos de observação empíricos, descrevendo os mesmos tipos de histórias de vidas passadas, as mesmas experiências de morte e, mais importante, os mesmos efeitos curativos das lembranças de vidas passadas que descobri em minha família. Aquilo me deu confiança para seguir adiante. Mal suspeitava que encontraria mais respostas na cozinha da minha amiga Cathy.

DR. ROGER WOOLGER: À PROCURA DA ALMA E DO ESPÍRITO

Cathy me convidou para tomar um café e bater um "papo de mulheres" em sua casa, certa manhã. Na segunda xícara, já estávamos a mil por hora. Patrick, marido de Cathy, se aproximou, e ao ver que conversávamos sobre vidas passadas, falou de seu amigo Roger, que acabara de publicar um livro sobre o assunto. Foi até a estante e me passou o livro dizendo com um sorriso cínico: "Você vai gostar. Pessoalmente, acho esse negócio de vidas passadas puro papo furado."

Naquela noite, após as crianças terem ido dormir, abri o livro *Other Lives, Other Selves – A Jungian Therapist Discovers Past Lives*, do Dr. Roger Woolger, e fui imediatamente arrebatada pelo estilo ágil do Dr. Woolger. Era um livro que combinava todas as correntes de idéias em que eu estivera navegando durante anos – vidas passadas, T. S. Elliot, regressão hipnótica, William Blake e curas. Mais gratificante de tudo, ele citava meu velho companheiro, *O Livro Tibetano dos Mortos*. O Dr. Woolger dava um sentido único a todas aquelas idéias, acrescentando uma nova profundidade ao meu entendimento de vidas passadas. Seu livro vai além do simples relato de terapias de vidas passadas, como uma técnica clínica notável. Ele a coloca no contexto do estudo da mente e, ao mostrar como as lembranças de vidas passadas são básicas na constituição de todas as pessoas, desafia a mais sagrada das premissas da moderna psicologia. Combinando idéias da psicologia ocidental com o misticismo do antigo Oriente, suas próprias experiências de regressão e a observação direta de milhares de pacientes regredidos, ele construiu um modelo completo que explica como funcionam as lembranças das vidas passadas.

O Dr. Woolger começa o livro com sua própria história. Ele nasceu na Inglaterra, e formou-se em psicologia comportamental e psicologia analítica. Mas seus estudos o deixaram desiludido e se perguntando: "O que as estatísticas têm a ver com o coração e a alma, com as supremas realizações espirituais da humanidade?" Numa tentativa de descobrir respostas fora da "camisa-de-força materialista do pensamento ocidental", mergulhou no hinduísmo e no misticismo cristão, e neste processo recebeu o grau de doutor em religião comparada pela Universidade de Londres. Mas o estudo da religião produziu apenas conceitos filosóficos áridos – alma e espírito apenas no nome –, quando o que o Dr. Woolger procurava eram aplicações práticas destas idéias utilizáveis em sua vida particular e profissional.

O Dr. Woolger continuou sua pesquisa em Zurique, no Instituto Junguiano. Carl Jung, conhecido por expandir a visão de Freud sobre o inconsciente, criou uma teoria psicológica que admitia os mistérios do espírito e da alma. Em Jung, Woolger finalmente encontrou uma filosofia que alimentava tanto o lado intelectual quanto o espiritual. Depois de Zurique, veio para a América, ensinar na Universidade de Vermont, e abriu um consultório psicoterápico. Um dia, um colega perguntou se gostaria de fazer uma experiência com a técnica de regressão a vidas passadas. Embora cético, seu grande senso de aventura prevaleceu e ele concordou.

Para a sua enorme surpresa, na sua primeira regressão o Dr. Woolger lembrou claramente de uma existência na França, durante o século treze, como mercenário no exército do Papa. Ele se viu no meio de um horror indescritível, pois os habitantes de aldeias francesas inteiras eram massacrados e queimados em nome da Igreja. Revoltado com a crueldade, o soldado se arrependeu e desertou do exército, mas foi capturado e queimado numa fogueira como herege.

Aquela regressão abriu os olhos do Dr. Woolger e mudou sua vida. Explicava sonhos terríveis que tinha sobre tortura e massacres, que nenhuma dose de psicoterapia tinha podido erradicar. E, com um único toque, um outro mistério também foi resolvido: finalmente entendeu que uma forte fobia de fogo que o perseguia a vida toda fora causada pela sua morte na fogueira naquela vida passada. Aquela sessão foi tão forte e os resultados foram tão imediatos que seus colegas e ele começaram a experimentar a sério as técnicas de regressão a vidas passadas, aplicando as técnicas uns nos outros. Coletaram todas as informações que puderam obter com regressão hipnótica e vidas passadas, reuniram suas percepções e refinaram seus métodos. Ao sentir-se confiante o suficiente na técnica, o Dr. Woolger mudou seu método e passou a incluir a terapia de vidas passadas.

CURA VERDADEIRA

Tanto o Dr. Woolger quanto a Dra. Fiore se formaram em psicoterapia tradicional, mas vindos de lados opostos do Atlântico estavam descobrindo a mesma coisa: a terapia de vidas passadas funciona. Seus pacientes estavam melhorando.

Como acontecia no livro da Dra. Fiore, as histórias que apareciam nas sessões de terapia do Dr. Woolger soavam como verdadeiras, sem nenhuma das características de uma fantasia. Todas eram salpicadas com detalhes do cotidiano, que eu começava a reconhecer como uma das marcas registradas das lembranças de vidas passadas verídicas.

Mas era a verdade *psicológica* da história que importava para o Dr. Woolger. Ele dizia aos seus pacientes que não importava se eles acreditavam ou não em reencarnação para que a terapia de vidas passadas fosse eficaz. Dava resultados qualquer que fosse a crença. Assim sendo, ele não está preocupado com a prova histórica daquelas vidas. Raramente ele procura nomes específicos, datas ou detalhes históricos. Na verdade, ele desencoraja seus pacientes de pensarem sobre quaisquer provas, avisando que poderia ser uma distração, drenando energia vital do poder de cura da história. "Uma memória de vida passada não é um fim em si mesma", sublinha ele, "mas um meio para a catarse emocional, o autoconhecimento e a cura, que são os verdadeiros fins da psicoterapia."

Como a Dra. Fiore, o Dr. Woolger ajuda seus pacientes a procurar a fonte de seus problemas atuais em histórias de vidas passadas. Mas onde a maioria dos casos da Dra. Fiore mostra normalmente uma simples relação de causa e efeito entre vida passada e vida atual, o Dr. Woolger mostra quão complexos tanto a causa quanto o efeito podem ser. A fonte de um problema pode repercutir através de várias vidas passadas, e cada uma das vidas pode adicionar uma camada a mais de complexidade ao problema. Ele mostra como uma série de vidas passadas pode criar um emaranhado de problemas emocionais, físicos e mentais no presente. Por exemplo, uma fobia pode ser acompanhada de um sintoma físico; ser enforcado por falar contra as autoridades poderia resultar numa dor crônica no pescoço *e* um pavor de falar em público. A fobia de Chase, de barulhos fortes, e o seu eczema, ambos são provenientes de seu trauma de guerra.

O Dr. Woolger viu uma longa lista de fobias inexplicadas serem curadas por regressões a vidas passadas. Subjacente a cada fobia encontrava-se um trauma de uma vida passada específico e correspondente, na maioria das vezes, uma morte. Mas também descobriu que a terapia de vidas passadas cura uma série de outros medos – medos neuróticos, tais como distúrbios alimentares, insegurança aguda, depressão, baixa auto-estima e obsessão por dinheiro.

Algumas doenças físicas podem remontar a danos de uma vida passada específica: enforcamento ou estrangulamento se manifestam como dores no pescoço e nos ombros; evisceração pode resultar em problemas intestinais; morrer por inalação de fumaça ou gás aparece como problemas pulmonares ou alergias. Sintomas físicos podem ser causados não apenas por feridas físicas, mas também por golpes penetrantes na psique: dores de cabeça podem advir de escolhas mentais intoleráveis, sinusite pode ser um fracasso a ser lamentado, e dores nas costas podem provir de uma grande carga de culpa.

Idéias e pensamentos podem transcender a morte. O último pensamento que ocupava a mente no momento da morte pode ser impresso na alma e dominar o pensamento da pessoa na próxima vida. O Dr. Woolger chama a isso de roteiro de vida. Esses roteiros de vida podem modelar a índole de uma pessoa, suas expectativas e motivações, dando uma aparência enganosa de como o mundo funciona e de como as pessoas deveriam agir.

Por exemplo, o roteiro de vida "não é seguro se arriscar no mundo lá de fora" poderia resultar de uma morte em um ataque de surpresa. "Eu não sou suficientemente bom" pode provir de qualquer falha séria numa vida passada. "É tudo culpa minha" poderia vir de qualquer tipo de erro fatal. Morrer num acidente enquanto criança tendo os pais próximos poderia resultar no roteiro de vida "vocês não me protegeram".

Não são apenas os traumas por morte que são trazidos para o presente. A segunda categoria de traumas mais freqüentes (após morte violenta) é a separação e o abandono. É um tema triste que se espalha por toda a história: ser separado dos pais enquanto criança, durante a guerra; ser abandonado no mato em tempo de fome; ou ser separado dos entes queridos que são vendidos como escravos. Ser separado permanentemente dos pais ou da família pode violentar tanto a psique de uma pessoa, que a perda domina a mente até a morte, mesmo que a morte só aconteça muitos anos depois. Este trauma pode se manifestar em vidas futuras sob forma de insegurança, dificuldade para acreditar nos outros, enorme possessividade ou a ansiedade da separação em bebês.

Dificuldades com relações pessoais e brigas em família também podem estar profundamente enraizadas em roteiros de vidas passadas. As mesmas pessoas entram e saem das nossas existências, reaparecendo seguidas vezes para dar cabo de assuntos do passado. Voltamos atrás para reprisar os mesmos assuntos, invertendo papéis e mudando de gênero a cada vida. Os relacionamentos variam entre o amor e o ódio, com todos os matizes intermediários. Os assuntos podem ser relativos a grupos de duas, três ou qualquer número de pessoas.

Relacionamentos positivos, creio, são os mais comuns. Um ex-marido pode ser agora uma filha adorada ou um ex-amigo leal pode ser sua mãe. Geralmente, se o relacionamento foi bom no passado, continua sendo bom no presente. É verdade que o amor sobrevive, embora os papéis possam se inverter. A paixão por uma alma gêmea não é uma idéia romântica – isso realmente acontece.

Mas o livro do Dr. Woolger trata de cura verdadeira, e seus pacientes chegam à terapia trazendo uma enorme carga de problemas de relacionamento. Ao regredirem, muitas vezes descrevem rixas e querelas vingativas que duram vários séculos e muitas existências. Velhas disputas entre pai e filho, senhor e escravo, vítima e carrasco, esposas, amantes, parentes – a lista é extensa – são reenergizadas e repetidas na vida atual. O Dr. Woolger menciona um caso em que pai e filha se alternaram durante *seis* vidas distintas, e um outro em que reprises amargas entre três pessoas – mãe, filha e neta na vida atual – puderam ser acompanhadas através de *oito* vidas passadas.

POR QUE TANTA TRAGÉDIA?

Algo me preocupou nos casos relatados no livro do Dr. Woolger. Pareceram-me excessivamente sangrentos e violentos. Fervendo no âmago dos traumas das vidas passadas de seus pacientes, havia uma aparentemente interminável quantidade de estupros, assassinatos, suicídios, torturas, mortes acidentais e desastres. Por que tanta tragédia? Talvez porque tais atrocidades tenham sido mais comuns do que imaginamos através dos séculos, e que a regressão a vidas passadas seja uma janela livre de censura para esses recantos anônimos e negros da história.

Mas percebi que existe uma outra razão para tanta tragédia. Os pacientes do Dr. Woolger vinham se consultar com sérios problemas que estragavam suas vidas – problemas que, na maioria dos casos, haviam resistido ao tratamento por terapias convencionais. A fonte na vida passada de cada um desses sérios problemas tinha que ter sido uma morte violenta ou um trauma tão violento que deixou uma cicatriz permanente na psique. Quanto mais horrível ou súbita a morte, ou mais profundo o trauma, mais se aferraria à alma e feriria a futura vida.

Esta percepção me ajudou a entender que os casos do Dr. Woolger, carregados de tanta tragédia e dor, não eram perfis de vidas *típicas*. O estudo da Dra. Wambach mostrou que 62% das vidas acabam em morte tranqüila. Os casos do Dr. Woolger são os casos limites dos outros 38%.

Como a Dra. Wambach mostrou, vidas felizes e realizadas

existem, e deixam seus traços positivos sob a forma de talentos, virtudes, sapiência, relações amorosas e uma tendência para mais vidas felizes. A Dra. Fiore também encontrou evidências disso. Mas vidas felizes não causam problemas que levem as pessoas a precisar de terapia. "Seria de tanta valia para alguém que estivesse passando por dificuldades olhar para vidas passadas felizes", dizia o Dr. Woolger, "quanto para um médico tratar de uma perna machucada olhando para a perna sã."

Creio que este princípio também vale para lembranças de crianças. A maioria delas é benigna e não causa problemas nas existências futuras. Mas, como Sarah e Chase me ensinaram, crianças também podem ter cicatrizes de traumas de vidas passadas, da mesma forma que os adultos. Suas mortes não foram menos horríveis e seus últimos momentos não menos pavorosos que os dos adultos regredidos pelos doutores Wambach, Fiore ou Woolger. Afinal, Chase morreu em meio à carnificina nos campos de batalha da Guerra Civil, e Sarah pereceu em meio às chamas. As lembranças de tais tragédias não são exclusivas dos adultos.

AMPLIANDO A ÁREA DA PSICOLOGIA

O livro do Dr. Woolger trata de como e por que a terapia de vidas passadas funciona. Ele explica de forma genérica, demonstrando que a terapia de vidas passadas não é uma técnica isolada, mas que, ao contrário, é uma extensão da psicoterapia convencional. Mostra, ponto por ponto, como as dinâmicas e princípios da psicologia ocidental se aplicam através de várias existências.

Por exemplo, ele gosta muito de uma citação de Jung que diz: "Um complexo se forma onde experimentamos uma derrota na vida", ao que o Dr. Woolger adiciona, perguntando: "Qual vida?" Ele moderniza a citação de Jung dizendo: "Um complexo se forma quando experimentamos uma derrota em q*ualquer vida.*"

A psicoterapia ocidental tradicional, começando com Freud, crê que tudo pelo que passamos na vida fica gravado no inconsciente – uma metáfora para todas as forças em nossa psique afora a nossa percepção consciente. Essas forças inconscientes dão forma, dirigem e colorem tudo o que pensamos, sentimos e fazemos. O Dr. Woolger diz simplesmente que as experiências das vidas passadas também pertencem ao caldo do inconsciente. Traumas, pensamentos e emoções de vidas passadas estão mergulhados no caldo junto com material originado pela vida atual. Uma vez no inconsciente, *todas* estas lembranças seguem as mesmas leis e podem nos afetar da mesma forma. Qualquer trauma grave – seja de dois anos ou duas existências passadas –, se esquecido e reprimido, pode causar problemas. Isso também significa que traumas esquecidos e reprimidos podem ser curados da mesma forma: tornando-os conscientes. A terapia é o processo de caça aos traumas originais, colocando-os à mostra.

Do ponto de vista do Dr. Woolger, o campo em que os psicólogos tradicionais procuram pelas causas dos problemas é muito estreito. Sua busca está limitada ao quadro de uma única vida. Eles não regridem além do momento do nascimento.

Os terapeutas de vidas passadas já demonstraram que vale a pena alargar o quadro da psicologia bem além de uma única existência, incluindo todas as vidas de um paciente. Neste quadro mais amplo, a vida não é o início absoluto, o ponto de partida do tempo. É apenas uma transição, uma porta através da qual uma alma experimentada entra carregando a bagagem e as lições de existências passadas. Neste novo paradigma, a velha idéia de tábula rasa – a crença de que ao nascer nossa mente é uma lousa em branco na qual se escreverá apenas com o fruto da experiência – é destruída. Assim como também a morte não é o fim do tempo, o fim de todas as conseqüências, como desligar a TV e caso encerrado. A morte também é uma transição, uma passagem por onde a alma transita em seu caminho para novas existências.

Mas a morte também é mais que uma passagem. É um evento psicológico, um trauma com conseqüências psicológicas.

Esta é uma nova idéia. Terapeutas convencionais não têm experiência no tratamento das conseqüências psicológicas da morte de uma pessoa. Terapeutas de vidas passadas ganharam alguma experiência, mas até eles mesmos ainda têm muito o que aprender porque a idéia é muito nova. Por esta razão, o Dr. Woolger busca auxílio nos grandes psicólogos orientais, nos sábios budistas e hindus – particularmente com os autores do *Livro Tibetano dos Mortos* – que estudam e escrevem sobre o momento da morte há séculos.

Os budistas escrevem sobre a mente exatamente como os psicólogos ocidentais. Mas começam com a premissa radicalmente diferente de que a consciência existe fora do corpo físico e permanece após a morte. Esta idéia de continuidade da consciência é de difícil compreensão para os ocidentais porque aprendemos que a mente cessa com a morte. Mas os relatórios dos ocidentais que já tiveram experiências de quase-morte, somados aos relatórios de experiências de morte relembradas através de regressões a vidas passadas, confirmam o que os místicos orientais vêm dizendo há milhares de anos.

Os budistas observam e descrevem os estágios da mente enquanto completam o ciclo entre uma vida e outra, incluindo o momento da morte e o intervalo entre as vidas. De acordo com os ensinamentos sagrados do Budismo, o momento da morte é o momento supremo psicológico no ciclo inteiro da vida, morte e renascimento.

O MOMENTO DA MORTE

No momento da morte deixamos nossos corpos físicos e todas as nossas barreiras mentais. As ilusões do mundo físico se dissolvem e nos encontramos cara a cara com o que os budistas chamam de "Luz Brilhante da Realidade" e a "Real Natureza da Mente" – a essência básica do universo e da nossa própria natureza íntima sendo uma coisa única. "Perceber a natureza da mente é perceber a natureza de todas as coisas." Esta é uma essência imutável, intemporal, intocada até pela morte.

Esta percepção intensificada faz do momento da morte uma oportunidade insuperável para que a alma progrida em sua jornada espiritual. Neste momento é possível abrir nossos corações e abraçar a verdade da nossa natureza divina, abandonar qualquer negatividade ou trauma da vida que estamos deixando – e de qualquer outra existência – e assim avançar para uma vida mais favorável.

É também um momento perigoso. Pensamentos no momento da morte podem ser "desproporcionalmente aumentados e inundar totalmente nossa percepção". Portanto, se a mente estiver repleta de pensamentos negativos e abjetos, eles serão amplificados e dominarão nossa consciência daí em diante, influindo nos pormenores da próxima encarnação.

O Dr. Woolger também descobriu isto observando seus pacientes. Em sua busca pelas causas dos problemas na vida atual, descobriu que a morte é o evento psicológico que tem mais significado no bem-estar das vidas subseqüentes de uma pessoa. Muitos problemas nas vidas dos seus pacientes podiam ser acompanhados diretamente das marcas de pensamentos e sentimentos não resolvidos, geralmente negativos, próximo do momento da morte. Esses pensamentos e sentimentos não morrem com o corpo físico. Ao contrário, eles se agrupam para formar uma memória da alma – uma composição de imagens, pensamentos e sentimentos em torno da experiência enormemente carregada. E, como o Dr. Woolger explica, "a intensificação da percepção que ocorre com a morte imprime de forma exagerada os pensamentos, sentimentos e sensações do morto sobre qualquer que seja o veículo que transfira nossa essência de uma vida para outra".

Especificamente em casos de mortes traumáticas – mortes horríveis ou súbitas – não temos meios de chegar a um acordo nem com nossa vida, nem com nossa morte; não temos tempo de nos corrigir, dar adeus aos entes queridos ou dar fim aos nossos negócios na Terra. Não ficamos em paz. *Morremos incompletos.* Se estivermos preocupados com emoções negativas na hora da morte – ódio, medo, culpa, ressentimentos, raiva, reprovação –, elas de algum modo intensificarão todas as outras sensações, inclusive as sensações físicas da morte e as mensagens que estiverem cruzando a mente. Serão essas *emoções* que colarão todas as outras impressões à alma e as atarão para que passem intactas para a próxima vida.

Se morremos incompletos, vivemos esta existência com o que o Dr. Woolger chama de "negócios inacabados na alma". Atravessamos a porta da morte carregando nossos assuntos não resolvidos conosco e com a necessidade de acabar o que deixamos em aberto. Esses assuntos, exigindo solução, são o que se manifestam como problemas em outra existência. Assuntos não resolvidos impulsionam as lembranças.

Através da terapia de regressão e da capacidade de cura da mente inconsciente, temos a oportunidade de voltar ao momento da morte e reverter seus efeitos. Exatamente como isto ocorre permanece sendo um mistério, mas milhares de regressões a vidas passadas são a evidência de que isto acontece.

O MOMENTO DA MORTE NA TERAPIA

O cerne do método terapêutico do Dr. Woolger é a reencenação do ato da morte. Este é o ponto em que a verdadeira cura acontece.

Geralmente ele estuda um cliente durante várias sessões, até entender a complexidade do problema, retirando gradualmente as camadas das vidas atuais e passadas que envolvem a causa do problema. O ápice dessas sessões ocorre quando ele guia o paciente e o faz reviver a morte e passar pelo estado de iluminação onisciente do pós-morte. Ele o faz examinar cada pensamento, sentimento e sensação física supercarregados durante esse processo.

No momento da morte, o Dr. Woolger faz perguntas para focalizar a percepção do paciente sobre detalhes da experiência: "O que está acontecendo? O que está pensando? Quais são os seus *últimos* pensamentos? O que está sentindo?" Ele sonda à procura de conexões e padrões: "Como este trauma é mantido no seu corpo? O que diz o seu corpo?" Este pode ser um momento de grande catarse para o paciente, quando fortes emoções que estavam congeladas no passado, no momento da morte, sobem à superfície e são liberadas – geralmente com muito choro. Quando isto acontece, a energia que mantinha a lembrança se dissipa, e os pensamentos, sentimentos e sensações negativos que estavam ligados à memória se "descolam" da alma.

Este estado de pós-morte é um período extremamente lúcido para o paciente, uma oportunidade de entender completamente e resolver assuntos importantes de sua vida passada. O Dr. Woolger pergunta: "Existe algo pendente nesta existência? O que você precisa fazer para se livrar disso?" Valendo-se de técnicas de psicodrama e terapia da *Gestalt*, encoraja seus pacientes a dialogar com personagens de outras existências. Desta forma, desculpas podem ser dadas, o perdão se expande, obtém-se novo entendimento, e a culpa é aliviada. Certifica-se de que o processo da morte está terminado, todas as pendências resolvidas e todas as perguntas respondidas, antes de tirar o paciente do transe. O paciente tem que saber conscientemente que todas aquelas lembranças, e tudo o mais que as acompanhava, são coisas do passado, terminadas, e nunca mais precisarão ser reprisadas. Este fechamento é a meta da regressão.

O Dr. Woolger finaliza a sessão discutindo com o paciente o que acaba de acontecer. Passam em revista a história da vida passada, traçando paralelos com a vida atual. Ele mostra ao paciente os meios de integrar essas novas percepções no seu dia-a-dia e como usar o novo conhecimento para mudar velhos padrões. Pode sugerir ao paciente que use afirmações diárias do gênero "agora estou bem", "mereço ser amado" ou "posso acreditar nos outros" para reforçar sua nova compreensão.

CRIANÇAS TÍPICAS, MORTES TÍPICAS

O livro do Dr. Woolger me assegurava de que o que Chase e Sarah haviam passado não era incomum, mas típico. Embora não tenha dito nada especificamente sobre lembranças de crianças, seu modelo de cura explicava o que havia acontecido com os meus filhos. *As mortes em suas vidas passadas estavam incompletas.*

O modelo de cura do Dr. Woolger me ajudou a entender o que acontecera aos meus filhos. Mas algo continuava a me intrigar. As lembranças das crianças tinham uma propriedade diferente da dos casos complexos e sombrios dos adultos no livro *Other Lives, Other Selves*. As mortes nas vidas passadas de Sarah e Chase foram tão trágicas e horríveis quanto as deles, mas os traumas dos meus filhos me pareceram mais próximos da superfície, exigindo apenas um leve e suave toque para trazê-los à luz e resolvê-los. Como se suas lembranças fossem apenas feridas superficiais que precisavam apenas de ar para serem curadas, enquanto que os pacientes do Dr. Woolger sofriam de ferimentos profundos que exigiam cirurgias psicológicas de grande porte. Qual *seria* a característica diferente? Esta pergunta ficou rolando na minha mente durante muito tempo.

Talvez eu estivesse esquecendo do óbvio: que as lembranças das crianças *ficam* mais próximas da superfície. As crianças ainda não viveram muitos anos, não tiveram experiência suficiente para acumular e nem fixaram profundamente estes assuntos em suas personalidades. Crianças muito pequenas em especial não possuem as camadas adicionais de crenças e condicionamento cultural embaçando suas lembranças, obstruindo sua percepção e levando-as a acreditar que a lembrança de vidas passadas é impossível. E como não existem muitas camadas nem barreiras para suas lembranças vencerem, é muito mais fácil para as crianças terem acesso e resolver problemas do passado. Elas podem executar em minutos o que tomaria muitas sessões para um adulto, e com a ajuda de um terapeuta.

CAPÍTULO 5

O Transe é Fácil

DEIXANDO O MUNDO EXTERNO PARA TRÁS

Após nos mudarmos para a Filadélfia, falei com Norman Inge pelo telefone. Havia guardado uma série de perguntas e o bombardeei impiedosamente. Ele percebeu que eu estava buscando algo e, querendo me ajudar, me fez uma proposta: se eu fosse visitá-lo na Flórida, ele me ensinaria a fazer regressões. A única condição seria de que eu continuasse meu treinamento em hipnoterapia quando voltasse para casa. Não perdi muito tempo para planejar uma visita à Disney World com minha mãe e as crianças. Eu iria aprender com Norman enquanto minha mãe curtia os netos. E todos sairiam satisfeitos.

Deixei as crianças com mamãe e fui para a casa de Norman. Passamos dois dias falando sobre cura, subconsciente, xamanismo, kahuna do Havaí e hipnotismo. Voltávamos sempre a tratar da questão de como se abre o fluxo da memória. Cobri Norman de perguntas: como Sarah e Chase tiveram acesso às suas lembranças tão rapidamente sem o uso de hipnose formal? É possível hipnotizar crianças como se faz com adultos? Se tentássemos regredir Sarah e Chase outra vez, eles iriam para as mesmas vidas passadas ou para vidas diferentes? E se fossem vidas diferentes, também seriam traumatizantes?

A hipnose, explicou Norman, é apenas um estado de concentração focalizada. Entramos e saímos do estado de hipnose o tempo todo, alterando apenas a nossa concentração de fora para dentro. Por exemplo, quando estamos profundamente absortos vendo TV, um filme, ou lendo um romance cativante, fechamos nossa percepção aos sons e atividades que nos rodeiam. Entramos num transe leve. Algumas vezes, ao dirigir um automóvel numa estrada, nossa atenção falha, mergulhamos nos nossos pensamentos e só descobrimos tarde demais que passamos há muito da nossa saída. Isto também é um transe leve. Certamente uma parte de nós continua sendo capaz de dirigir o carro e permanecer na estrada, mas a percepção consciente do que estamos fazendo fica temporariamente suspensa.

O mesmo acontece com estados de transe hipnótico. A percepção consciente é suspensa num certo grau, enquanto a mente é ocupada por pensamentos interiores, imagens e sentimentos. A consciência não é totalmente desligada; está monitorando permanentemente. Por esta razão, durante uma regressão, uma pessoa pode pedir um lenço de papel ou levantar para ir ao banheiro, e permanecer em transe até voltar para a cama.

Norman afirmou que o transe é o mesmo em crianças. Se existe alguma diferença, é apenas que *crianças entram e saem do transe mais facilmente e com mais freqüência que adultos.* Se você observar crianças, sobretudo as muito pequenas, poderá perceber que seus olhos parecem maiores e sua respiração muda enquanto olham fixamente o vazio por períodos curtos de tempo. Parecem estar desligadas, em um mundo próprio, sem perceber o que se passa à sua volta. Na realidade, estão num estado leve de transe, se concentrando numa realidade interior. Que será que percebem exatamente neste estado? Não sabemos ao certo. Mas alguns psicólogos acreditam que as crianças mais inteligentes e criativas são as que olham fixo mais freqüentemente, sem interrupção. Portanto, este não apenas é um processo natural e seguro para crianças, mas parece que também lhes é benéfico.

Norman explicou que usa uma variedade de técnicas com clientes adultos – relaxamento, respiração, imaginação guiada – para auxiliá-los a se concentrar em sensações interiores ao invés das exteriores. Fechar os olhos e se concentrar na respiração dá início ao processo. A concentração interior é então aprofundada, fazendo-se o paciente imaginar uma cena bonita ou qualquer outra imagem convidativa, que ocupe a mente. À medida que o cliente vai perdendo o contato com distrações sensórias exteriores, dá-se uma transição, e a realidade interior do cliente começa a adquirir uma vida própria. A consciência "descansa" enquanto o subconsciente torna-se dominante.Uma vez que o cliente esteja em transe, Norman dá uma sugestão como "vá até uma vida passada" ou "vá até o tempo em que seu problema começou". Estas sugestões funcionam como chaves para liberar experiências mantidas no subconsciente, o cofre de armazenagem das lembranças. Se a chave couber na fechadura, a porta para a memória se abrirá. Algumas vezes, porém, a porta não abrirá. Seja porque o terapeuta não encontrou a chave certa ou porque o cliente ainda não está preparado, por algum motivo, para penetrar nas lembranças de suas vidas passadas, e a porta fica trancada. O consciente de algumas pessoas é simplesmente forte demais para abrir a guarda, e luta contra o processo. Estes casos são a minoria que não pode ser hipnotizada. Se nada dá certo, após se tentar técnicas diferentes, é melhor não forçar. A resistência do cliente está ali por um motivo – proteção – e deve ser respeitada. Este processo não pode ser levado a cabo à força.

"DETESTO ACAMPAR!"

Após horas de conversa deliciosa sobre hipnose e a impressionante capacidade de cura do inconsciente, o paciente de Norman daquela tarde chegou. O paciente, Charles, concordou que eu assistisse à sua sessão, na qualidade de aluna de Norman. Viera se consultar com ele porque era curioso: queria tentar uma regressão para aprender mais sobre si mesmo; não tinha nenhum problema em particular que estivesse tentando resolver.

Norman começou entrevistando Charles sobre vários assuntos de sua vida. Charles sentou-se na enorme poltrona reclinável no consultório de Norman, devidamente obscurecido. Embora Norman ainda não tivesse feito a indução hipnótica, Charles fechou os olhos e entrou num devaneio profundo, relembrando cenas passadas de sua vida. As lembranças mais traumáticas eram da sua infância, quando seus pais o mandaram para um acampamento de verão. Como ele detestou aquilo! Charles estava tão angustiado que fugiu e pegou um trem para voltar para casa sozinho. Quando seu pai descobriu o que fizera, ficou furioso e lhe deu uma surra com o cinto. Aquela fora a única vez que Charles se lembrava de ter sido punido fisicamente por seu pai – e nunca esqueceu. Charles encolheu-se de medo ao nos contar essa história tantos anos depois.

Ele não conseguia se lembrar de nada mais em sua vida que fosse particularmente significativo ou perturbador. Então, Norman começou a indução hipnótica para facilitar a passagem de Charles ao passado. Ouvi com atenção as palavras de Norman e me concentrei atentamente no rosto de Charles, procurando modificações à medida que ele entrava em transe.

Suavizando e abaixando a voz, Norman mandou Charles fechar os olhos e se concentrar na sua respiração. Pediu que se imaginasse num belo e tranqüilo cenário. Movendo-se suavemente de uma imagem a outra, sugeriu a Charles que encontrasse uma abertura no chão onde existisse uma escada que descesse terra abaixo. Sugeriu que ele descesse os degraus, um a um, até que chegasse a uma câmara luminosa abaixo da terra. Um, dois, três... nove, dez. Nesta câmara existem várias portas. Cada porta representava uma existência passada. Podia escolher qualquer uma delas para visitar, bastando ir até uma delas e abri-la.

Mas nada aconteceu; Charles permaneceu em silêncio. Norman perguntou-lhe, lenta e pacientemente: "Descreva o que vê à sua volta." Nada. "O que está sentindo no corpo?" Nada. "Olhe para os seus pés. O que está calçando?" Nem assim aconteceu alguma coisa. Norman tentou uma técnica diferente para concentrar Charles em sua visão interior. Nada aconteceu. Tentou outra técnica e mais outra. Charles se esforçava para cooperar. Fez tudo o que Norman sugerira. Mas continuava a dizer que nenhuma das imagens que via tinha algo de especial.

Mas enquanto observava e ouvia Norman falar com Charles, algo estranho aconteceu comigo. Comecei a sentir uma agitação no estômago – não sabia dizer se era nervosismo ou medo. Uma sensação de energia como um arrepio percorreu a minha coluna vertebral. Uma enorme tristeza tomou conta de mim e do meu corpo. Senti uma necessidade irresistível de chorar. Tentei segurar, temendo interromper a sessão de Charles, mas as lágrimas começaram a escorrer pelas minhas faces. Eu as limpei, respirei fundo e tentei me recobrar. O que estava acontecendo comigo?

Muito concentrado em Charles para perceber o que me acontecia, Norman já ia desistir. Estava tranqüilizando Charles, dizendo que nem sempre os pacientes regridem na primeira sessão. Nada que devesse envergonhá-lo.

De repente, rompi meu silêncio. E disse: "É estranho, Charles, que tenha tido uma experiência tão ruim quando criança, quando foi para o acampamento, porque aconteceu a mesma coisa comigo quando fui para o acampamento das bandeirantes. Chorei o tempo todo. Eu me sentia infeliz. Detestei o acampamento. E pensei que havia algo errado comigo porque todas as outras meninas pareciam estar adorando! Agora eu sei que aquilo aconteceu porque o *acampamento de verão* me lembrou da minha morte num *campo de concentração*."

Tão logo aquelas palavras saíram da minha boca, Charles agarrou o peito e começou a arfar em busca de ar. Sem perda de tempo, ao perceber o que se passava, Norman perguntou a Charles: "O que está acontecendo?"

"Sinto... cheiro de gás... não consigo respirar... estou sufocando." Charles fez força para dizer aquelas palavras, mal podendo falar.

"Aonde está?", perguntou Norman. Charles começou a chorar,

fora de controle. Eu podia ver as imagens da vida e da morte dele na minha mente, antes mesmo que dissesse qualquer coisa. Entre os soluços, descreveu em detalhe o terror que estava sentindo como um jovem dentro de um salão frio e escuro, apinhado de gente. Sentiu o cheiro do gás que começou a encher aquele aposento e de repente sentiu uma pontada e um aperto no peito. Então, abandonou seu corpo.

Silêncio. Exceto pelo meu choro. Norman deu um lenço de papel a cada um de nós.

Quando Charles acalmou-se o suficiente para falar, Norman pediu que ele fosse a um ponto anterior da sua vida. Charles contou sua vida como jovem judeu polonês, retirado de sua casa à força com a família e os vizinhos. Relembrou de uma viagem de trem opressiva e tenebrosa. Depois, encontrou-se naquele aposento, arquejando em busca de ar, à medida que o gás penetrava em seus pulmões.

Norman encorajou Charles a continuar descrevendo sua vida, fazendo-o passar outra vez por sua morte na câmara de gás, até que suas dores no peito desaparecessem e ele pudesse voltar a respirar livremente. Após haver passado pela morte naquela vida anterior outra vez, estava em paz.

Tivemos outra surpresa. Assim que Charles saiu do transe, exclamou: "Era por isso que eu tinha ataques de ansiedade! Sem nenhuma razão aparente, meu batimento cardíaco acelerava, sentia dores no peito e arfava em busca de ar. Quando criança, meus pais me levavam a um especialista atrás do outro, mas nenhum deles conseguia achar o problema orgânico. Chegaram até a me levar a um psiquiatra, que também não pôde me ajudar. Agora, tudo faz sentido – a ansiedade, as dores no peito e minha dificuldade em respirar. Eram provenientes da minha morte num campo de concentração. O acampamento de verão me lembrou o campo de concentração – não podia suportar aquilo! Agora, tudo faz sentido!"

Após a sessão, Charles e eu nos abraçamos fortemente e choramos. Olhamos um para o outro num silêncio de compreensão mútua, partilhando nossa gratidão por aquela experiência tão profunda – por uma ligação tão íntima.

Norman e eu levamos Charles até lá fora, onde brilhava um sol luminoso, para dizer adeus. Após sua partida, rimos ao perceber quão perfeita tinha sido aquela lição para mim, melhor que qualquer coisa que tivéssemos planejado. Como Charles não respondera imediatamente às sugestões de ir para o passado, tive a oportunidade de ver Norman utilizar todo o seu repertório de técnicas, reunindo algumas que não usa ordinariamente.

E, ainda mais importante, aprendi a confiar na minha intuição. Aparentemente, eu também entrara em transe quando Norman fez a indução hipnótica. E como estava concentrada em Charles, de alguma forma sintonizei com sua lembrança, a princípio emocionalmente – o choro – e depois visualmente, quando o vi num campo de concentração. Confiei na minha intuição e ofereci aquela chave para a lembrança de Charles. Ela serviu perfeitamente e a lembrança de Charles brotou. Norman explicou que não é incomum que um terapeuta de vidas passadas faça isso com um cliente. Algumas vezes um terapeuta "imagina junto", enxergando o que o paciente vê, e captando as emoções da lembrança.

PARAÍSO DE VIDAS PASSADAS

Voltei da Flórida com uma dedicação renovada às minhas pesquisas (como passei a chamá-las, audaciosamente).

Também voltei com uma longa bibliografia que me foi dada por Norman. Li muito: livros sobre o Dr. Milton Erickson, considerado por muitos como o grande mestre dos hipnotizadores e curandeiros, livros sobre programação neurolingüística e, é claro, livros sobre vidas passadas e terapia de vidas passadas. Para cumprir meu acordo com Norman, descobri um hipnoterapeuta na Filadélfia que concordou em me ensinar os fundamentos da hipnose.

Consegui o endereço do Dr. Roger Woolger com Patrick e Cathy, e lhe escrevi. Ele me respondeu, mandando um exemplar da programação dos seus seminários. Entre eles havia um programa de treinamento de uma semana durante o verão no Norte do Estado de Nova York. Nem era preciso perguntar: eu iria participar!

Em fins de junho, deixei Chase e Sarah na casa de minha mãe e continuei até o vale do rio Hudson, onde o treinamento se realizava numa grande casa rústica à beira de um lago, um lugar tranqüilo, onde podíamos nos concentrar apenas em regressão a vidas passadas. Participei de um grupo de quinze pessoas, incluindo terapeutas, psiquiatras, uma assistente social, um advogado, educadores, uma parteira e um professor de ioga da Costa Rica. Passei a semana fazendo regressões em pessoas e regredindo eu mesma, e falando de vidas passadas.

Assistimos Roger demonstrar suas técnicas com membros do grupo, praticando os princípios expostos em seu livro. Vi participantes do seminário experimentarem uma incrível variedade de emoções e sensações, ao regredirem às suas vidas passadas. Choraram, se lamentaram, riram, rolaram pelo chão a semana inteira. Estava espantada com a profundidade com que as pessoas mergulhavam em suas histórias passadas e com as poderosas e elegantes técnicas de indução de Roger. Raras vezes usa a indução hipnótica formal. Ao invés disso, usa imagens, pensamentos e frases recorrentes (roteiros de vida), sintomas físicos ou sentimentos como pontes para a história da vida passada. E como essas lembranças possuem diversos componentes – mentais, emocionais e físicos –, quando alguém fechava os olhos e se concentrava em alguns deles, fazia emergir uma história de vida passada completa.

Por exemplo, se alguém descrevesse seu problema como um roteiro de vida recorrente do gênero "nunca me sinto seguro", Roger diria à pessoa que repetisse a frase muitas vezes, enquanto se concentrava na sua respiração. "Nunca me sinto seguro, nunca me sinto seguro, nunca me sinto seguro." Com esta repetição, as imagens e os sentimentos começavam a brotar na consciência do paciente e tomavam vida própria, aglutinando-se numa vívida história de vida passada. O mesmo pode ser feito com sentimentos: um paciente é instruído a "dar nome aos sentimentos e repetir aquelas palavras até que uma imagem que pertence à história lhe venha à mente".

Finalmente, entendi por completo os mecanismos através dos quais Norman chegara às lembranças dos meus filhos da primeira vez, na cozinha. Usou uma técnica de ponte ao pedir: "Diga-me o que vê quando ouve os sons altos que lhe dão medo"; "Feche os olhos e me diga o que vê quando sente medo de fogo." Ele usava os medos deles e as sugestões sensoriais que os destravavam como ponte para chegar às histórias de suas vidas passadas.

Breve teria a oportunidade de experimentar aquelas técnicas em primeira mão. Pelo final da semana, formamos duplas para trabalhar. Minha parceira e eu encontramos um recanto isolado na casa, e deitei no meu colchonete no chão. Ela pediu que eu escolhesse uma grande ansiedade sobre a qual quisesse trabalhar e a descrevesse. Disse que me sentia muito pouco à vontade quando Roger pedia que me dirigisse a todo o grupo. Sempre tive um medo mortal de falar em público. Ela pediu que eu mantivesse aquele sentimento na mente. Eu o fiz. Confessei que, na verdade, sempre senti que não era capaz de me integrar a nenhum grupo de pessoas – sempre me senti como uma estranha, até quando criança. "Integração" sempre fora um grande problema para mim, e sempre me deixava embaraçada em muitas situações. Usando aquela sugestão, ela pediu que eu fechasse os olhos, respirasse fundo algumas vezes e repetisse a frase "não consigo me integrar".

"Não consigo me integrar, não consigo me integrar, não consigo me integrar." Imagens começaram a se formar. "Não consigo me integrar, não consigo me integrar." Rapidamente, me vi num outro corpo, em outro lugar. Me vi como um menino de cerca de doze anos, sentado num duro banco de madeira, num edifício quadrado e simples. Estava na escola; outros meninos também estavam sentados naquele banco. Minhas roupas eram simples, modestas e mal-acabadas. Imediatamente, veio à minha mente que estava em uma comunidade religiosa da Filadélfia, em fins do século dezoito. E sabia qual era o problema. Era um menino inteligente e imaginativo, e estava completamente fora de lugar naquela comunidade austera e temente a Deus. No instante em que entrei naquela visão, me descobri sonhando acordado, mal percebendo a lengalenga do mestre-escola.

De repente, senti um golpe doloroso nas mãos, que me trouxe rapidamente à triste realidade que me cercava. O estúpido mestre-escola golpeara minhas mãos com um chicote. Sentia a dor nas mãos, mas não era nada frente à dor na minha alma. Que fazia ali? Não me integrava. Por que permanecia ali? Detestava aquela vida repressiva que amarrava meu espírito e amordaçava minha expressão. Sua severidade estava me matando.

Na cena seguinte, me vi subindo numa velha cerejeira. Não apenas me via, como também podia sentir a casca rugosa sob os meus dedos e a corda de cânhamo que levava nos ombros. Tinha tomado uma decisão. Não podia mais voltar atrás. Comecei a chorar, atormentado pela culpa, pensando em meus pais. Rezei pedindo o perdão deles e a clemência de Deus. Sentia a corda grosseira no meu pescoço. Ainda hesitei antes de pular do galho, perturbado pela sensação de queimadura nas mãos, onde o mestre-escola me batera. A sensação de queima se transformou num formigamento elétrico. Minhas mãos pareciam vivas. Tanta energia passava por elas que passaram a doer. Pulei, e minha última exalação foi interrompida pela corda que apertava minha garganta. Tudo escureceu. Meu último pensamento foi um pedido a Deus para que libertasse meu espírito, deixando-o expressar-se livremente. Minhas últimas sensações foram de sufocamento e uma imensa energia nas mãos.

Uma voz distante, vinda da escuridão, me assustou. Minha colega perguntou: "O que está acontecendo?" Então, tive uma visão de mim mesma na minha existência no século dezenove, o homem elegantemente vestido, tocando piano com uma graça sobrenatural. A expressão plena do meu espírito fluía sem esforço através das minhas mãos. Minhas mãos tinham vida, mas meus pulmões estavam fracos pela doença. Eu lutava por cada inspiração que dava – como se aquele laço ainda estivesse apertando meu pescoço. As ligações entre as duas vidas preencheram minha percepção com uma incrível velocidade e clareza.

Ao findar a semana, todos os participantes do seminário estavam desgastados e exauridos pelas intensas experiências emocionais. Tínhamos vivenciado dramas suficientes para um longo período. O mais incrível, porém, é que muitos de nós nos sentíamos mais leves e felizes devido a isso. Comemoramos o fim do seminário com um suntuoso jantar regado a vinho de uma vinícola local. Para suavizar o clima, e fazer o que mais gosta, Roger nos divertiu com sua imitação perfeita do grupo Monty Python, fazendo-nos rolar no chão de tanto rir.

LEMBRANÇAS ESPONTÂNEAS DUPLAS

Sarah e Chase se tornaram amigos de John, um menino que morava nas vizinhanças e tinha a mesma idade de Sarah. Os três viviam correndo em suas bicicletas, partilhavam jogos e bolavam aventuras nas matas. Chase adorava John e o seguia por todo lado. Estava contente por meus filhos terem encontrado um amigo de que ambos gostavam.

Porém, esta paz e harmonia não duraram muito. Sarah ficou com ciúmes da amizade de Chase por John, e passou a zombar de Chase, dizendo que John não gostava dele de verdade. Falou que John só ficava perto dele por não ter nada melhor que fazer, ferindo os sentimentos de Chase.

Certo sábado à tarde, Chase e John reuniram grandes caixotes de papelão e passaram o dia cortando e emendando. Enfiei a cara pela porta do quarto para ver o que faziam. Estavam ambos curvados sobre um enorme modelo de um castelo de papelão, adornado com torres, janelas, portas e uma ponte levadiça. Estava tão encantada de vê-los divertindo-se com sua própria criação, ao invés de estarem diante de um video game, que refreei meu instinto natural de limpeza e deixei-os sem mencionar a bagunça que faziam.

De vez em quando Sarah espiava pela porta do quarto, para ver o que faziam, e depois se retirava para o seu quarto, emburrada.

Mais tarde, depois que John foi embora, Sarah voltou a aborrecer Chase por causa de John. Desta vez ele explodiu. Começou chorando histericamente, correu para o seu quarto e jogou-se na cama; Sarah correu para o seu quarto e bateu a porta. Ouvi a confusão e subi correndo para ver o que estava acontecendo. Fui primeiro ao quarto de Chase, para consolá-lo; cuidaria de Sarah depois, pensei. Chase estava deitado de bruços, soluçando. Minhas tentativas de consolá-lo não funcionaram. Continuou chorando.

Depois, ainda soluçando, me disse que via imagens se aproximando dele, de uma existência durante o "tempo dos castelos". Não tinha certeza de onde ia com aquilo, mas o encorajei a deixar as imagens surgirem e me dizer o que via. "Sou uma jovem mulher. Estou vestida com um vestido longo. Estou num quarto em um castelo de pedras. Estou muito, muito triste. Estou morrendo de desgosto."

A esta altura Chase se voltara sobre a cama e estava deitado calmamente, contando-me a história. Falava vacilante, as frases aos pedaços, levemente audíveis. Curvei-me e me aproximei, para poder ouvir o que dizia.

"Está morrendo de desgosto?", encorajei-o a falar.

"Sim, estou prometida a um rapaz, mas não o amo. Gosto de outra pessoa. Meu pai quer que me case com ele, para ficar mais rico em terras. Não pensa nem um pouco em mim; pensa apenas na terra que vai receber. Não quero casar com o homem que escolheu para mim, e o disse a ele. Meu pai fica furioso comigo e me prende no meu quarto para eu não fugir. Já não como. Não quero viver mais. Meu coração se partiu. Morro de desgosto." Após alguns segundos de silêncio, Chase falou: "Sarah foi meu pai, e John o homem com quem eu queria me casar."

Durante todo o tempo em que a história de Chase foi se desenrolando, Sarah brincava com o pula-pula no seu quarto. Podia ouvir o barulho das molas do brinquedo. Súbito, ela entrou no quarto sem aviso e gritou: "Tinha todo o direito de fazer aquilo, como pai dela! Eu era a lei na terra!" Girou sobre os calcanhares, correu para fora do quarto e desceu as escadas fazendo barulho.

Levei alguns segundos para entender o que estava acontecendo. Era extraordinário! De alguma forma, Sarah colou nas lembranças de Chase, destravando suas próprias lembranças daquela existência. Naquele instante desejei poder estar em dois lugares ao mesmo tempo.

Chase ia se acalmando, corri escada abaixo e encontrei Sarah sentada na poltrona da sala, com os braços cruzados diante do peito e com o queixo projetado para a frente, desafiadoramente. Ela olhava rigidamente para a frente, com lágrimas rolando e repetindo: "Tinha todo o direito de fazer aquilo, como pai dela! Eu era a lei da terra."

"Como se sente falando sobre as suas ações agora?", perguntei, sem saber ao certo como levar aquilo adiante. Sarah irrompeu em soluços. "Devia ter escutado o meu coração. Não as leis. Errei tentando forçar seu casamento."

"Por que não diz a Chase como se sente em relação a isso agora?", sugeri. Com lágrimas ainda escorrendo, Sarah correu para o quarto do irmão e explicou-lhe como se sentia penalizada pelo que fizera há muito tempo atrás. Agora sabia que agira errado. Chase, com o rosto vermelho de tanto chorar, fungou e ouviu as explicações de Sarah. Aceitou suas desculpas com um abraço. Minutos depois estavam se abraçando e brincando. O choro e o conflito haviam passado.

Saí do quarto e corri para contar a Steve o que acabara de acontecer. Era incrível: Sarah e Chase haviam espontânea e simultaneamente lembrado das mesmas vidas anteriores que haviam compartilhado como pai e filha. Embora os papéis e o cenário não fossem os mesmos desta vez, Sarah, Chase e John continuavam a representar aquele velho conflito. Instigado pela zombaria de Sarah, a velha história tinha chegado à superfície primeiro para Chase e depois para Sarah.

Por um instante, a voz cética na minha mente se perguntou se aquele drama não podia ser um meio criativo de elaborarem seus conflitos, fabricados de pedaços de histórias de fadas e de Disney. Talvez. Mas a história de Chase era consistente demais e suas reações reais demais para ser imaginação. Como podia Chase conhecer a palavra prometida e usá-la tão corretamente?

Tinha certeza, em cada célula do meu corpo, que era tudo verdade. Porém, o que me surpreendeu foi que as lembranças surgiram espontaneamente. Eu não dissera nada para estimulá-las. E, para aumentar o mistério, como Sarah soube exatamente o que estava acontecendo com Chase naquele momento? Ela não poderia ter ouvido sua voz sussurrada por trás da porta fechada. Ela lembrava realmente da mesma existência, de seu ponto de vista, reagindo adequadamente. Sua história se encaixou perfeitamente na de Chase.

Depois daquela tarde, Chase e John passaram a ter um envolvimento menor, que parecia mais apropriado para meninos de idades diferentes. Sarah os deixou em paz. Ambos logo esqueceram a causa de tanta confusão.

O que ficou guardado para mim foram mais lições de como as lembranças funcionam. Além do significado pessoal daquela dupla lembrança, estava intrigada pela forma como Sarah "se ligara" ao que estava acontecendo com Chase, disparando sua própria memória daquela existência. Havia alguma forma de telepatia entre eles. Eu havia percebido esta telepatia quando treinava com Norman e intuitivamente "vi" e "senti" as lembranças de Charles no campo de concentração. Aqui era a segunda vez.

Mais importante era o fato de que as crianças haviam lembrado espontaneamente da mesma existência partilhada. As lembranças irromperam por conta própria, sem ajuda minha nem de ninguém. Pensei no que Norman dissera: "*As crianças entram e saem do transe o tempo todo.*" Vendo o que acabara de acontecer com meus filhos, me perguntei se outras crianças teriam lembranças de vidas passadas espontâneas também.

CAPÍTULO 6

Dr. Ian Stevenson

Enquanto procurava e lia todos os livros sobre vidas passadas e reencarnação, encontrei referências ao Dr. Ian Stevenson. Stevenson era chefe do Departamento de Psiquiatria da Escola de Medicina da Universidade da Virgínia e havia documentado milhares de casos de crianças que relembraram espontaneamente suas vidas passadas.

Precisava conhecê-lo melhor. Mandei buscar na Universidade da Virgínia *Twenty Cases Suggestive of Reincarnation* e *Children Who Remember Previous Lives.*

Quando os livros chegaram, rasguei a embalagem e me pus a folheá-los. Virando as páginas rapidamente, vi capítulos intitulados "Tipos de Evidência para Reencarnação", "Variações de Casos em Culturas Diferentes" e "O Comportamento das Crianças Relacionado com Vidas Prévias". Dei um grito de alegria quando vi as tabelas de Vinte Casos: enormes tabulações impressas lateralmente (tinha que virar o livro para poder ler), comparando dezenas de fatos que cada criança havia lembrado de uma vida passada com uma pessoa real que vivera anteriormente.

Por exemplo, o caso de Parmod, um menino indiano de dois anos e meio, que lembrava de ter possuído uma grande loja de guloseimas em outra cidade. Quando sua família o levou à tal cidade, ele foi diretamente para a loja, e mostrou como se montava uma complicada máquina de refrigerantes que havia sido propositalmente desmontada para testá-lo.

Michael Wright, de três anos, do Texas, surpreendeu a mãe com detalhes específicos sobre um acidente automobilístico que ele afirmava tê-lo matado. A vida de que se lembrava era a do namorado de sua mãe no ginásio, que ninguém nunca mencionara. O namorado morrera num acidente de automóvel, exatamente como Michael descrevera.

Quando a menina Sukla, da Índia, tinha um ano e meio, ninava um bloco de madeira e o chamava de Minu, sua filha. Nos anos seguintes, Sukla relembrou detalhes suficientes de sua vida passada, permitindo que a família a levasse para sua casa anterior e a reunisse a Minu, uma menina cuja mãe morrera quando ela ainda era um bebê.

Os livros estavam repletos de casos tão fascinantes quanto aqueles. A cada caso, uma criança muito pequena, geralmente com dois ou três anos, sem o auxílio de ninguém, relembrava detalhes específicos suficientes de uma vida passada, de modo que sua identidade anterior pudesse ser estabelecida. Então, o Dr. Stevenson investigava o caso e verificava que a criança não havia sabido nada sobre a pessoa relembrada pelos meios normais, ficando a lembrança de vidas passadas como única explicação.

Porém, quanto mais eu lia, mais desapontada e abalada ficava, descobrindo que o Dr. Stevenson não estava nem um pouco interessado no potencial curativo das lembranças. Eu havia suposto que, sendo psiquiatra, teria interesse na cura. Mas, aparentemente, não tinha. Fechei o livro frustrada e tirei um cochilo.

A PROVA É A QUESTÃO

Nos dias seguintes, tentei entender a abordagem do Dr. Stevenson àquelas lembranças. Percebi que ele é, antes de mais nada, um empirista. Sua missão era reunir dados e publicá-los sem floreios para que os outros os examinassem; evitava tirar conclusões ou fazer assertivas.

O Dr. Stevenson deixa de lado a questão da cura, preferindo responder a uma questão maior que tem intrigado o homem desde o início dos tempos: *o que sobrevive à morte física?* Graças aos enormes esforços de toda a sua vida, pela primeira vez na história da ciência tínhamos evidência objetiva para provar a reencarnação – provas que sugeriam fortemente que algo da nossa individualidade *sobrevive* à morte física.

Quando entendi aquilo, minha frustração se desfez. Passei a sentir gratidão pelo que aquele homem havia feito, por tantos anos de esforços em busca de provas empíricas e pelo enorme legado que ele deixava com a sua pesquisa. Senti respeito, admiração – até espanto – quando finalmente compreendi o significado e as implicações do trabalho dele. Com minha nova atitude, a história de como o Dr. Stevenson começou sua pesquisa e conseguiu construir um nicho tão sólido para a reencarnação tornou-se fascinante.

O Dr. Stevenson é médico e psiquiatra, mas no início de sua carreira desencantou-se tanto com a psicanálise freudiana quanto com a psicologia behaviorista. Começou a explorar outras teorias de desenvolvimento da personalidade e, através da pesquisa, chegou à parapsicologia. A parapsicologia é um ramo da ciência que procura provas objetivas da existência de capacidades superiores da mente, tais como telepatia, e de provas de que algo sobrevive à morte física, como os *Poltergeists*, que o paradigma conservador da psicologia não admite existir.

Procurando na literatura sobre a parapsicologia, o Dr. Stevenson descobriu alguns relatórios isolados e esparsos de relatos de lembranças espontâneas de vidas passadas em crianças. Indo mais fundo, acumulou quarenta e quatro casos que haviam sido publicados em jornais, revistas e livros, nos últimos cem anos. Todos foram dados como anomalias – histórias fascinantes de ocorrências inusitadas que, quando examinadas isoladamente, eram facilmente descartadas como sendo insignificantes. Mas, quando ele começou a analisar e resumir aqueles casos, percebeu que tinham muitos pontos em comum. Os padrões o convenceram de que os casos provavelmente eram autênticos e justificavam investigações mais profundas. Ele viu uma oportunidade para consolidar aqueles casos e oferecer novas e fortes evidências para o debate sobre a reencarnação. Um estudo sistemático sobre as lembranças de vidas passadas em crianças nunca fora tentado antes.

Em 1961, ele viajou para a Índia para investigar um único caso novo e confirmar alguns casos publicados antes. Pouco depois de chegar, teve uma surpresa. A notícia de que um professor americano estava interessado em lembranças de vidas passadas de crianças se espalhara, e as pessoas começaram a trazer casos novos à sua atenção. Nas cinco primeiras semanas de permanência na Índia, encontrou vinte e cinco novos casos para investigar; em três anos, já eram quatrocentos. Aquilo era o início de um projeto que o ocuparia pelo resto de sua carreira. Começou a procurar casos obstinadamente, onde quer que os encontrasse, inovando constantemente e melhorando seus métodos de pesquisa. Logo outros pesquisadores começaram a copiar seus métodos e a reproduzir seus resultados. O Dr. Stevenson, hoje na casa dos setenta anos, ainda é a referência neste campo de pesquisa em constante crescimento.

Sua mais brilhante inovação foi olhar para as crianças à procura de provas de reencarnação. Quando adultos têm lembranças de vidas passadas, é impossível provar, sem sombra de dúvida, que o paciente não tenha obtido as informações em livros, TV ou por ouvir falar. Mas as lembranças de crianças são relativamente puras, ainda não maculadas pela experiência terrena. Com crianças muito pequenas é possível identificar quase tudo a que já estiveram expostas, tornando mais fácil isolar as lembranças que podem ser explicadas apenas por uma vida passada.

O Dr. Stevenson limita seus estudos apenas a casos de lembranças *espontâneas*, em que a criança começa a falar de uma identidade da vida passada por vontade própria, sem indução de ninguém. O que elimina a hipnose ou qualquer outra técnica que fosse pescar lembranças, evitando as críticas de que os pesquisadores poderiam ter direcionado ou influenciado a criança.

O simples volume de casos investigados, catalogados e publicados pelo Dr. Stevenson adiciona um enorme valor e credibilidade ao seu testemunho. O peso do conjunto compensa qualquer falha em casos isolados. Um princípio científico bastante bem demonstrado é aquele que afirma que padrões genéricos obtidos de muitos experimentos são mais confiáveis do que um caso tomado isoladamente, não importa quão irrefutável este caso possa ser. Quando um crescente volume de casos de outros pesquisadores mostra os mesmos padrões, a prova é quase irrefutável.

Nos trinta e cinco anos desde sua primeira viagem à Índia, o Dr. Stevenson gerou uma impressionante massa de trabalho. Até hoje, ele e seus colegas coletaram mais de dois mil e seiscentos casos numa grande variedade de culturas e religiões em todo o planeta. A maioria dos casos provém da Ásia meridional, mas muitos são do Oriente Médio, África, Europa e Estados Unidos. Sessenta e cinco casos muito bem detalhados foram publicados em livros, como o conjunto de quatro volumes *Cases of the Reincarnation Type*, e mais de duzentos novos casos estão a caminho.

DETETIVE DE VIDAS PASSADAS

Assim que aprendi a decifrar o estilo confuso da escrita do Dr. Stevenson, descobri o caráter aventureiro em seus livros. Os casos são histórias de detetive. Ele próprio, é claro, é o chefe dos investigadores, auxiliado por seus inseparáveis pesquisadores associados. Segue pistas que o levam muitas vezes por estradas enlameadas, até chegar a longínquas aldeias em países do Terceiro Mundo, sem saber jamais o que terá pela frente. Ele se defronta com todos os tipos de personagens pitorescos, impasses e certos perigos. Está apenas interessado nos fatos, mas desenvolveu um olhar arguto capaz de captar detalhes sutis, os indícios contextuais que fazem a diferença entre um simples investigador e o mestre dos detetives.

Como um detetive, sua meta imediata é resolver um caso, o que para o Dr. Stevenson é um objetivo bem definido. Um caso está "resolvido" quando ele encontra uma criança que tenha lembranças espontâneas e detalhadas de uma vida passada e é capaz de comparar as lembranças da criança com a vida de uma (e apenas uma) pessoa falecida (ele chama a pessoa falecida de *personalidade prévia*). Finalmente, para ser considerada "verificada", ele tem que se dar por satisfeito, após rigorosa investigação, de que a criança não teve a possibilidade, por meios normais – não importa quão improváveis ou absurdos – de saber detalhes sobre a personalidade anterior. (Normal é qualquer coisa *diferente* de uma ligação por vida passada; o Dr. Stevenson afasta até mesmo os casos que podem ser explicados por telepatia ou possessão espiritual.)

Em outras palavras, um caso verificado é aquele em que os dois lados da equação batem convincentemente, e em que a única explicação – fora qualquer dúvida *irracional* – é a lembrança de vidas passadas. O Dr. Stevenson tem mais de oitocentos casos verificados em seus arquivos.

De onde vêm esses casos? Por estar estudando o fenômeno natural das lembranças espontâneas, não podem ser criados em clínicas ou laboratórios. O Dr. Stevenson tem que ficar esperando que os casos cheguem até ele. Tem que confiar numa rede internacional de batedores e colegas que coletam os relatórios e rumores da existência de crianças que afirmam lembrar de vidas passadas. Uma das razões pelas quais tem tantos casos na Índia é que sua rede de informações está mais desenvolvida naquele país do que em qualquer outro.

Cada um desses casos começa quando uma criança, geralmente entre dois e quatro anos, sem indução de ninguém, começa a falar sobre uma vida passada. A criança dirá o nome de pessoas e lugares que ninguém na família jamais ouviu falar ou terá um comportamento estranho. Na maioria dos casos, descreverá detalhes muito particulares da morte – geralmente violenta. Em certos casos extremos, a criança dirá aos seus surpresos pais que é na verdade outra pessoa e que tem pais diferentes ou até mesmo uma esposa e filhos que vivem numa outra cidade, e depois insistirá para ser levada até lá.

A criança geralmente persiste em falar sobre suas lembranças durante meses ou anos, apesar das tentativas por vezes ríspidas da família para dar fim às lembranças. (O Dr. Stevenson relata que metade das famílias tenta acabar com as lembranças.) Fofocas sobre as lembranças de vidas passadas da criança vazam para a aldeia e se espalham pela região, atingindo finalmente os ouvidos de uma família que tem um parente falecido que corresponde à descrição dada pela criança. A família, ao saber da notícia, procura a criança, curiosa por saber se é realmente o parente falecido redivivo; ou a família da criança finalmente entrega os pontos e a leva em busca de sua antiga residência.

É comum que nestas primeiras visitas a criança lidere o grupo sem ajuda de ninguém, através das ruas da aldeia até a propriedade do falecido, reconhecendo espontaneamente a família e os amigos da personalidade prévia, chamando-os pelos nomes, fazendo comentários sobre mudanças na casa, perguntando por pessoas ou bens dos quais sente a falta e lembrando de fatos obscuros do passado – tudo isso do ponto de vista particular do falecido. Em alguns casos poderá revelar o conhecimento de esconderijos ou lugares para esconder as jóias da família, ou dívidas secretas, ou escândalos da família que ninguém conhecia. O mais impressionante é que a criança não saberá nada do que aconteceu após a morte da personalidade prévia. A lembrança está congelada no tempo. Mudanças no prédio, nos aposentos da casa ou na aparência da família e amigos desde a morte atingirão a criança como novidade, desorientando-a pelo desconhecimento.

Em algum momento, um dos batedores do Dr. Stevenson ouve falar do caso e os pesquisadores acorrem ao local, enquanto as lembranças da criança e das testemunhas ainda estão frescas. Quando o Dr. Stevenson chega, faz o possível para *desmentir* as lembranças da vida passada da criança. Usando técnicas de entrevista adotadas no ramo legal, entrevista a criança, a família, os parentes, os aldeões, testando a validade das afirmações, comparando uma com outra, procurando sinais de inconsistência. Recusa-se a aceitar relatos de segunda mão e insiste em entrevistar apenas pessoas que testemunharam o relato da criança. Sem o conhecimento da família, descobre e entrevista discretamente pessoas da aldeia que não estejam diretamente envolvidas no caso para obter referências imparciais sobre o caráter da família. Faz visitas de surpresa à família, meses e anos mais tarde, para refazer entrevistas.

O Dr. Stevenson toma todas as precauções para não cometer enganos. Se não fala a língua nativa (fala cinco idiomas), usará dois intérpretes, por vezes três, para fazer as entrevistas. Além das anotações registradas pelo grupo de entrevistadores, a sessão é gravada em fita. Ele coleta e fotografa evidências sólidas, como registros escritos e sinais de nascença. Transcreve e organiza suas notas logo após os encontros, e monta cuidadosa cronologia dos desdobramentos das lembranças, à procura de falhas.

Com o mesmo meticuloso cuidado, reconstrói, a partir do depoimento de testemunhas, o que aconteceu exatamente quando a criança encontrou a família da personalidade prévia pela primeira vez e fez os primeiros reconhecimentos. Procura descobrir especialmente se alguns dos indícios não teriam sido fornecidos inadvertidamente à criança. Verifica cada fato sobre a personalidade prévia que a criança lembra. Em média, em todos os casos resolvidos, 90% dessas declarações foram confirmadas. Depois, investiga qualquer contato que possa ter havido entre as duas famílias, por mais indireto e remoto que tenha sido. Faz pressão para descobrir qualquer outra oportunidade que a criança tenha tido para aprender os fatos que alega lembrar.

Quando o Dr. Stevenson publica um caso, inclui todos os fragmentos de dados que possam ter algum significado sobre a sua validade. Através do texto, explora todos os prós e contras de todas as possíveis imperfeições ou falhas do caso, qualquer coisa que possa desacreditá-lo. Estas questões são descritas e dissecadas em detalhe. Quer assegurar ao leitor que examinou todas as possibilidades de que a criança possa ter obtido informações, por mais improváveis que sejam. Algumas dessas discussões individuais consomem várias páginas, o que torna a leitura lenta.

O Dr. Stevenson vai até o fim seguindo seu método rigoroso e empírico. Fiquei espantada com a quantidade de tiros certeiros que as crianças dão com as suas lembranças – estes casos estão repletos deles –, mas nos seus textos o cientista nunca fica ansioso, jamais chama atenção para as coisas extraordinárias que essas crianças são capazes de dizer e fazer. Estas pepitas cintilantes da evidência de vidas passadas, junto com algumas das mais insondáveis e bizarras histórias humanas que jamais li, estão enterradas entre resíduos de dados e comentários técnicos.

DOCE SWARNLATA

A história de Swarnlata, em *Twenty Cases*, é característica dos casos do Dr. Stevenson. As lembranças de vidas passadas da menina começaram quando, aos três anos de idade, deu informações suficientes para localizar a família da pessoa falecida de que se lembrava (o caso foi "resolvido"), e ela forneceu mais de cinqüenta fatos específicos que foram verificados. Mas o caso de Swarnlata é diferente da maioria porque as lembranças dela não desapareceram. E é um caso bonito, caracterizado por amor e lembranças felizes.

Swarnlata Mishra nasceu numa família de classe média em 1948, na cidade de Pradesh, Índia. Aos três anos de idade, viajava com seu pai, passando pela cidade de Katni, a mais de cinqüenta quilômetros de casa, quando subitamente apontou e pediu ao motorista para entrar numa rua e ir até "minha casa". Disse que ali poderiam tomar uma xícara de chá melhor que em qualquer lugar da estrada.

Pouco depois, relatou mais detalhes de sua vida em Katni, e seu pai anotou tudo. Disse que seu nome era Biya Pathak, e que tinha dois filhos. Descreveu sua casa por dentro e por fora e disse ainda que havia uma escola feminina atrás da casa; da frente da casa podia-se ver a linha férrea e os fornos de cal. Swarnlata disse que Biya morrera de "uma dor na garganta" e que fora tratada pelo Dr. S. C. Bhabrat, de Jabalpur. Também lembrou de um incidente em um casamento em outra cidade, onde ela e uma amiga tiveram dificuldade de encontrar um banheiro.

Na primavera de 1959, quando Swarnlata tinha dez anos, a notícia daquele caso chegou ao conhecimento do professor Sri H. N. Banerjee, pesquisador indiano e colega do Dr. Stevenson. Banerjee viajou até Katni e, tendo apenas a descrição de Swarnlata, chegou à sua casa. Os fornos de cal estavam num terreno adjacente à propriedade; a escola feminina ficava cem metros atrás da propriedade dos Pathak, mas não era visível da frente.

A casa pertencia aos Pathak, uma família rica. Biya Pathak morrera em 1939, deixando marido, dois filhos pequenos e muitos irmãos jovens. O professor Banerjee entrevistou a família e verificou tudo o que Swarnlata dissera. Os Pathak nunca ouviram falar da família Mishra, que morava a mais de cinqüenta quilômetros dali; os Mishra também não conheciam os Pathak.

Meses depois, o viúvo de Biya, um dos filhos e seu irmão mais velho viajaram até a aldeia de Swarnlata para testar sua memória. Não revelaram suas identidades nem disseram o propósito de sua visita, e empregaram nove pessoas da cidade para acompanhá-los à casa dos Mishra, onde chegaram sem terem avisado. A cena seguinte desta história parece sair de um romance de mistério, mas é a mais pura verdade, extraída das tabulações do caso publicado de Swarnlata.

Swarnlata reconheceu imediatamente o irmão e o chamou de Babu, apelido que Biya lhe dava. O Dr. Stevenson publicou apenas os fatos crus, mas a emoção deve ter sido forte naquele momento. Swarnlata, com dez anos então, deu a volta no aposento, olhando um homem a cada vez. Alguns ela identificou como conhecidos da cidade, outros eram estranhos para ela. Então, aproximou-se de Sri Chintamini Pandey, marido de Biya. Swarnlata abaixou os olhos e agiu timidamente, como fazem as mulhers hindus na presença de seus maridos, e disse o nome dele. O Dr. Stevenson não diz nada sobre a reação de Sri Pandey ao encontrar sua esposa viva novamente, vinte anos após sua morte.

Swarnlata também identificou corretamente o filho de Biya, Murli, que tinha treze anos quando Biya morreu. Mas Murli tentou enganá-la e passou o dia inteiro insistindo que era outra pessoa e não Murli. Tentou convencê-la também de que um amigo que trouxera era Naresh, o outro filho de Biya. Swarnlata não foi enganada nenhuma vez. Insistiu que Murli era seu filho e que o outro homem era um estranho. Finalmente, Swarnlata lembrou a seu antigo marido que ele havia furtado mil e duzentas rúpias de Biya antes que ela morresse, e que o dinheiro havia sido guardado numa caixa. Surpreso pelo fato de Swarnlata lembrar daquele segredo que somente ele e Biya conheciam, Sri Pandey admitiu que ela dizia a verdade.

Algumas semanas depois, o pai de Swarnlata a levou a Katni para visitar a casa e a aldeia em que Biya vivera e morrera. Assim que chegou, percebeu imediatamente mudanças na casa. Perguntou por um parapeito, uma varanda e uma árvore plantada no terreno – tudo aquilo havia sido retirado após a morte de Biya. Identificou o seu quarto e aquele em que morrera. Depois, identificou corretamente mais de duas dúzias de pessoas que Biya havia conhecido, reagindo com emoções proporcionais ao relacionamento que Biya tinha com cada uma delas. Murli tentou montar armadilhas outra vez, mas Swarnlata não caiu em nenhuma delas.

Deve ter sido um espetáculo e tanto. Ali estava uma menina de dez anos, uma estranha vinda de longe – tão longe, segundo a cultura indiana, que seu dialeto era diferente daquele falado pelos Pathak –, que agia confiantemente como se fosse a dona daquela casa, conhecia os nomes, os apelidos e os segredos da família, e se lembrava até de parentes distantes, velhos empregados e amigos, brincando com todos de como haviam mudado em vinte anos. O mais interessante era que Swarnlata não sabia nada do que acontecera à família Pathak desde 1939. Suas lembranças paravam no ano da morte de Biya.

Nos anos seguintes, Swarnlata visitou a família Pathak a intervalos regulares. Desenvolveu uma relação de amor com muitas das pessoas da sua família da vida passada, que a aceitou como Biya renascida. O pai de Swarnlata também aceitou a identidade passada da filha. Anos depois, quando Swarnlata atingiu a idade de se casar, seu pai consultou os Pathak sobre a escolha de um marido para ela.

Como Swarnlata se sentiu sobre aquele assunto? Era confuso para ela lembrar-se tão profundamente da vida de uma mulher adulta? O Dr. Stevenson se correspondeu com ela e visitou-a por muitos anos, e disse que ela cresceu normalmente, tornou-se uma jovem muito bonita, casou-se e conseguiu se formar numa universidade. Disse-lhe que certas vezes, quando se lembrava de sua vida feliz em Katni, seus olhos brilhavam cheios de lágrimas, e que por um instante desejara poder voltar à riqueza e à vida de Biya. Mas permaneceu leal à família Mishra e aceitou plenamente sua posição nesta vida.

COMPORTAMENTOS TRAZENDO DE VOLTA O PASSADO

O Dr. Stevenson anotava mais detalhes que as simples declarações verbais das crianças que investigava. Dava atenção especial ao seu comportamento. Traços, habilidades, fobias e preferências que parecessem fora de propósito para a família natural de uma criança, mas que combinavam com a vida de uma personalidade anterior, reforçavam as lembranças verbais e as evidências de reencarnação. Esta ênfase na observação de comportamentos é outra inovação importante de Stevenson.

Por exemplo, as crianças que lembram de vidas passadas numa classe superior à sua, na Índia, podem censurar seus pais de classe inferior por terem hábitos e estilo de vida incultos, e podem recusar comer os alimentos de gente inferior. Bishen Chand agia exatamente como o homem rico e mimado que se lembrava de ter sido. Repreendia desdenhosamente seus pais por sua pobreza, exigia comida de melhor qualidade, rejeitava as roupas simplórias que recebia, dizendo que não serviam nem para os seus empregados. Por outro lado, algumas crianças que lembram de ter sido de casta inferior à de seus pais podem mostrar toda a grosseria e o instinto de sobrevivência dos desesperadamente pobres, além de hábitos ofensivos para a nova família. Alguns manifestam gratidão por terem ascendido e demonstram grande prazer em comer boa comida e vestirem roupas melhores. Uma menina que nascera brâmane – a casta mais alta da Índia – lembrava-se da sua vida como varredora de ruas da mais baixa casta, os "intocáveis". Normalmente pacata, a menina aterrorizava a família com seus hábitos repulsivos e com sua insistência em querer comer porco (a família era vegetariana). E, ao contrário dos outros membros da família, limpava de bom grado – quase avidamente – os excrementos das crianças menores.

Quando uma criança que tem lembranças de vidas passadas visita a família ou os amigos da personalidade prévia, quase sempre distinguirá com o seu comportamento o indivíduo que reconhece. Stevenson cita o caso em que um menino do Sri Lanka lembrou-se de uma vida como uma menina e ficou feliz ao ver suas antigas irmãs, mas não se relacionava direito com seu irmão, que fora cruel com ela na vida passada. Em outro caso, descreve um jovem indiano que repreendeu uma mulher que reconhecera como sua antiga esposa, por estar usando o sari branco, usualmente vestido por viúvas, ao invés do sari colorido de sua esposa. Normalmente, seria uma ofensa social grave para um rapaz fazer tal repreensão a uma mulher mais velha.

O Dr. Stevenson admite que um exemplo isolado de comportamento fora do comum numa criança não significa nada; a peculiaridade poderia ser explicada de várias maneiras. Mas quando muitas características, todas fora do comum e aparentemente sem conexão, formam uma síndrome de comportamento que corresponda perfeitamente à vida de uma personalidade prévia, há evidências convincentes de reencarnação. O Dr. Stevenson documenta correspondências evidentes de comportamento em quase todos os casos resolvidos.

Fobias são um exemplo impressionante de lembrança behaviorista. São comuns naqueles casos que quase sempre correspondem a uma morte em vida passada. O caso de Shamlinie é um exemplo marcante, porque desde o seu nascimento ela teve *duas* fobias aparentemente isoladas que faziam sentido quando os detalhes da morte na vida passada eram conhecidos.

Ainda um bebezinho, Shamlinie tinha pavor de água e resistia, gritando e se debatendo, a qualquer tentativa de banhá-la. Naquela época, também tinha pavor de ônibus. Chorava histericamente quando andava num, e até mesmo quando via um deles ao longe. Seus pais estavam intrigados porque não havia nenhum motivo, em sua breve vida, que pudesse ter causado ou justificasse nenhum dos pavores estranhos da menina.

Porém, assim que Shamlinie começou a falar, disse aos pais que já tinha tido uma existência anterior, e deu amplos detalhes de sua vida em uma aldeia não muito longe dali chamada Galtudawa. Descreveu também a sua morte. Certa manhã, saiu de casa para comprar pão. Como o acostamento da estrada estava cheio de água, por causa das fortes chuvas que caíram, ela andava pela faixa de rodagem. Um ônibus passou raspando, espirrando água sobre ela e jogando-a dentro de um plantação de arroz inundada. Levantou os braços e chamou: "Mamãe." Depois, disse ela, caiu num longo sono.

A família veio a saber depois que uma menina de onze anos chamada Hemaseelie, da aldeia de Galtudawa, morrera afogada ao dar um passo atrás para evitar ser atropelada por um ônibus, e caíra num arrozal inundado. Quando Shamlinie fez quatro anos, foi levada até Galtudawa, reconheceu membros da família de Hemaseelie, e convenceu testemunhas de que era de fato Hemaseelie rediviva. Finalmente seus pais tiveram uma explicação para as duas fobias desconexas de Shamlinie, que desapareceram tão logo reassumiu sua vida anterior.

RAVI SHANKAR ENFRENTA SEUS ASSASSINOS

O caso de Ravi Shankar(não se trata do músico) foi um dos casos de reencarnação mais famosos da Índia, antes mesmo que o Dr. Stevenson o investigasse. É um exemplo dramático de como os casos de fortes lembranças verbais às vezes são reforçados por marcas físicas no corpo.

Ravi Shankar nasceu em julho de 1951. Mal tinha dois anos quando disse aos pais que era realmente Munna, filho de Jageshwar, barbeiro do distrito Chhipatti de Kanauj. Contou-lhes detalhadamente como certo dia foi atraído para longe de seus brinquedos por dois homens, um barbeiro e um tintureiro, que o levaram para um pomar próximo do Templo Chintamini, cortaram sua garganta e o enterraram na areia.

Ravi repetiu aquela história para parentes, amigos e para o seu professor durante os dois anos seguintes. Perguntou várias vezes aos pais pelos brinquedos que disse ter tido na vida anterior – um grande quadro-negro de madeira, uma pistola de brinquedo, um elefante de madeira, um relógio e uma pasta escolar. Eram brinquedos que sua família atual não era capaz de comprar; mesmo assim, o pequeno Ravi os censurou por não permitirem que ele os fosse buscar. Falava tanto de sua vida como Munna que se tornou um estorvo para a família e para os amigos, e ameaçou fugir para a sua "outra família". Reconhecendo a importância das afirmativas de Ravi, seu professor as escreveu e enviou para o professor B. L. Atreya, que foi o primeiro a investigar o caso.

A insistência de Ravi de que era um menino assassinado se espalhou pela aldeia e pelos distritos vizinhos. Foi assim que Sri Jageshwar Prasad soube da história de Ravi. Em 19 de janeiro de 1951, seu filho único de seis anos, Munna, fora assassinado com uma navalha, após ter sido atraído para longe de casa. Alguém tinha visto Munna se afastar com Jawahar, o barbeiro, e Chaturi, o tintureiro, o que permitiu sua prisão. Um dos supostos assassinos, parente do menino, tinha motivos para matá-lo: ficaria na posição de possível herdeiro dos bens de Sri Jageshwar Prasad. Quando o corpo mutilado de Munna e a cabeça decepada foram encontrados enterrados na areia, Chaturi, o tintureiro, confessou o crime, mas depois voltou atrás. Como não havia testemunhas, o caso foi encerrado, e o barbeiro e o tintureiro libertados.

Prasad estava profundamente abalado e enraivecido com a morte de seu filho. Quando ouviu dizer que Ravi Shankar afirmava ter tido a garganta cortada por um barbeiro e um tintureiro, foi visitar Ravi para ver se ele era, de fato, seu filho morto renascido. Mas o pai de Ravi temia que ele lhe fosse tirado por Prasad e recusou-se violentamente a permitir que ele encontrasse seu filho. Também temia que os assassinos, que ainda estavam soltos, pudessem querer evitar qualquer tentativa de reabertura do processo. Porém, alguns dias depois, a mãe de Ravi desobedeceu às ordens do marido e permitiu que Prasad falasse com seu filho de quatro anos.

Ravi reconheceu imediatamente seu antigo pai, identificou o relógio que usava como aquele que Prasad comprara para Munna em Bombaim. Contou detalhes sobre a morte de Munna, que batiam com a confissão dos assassinos presumidos e com as evidências materiais do crime. Prasad confirmou outros detalhes da vida de Munna que apenas a família sabia: Munna havia colhido algumas goiabas para comer antes de sair de casa e ser assassinado, e tivera todos os brinquedos que Ravi descrevia. O assassinato de Munna fizera sua mãe enlouquecer, e ela guardou cuidadosamente todos os brinquedos do menino num armário, esperando que ele voltasse.

Ravi tremia de medo toda vez que via um barbeiro ou um tintureiro. Certo dia, assistindo a uma cerimônia religiosa, ficou aterrorizado de repente, ao ver um homem na multidão. Reconheceu o homem como Chaturi, o tintureiro, um dos assassinos de Munna. O pequeno Ravi, cheio de ódio, jurou vingar sua morte. Quando a mãe percebeu sua reação àquele estranho, fez perguntas e confirmou que ele era de fato um dos suspeitos da morte de Munna.

Mas ainda tem mais. Ravi nasceu com uma marca de nascença semelhante a uma grande ferida a faca em volta do pescoço. Quando começou a contar a sua história, com dois anos, já dizia que a marca estava no lugar onde o tintureiro e o barbeiro haviam cortado sua garganta numa vida passada.

O Dr. Stevenson viu Ravi em 1964 e examinou a marca de nascença; Ravi estava com treze anos. Ele descreveu a marca, que cortava horizontalmente o pescoço do menino, tirou as medidas de três a seis milímetros de largura e "com pigmentação mais escura que o tecido adjacente e tinha a aparência de uma cicatriz. Parecia muito com a marca de uma ferida feita a faca e cicatrizada." De acordo com testemunhas, a marca de nascença era maior quando Ravi era menor, mas foi desaparecendo gradualmente à medida que ele crescia.

O Dr. Stevenson encontrou Ravi Shankar para uma entrevista de acompanhamento em 1969. Estava com dezoito anos e ia para a faculdade. Ravi disse que suas lembranças da vida anterior como Munna haviam desaparecido; só sabia da história pelo que as outras pessoas lhe contavam. Todas as suas fobias – de barbeiros e navalhas – haviam desaparecido também, embora continuasse se sentindo pouco à vontade sempre que passava pela área do Templo Chintamini, onde Munna fora morto. Sua marca de nascença continuava claramente visível no pescoço.

MARCAS E DEFEITOS DE NASCENÇA

A marca de nascença de Ravi Shankar, que correspondia exatamente à ferida fatal no pescoço de Munna, não era um caso isolado. O Dr. Stevenson descobriu que em 35% dos seus casos verificados (309 em 895) a criança tinha marcas ou defeitos de nascimento que casavam com ferimentos em suas vidas anteriores. Está publicando um conjunto de três livros monumentais dedicados exclusivamente a este fenômeno, que incluirá duzentos e dez casos verificados. A escala desta obra – sua obra-prima – indica quanta importância ele dá a esses casos como evidências de reencarnação. São importantes porque apresentam provas *físicas* para a ligação entre passado e presente. Não importa quão fortes sejam as evidências verbais e comportamentais num caso, os críticos sempre encontrarão erros nos dados. Mas marcas e defeitos de nascença – especialmente quando podem ser comparados com os dados médicos do falecido – são evidências tangíveis, incontestáveis, de uma correspondência direta entre uma vida passada e a presente.

Um dos casos do novo livro de Stevenson, apresentado em um artigo no *Journal of Scientific Exploration*, trata de um menino indiano que lembrava de ter sido morto com um tiro no peito. Havia no peito do menino uma sucessão de marcas de nascença que combinavam com o padrão e a disposição (verificados através do relatório da autópsia) da ferida mortal.

Outra vítima de um tiro de cartucho foi atingida à queima-roupa no lado direito da cabeça (confirmado pelo relatório do hospital). O menino turco que lembrava desta vida nasceu com "uma orelha menor e malformada e subdesenvolvimento do lado direito da face".

Uma mulher tinha três marcas de nascença similares a cicatrizes lineares separadas nas costas. Quando criança, lembrou da vida de uma mulher que foi morta com três golpes de machado nas costas.

Outro menino na Índia nasceu com tocos de dedos apenas na mão direita – um caso extremamente raro. Lembrou da vida de um menino que teve os dedos cortados pelas lâminas de uma ceifadeira.

As marcas de nascimento da maioria dos casos do Dr. Stevenson não são as manchas congênitas comuns que vemos nos adultos. Elas têm a aparência de cicatrizes e feridas. São marcas inconfundíveis, grandes e notáveis, "costumam ser enrugadas e terem a forma de cicatrizes, algumas vezes ficando abaixo das áreas adjacentes, áreas sem pêlos, áreas em que a pigmentação está fortemente diminuída ou tendo marcas da cor de vinho do Porto". Isto também vale para defeitos de nascença – membros deformados, por exemplo. Também são espécimens raros e incomuns, que não cabem na definição de "padrões reconhecíveis de malformação humana" e parecem ser o resultado de ferimentos causados por instrumentos externos.

O Dr. Stevenson aplicou seus métodos usualmente rigorosos para examinar e registrar as marcas e defeitos de nascença. Exigiu que os relatórios das testemunhas oculares confirmassem que as marcas estavam presentes no nascimento. Mediu e fotografou meticulosamente as marcas. Separou os casos em que o defeito de nascença pudesse ser genético, causado por um relacionamento familiar entre o paciente e o morto, ou que pudesse ser explicado por eventos durante a gravidez. Depois, documentou os fatos da vida e da morte da personalidade prévia a partir de relatos de testemunhas oculares, relatórios médicos e relatórios de autópsia. (Lembrem-se de que o Dr. Stevenson se formou em medicina e portanto sabia o que estava vendo.) Finalmente, comparou as feridas mortais comprovadas da personalidade prévia com as marcas da criança em exame. Ele era muito cuidadoso e se prevenia contra casos em que as lembranças de vidas passadas eram fabricadas como um meio de explicar retroativamente as marcas de nascença. Só aceitava aqueles casos verificados em que a criança tinha lembranças verbais suficientes – os diversos fatos e pessoas de que Swarnlata se lembrara, por exemplo – para identificar e localizar as personalidades prévias. Em muitos casos, esta pessoa era completamente desconhecida da criança e da família. Em outras palavras, o caso tem que resistir pelos seus próprios méritos, antes que marcas e defeitos de nascença sejam admitidos como evidências adicionais.

Alguns críticos podem dizer que estas marcas de nascença são obra do acaso. Mas um número significativo de casos de marcas de nascença do Dr. Stevenson envolvem *duas ou mais* marcas que combinam – por exemplo, a mulher que tinha três marcas em forma de cicatriz nas costas. Entre os duzentos e dez casos do seu livro, dezoito são de marcas de nascença duplas. Nove desses casos envolvem feridas a bala em que não apenas as marcas combinam com o lugar exato de entrada e saída das balas, como o lugar de entrada é pequeno e redondo, e o correspondente à saída é largo e irregular. Isto se ajusta perfeitamente ao fato balístico de que a ferida de saída de uma bala é sempre maior que o furo por onde a bala entra no corpo.

Quais são as chances de que duas marcas de nascimento correspondam casualmente a *duas* feridas? Stevenson fez os cálculos e determinou que as chances são de uma para 25.600. As chances para que isso aconteça por acaso dezoito vezes são astronômicas.

CRENÇA

O Dr. Stevenson prova que existe reencarnação? Ele jamais dirá que sim. Stevenson sustenta que está apresentando *evidências* de reencarnação, mas não afirma que a reencarnação está provada. Denominou intencionalmente seu primeiro livro de *Vinte Casos Sugestivos de Reencarnação*. Como um empirista, acredita que seria fora de propósito fazer qualquer afirmação ou chegar a uma conclusão final. Sua atitude é: eis aqui a prova, decida por si mesmo.

Esta atitude é similar à do Dr. Woolger, que diz que não importa se você acredita ou não em reencarnação, contanto que os efeitos curem. Está interessado apenas na verdade psicológica das lembranças. Mas, como um profissional dedicado à cura, Woolger diz que é melhor *tratar* estas memórias como se elas se originassem no passado.

Tanto o Dr. Stevenson quanto o Dr. Woolger impedem que seja feita publicidade em que se diga que acreditam em reencarnação, apesar de serem levados à evidência disso todos os dias. Não serei tão cautelosa. Eu acredito, a partir das evidências empíricas obtidas pelo Dr. Stevenson, pelos resultados clínicos do Dr. Woolger e por minha própria experiência, que estas lembranças derivam de vidas passadas. Lembranças de vidas passadas são realmente de vidas passadas.

A atitude dos dois doutores traz à minha mente um velho ditado: "Se anda como um pato, parece com um pato, grasna como um pato, então é um pato." Bem, se o Dr. Stevenson quer afirmar apenas que "temos evidências de que seja um pato, mas não lhes direi o que é" e o Dr. Woolger sugere que "devemos tratá-lo como um pato", para mim está bem.

Mas para mim é um pato.

Após ler os livros do Dr. Stevenson cuidadosamente, seguindo sua lógica e absorvendo os fatos daqueles casos, como pode alguém não estar convencido de que aquelas lembranças são reais? Em suas próprias palavras: "Que evidência, se existisse, o c*onvenceria* de que existe reencarnação?"

A PROVA *NÃO* É FUNDAMENTAL

Para o Dr. Stevenson, a prova é fundamental. Graças a ele, para nós, provar *não é* a questão. Ele preparou o caminho para que nós possamos ir além da questão da prova. Ele fez o trabalho pesado, libertando-nos para voarmos com as idéias, planarmos com as implicações e explorarmos os pontos mais delicados da cura.

Para construir sua prova, o Dr. Stevenson aceitou apenas os casos raros e extremos, aqueles com dúzias de detalhes convincentes e nos quais a personalidade prévia podia ser identificada. Não precisamos repetir sua comprovação nem duplicar seus métodos. Podemos aceitar os casos mais comuns – aqueles que cabem na descrição de casos de lembranças de vidas passadas, mas que não possuem detalhes suficientes por si próprios para provar nada – e trabalhar com eles em seus próprios termos.

Assim, por exemplo, se uma criança nos contar sua vida como um soldado na Guerra Civil, não precisamos receber seu relato com ceticismo, pensando: "Bem, isso ele podia ter aprendido vendo TV" ou "Sua imaginação, por sorte, acertou em cheio nos detalhes". Pelo fato de sabermos, graças ao Dr. Stevenson, que lembranças espontâneas de vidas passadas acontecem, podemos relaxar quanto à questão da obtenção de provas e nos concentrar no significado das lembranças para as crianças. Podemos avançar para o trabalho mais gratificante, que consiste em acrescentar as lembranças de vidas passadas às teorias do desenvolvimento da criança, da psicologia e da metafísica.

PADRÕES OBTIDOS DO CONJUNTO DE DADOS

Podemos identificar os padrões de lembranças de vidas passadas verdadeiras no enorme conjunto de casos verificados pelo Dr. Stevenson e usar esses padrões para nos ajudar a entender *como* as lembranças funcionam. Alguns dos padrões confirmaram o que eu havia aprendido com os terapeutas de vidas passadas. Outros padrões explicaram características específicas de lembranças de crianças.

O primeiro deles é a idade em que as crianças começam a falar de suas vidas passadas. A maioria das lembranças surge pela primeira vez quando a criança tem entre dois e cinco anos. Este padrão é universal, acontecendo em qualquer país ou cultura.

Mas não é regra: algumas crianças falam sobre suas lembranças tão logo conseguem construir frases.

Em geral, as lembranças começam a se apagar na idade escolar, entre cinco e oito anos. Retrocedem para o inconsciente, apagando-se como um sonho ao despertar. Após se apagarem, a criança negará que tenha tido qualquer lembrança, o que é típico. Em pequeno número de casos raros, as lembranças permanecem intactas até a maturidade.

Um segundo padrão é que muitas crianças que relatam lembranças de vidas passadas também têm fobias relacionadas com suas vidas passadas. O Dr. Stevenson descobriu que 36% das crianças – mais do que uma em três – sofriam de uma fobia correspondente à forma como morreram. Se a criança foi morta por um caminhão, pode ter medo de veículos grandes ou de caminhões; se a criança se afogou no passado, pode ter medo de água ou até de tomar banho.

Terapeutas de vidas passadas descobriram as mesmas elevadas correlações entre fobias e a forma da morte em seus casos de regressão com adultos. Mas a "prova" nesses casos é subjetiva, pois raramente há comprovação de suas lembranças. Pela primeira vez, graças ao Dr. Stevenson, temos muitos casos em que a forma da morte foi comprovada por testemunhos e relatórios médicos, e a fobia foi documentada por pesquisadores independentes. A correspondência direta entre a morte na vida passada e a fobia no presente é clara; os dois lados da equação têm o mesmo resultado. As descobertas do Dr. Stevenson deram credibilidade objetiva ao que os terapeutas de vidas passadas presumiram desde o início – que as mortes em vidas passadas causam fobias na vida atual.

Esta é uma boa notícia para terapeutas de vidas passadas. E significativa para os pais, também. Muitas crianças têm fobias que não podem ser explicadas por nada que lhes tenha acontecido na vida atual. Se os pais observarem um medo inexplicável na criança, já podem suspeitar de uma causa numa vida passada, mesmo que a criança não tenha feito nenhuma menção a uma vida anterior. Foi assim que aconteceu com os meus filhos: as fobias surgiram antes que expressassem lembranças conscientes de suas vidas passadas.

Um terceiro padrão é a importância do momento da morte. O Dr. Stevenson descobriu que 72% das crianças lembravam de como haviam morrido e mais da metade delas morrera violentamente. Este dado é significativo quando comparado ao fato de que muito poucas crianças nestes casos sequer lembravam dos seus antigos nomes. Em outras palavras, a morte deixara uma marca maior na lembrança transmigrante que os fatos do dia-a-dia. *A maioria das lembranças espontâneas de vidas passadas em crianças envolve lembranças de morte – especialmente as violentas.*

Em *Twenty Cases*, o Dr. Stevenson especula por que isso acontece: "Parece razoável supor que a intensidade de uma experiência tal como uma morte violenta possa de alguma forma reforçar ou 'fixar' lembranças, de modo a que fiquem melhor preservadas na consciência."

O Dr. Woolger e os terapeutas de vidas passadas estavam chegando à mesma conclusão em seus estudos de lembranças em adultos. O Dr. Woolger sugere, e eu repito para comparação: "A percepção intensificada que ocorre na morte imprime com intensidade exagerada os pensamentos, sentimentos e sensações naquilo que transfere nossa essência de uma vida para outra, seja que nome tiver."

O Dr. Stevenson sugere que as mortes violentas são o que as crianças lembram mais freqüentemente, porque são súbitas, imprevistas e envolvem emoções fortes. Cortam a existência bruscamente, deixando a pessoa que morre num estado incompleto. Mesmo nos relatos de morte "natural" das crianças, as vidas relembradas estavam de alguma forma incompletas. Partiram deixando o que o Dr. Woolger chama de "assuntos inacabados da alma".

O retrato que o Dr. Stevenson pinta com os seus casos e análises estatísticas confirma outro princípio básico descoberto pelos terapeutas: morrer carregado com emoções e assuntos não resolvidos, ou morrer incompleto, energiza as lembranças de modo a influir nas vidas subseqüentes. Para as crianças, as lembranças podem ser bastante vívidas, exigindo um fechamento. Uma parte da criança ainda "está lá", com um pé na vida passada, presa no emaranhado de sentimentos não resolvidos, ainda presa à vida deixada para trás inesperadamente.

UM FENÔMENO NATURAL

Creio que o padrão mais importante demonstrado pelo trabalho do Dr. Stevenson é também o mais óbvio: *as lembranças de vidas passadas em crianças são um fenômeno natural.* Elas estão presentes na percepção consciente de algumas crianças. Emergem espontaneamente, sem ajuda, com uma vontade e lógica próprias.

Um *fenômeno natural.* As palavras brilhavam como um anúncio luminoso na minha mente. Isto significa que qualquer criança, em qualquer ponto do mundo, pode ter uma lembrança espontânea de vida passada. Mas quantas delas o fazem? É uma rara aberração da natureza ou será que acontece todo o tempo, de forma branda que não percebemos porque não sabemos o que procurar? O Dr. Stevenson não responde a esta pergunta nem nada faz para comparar os casos extremos que estuda com a população como um todo. Esta questão permanece em aberto.

Pensei mais a respeito do significado disso. Se a lembrança de vidas passadas em crianças é um fenômeno natural, qual seria a causa natural? Seria uma fissura no sistema que faz minar lembranças em algumas crianças, mas não tem finalidade? Ou faria parte do desenvolvimento da nossa alma, uma oportunidade de resolver questões do passado? Isto confere com as crenças hindus e budistas de que cada encarnação é uma oportunidade de aprendizado e crescimento espiritual.

Terapeutas de regressão mostram que as lembranças originárias de mortes traumáticas criam problemas na vida adulta. E Stevenson mostra que a maioria das lembranças de crianças estão concentradas na morte. Seria o aparecimento espontâneo dessas lembranças na infância a oportunidade que a natureza nos dá de reverter os efeitos de uma morte traumática, antes que se tornem problemas mais complicados na vida adulta?

Se for este o caso, qual seria o papel dos pais nisto? Como as lembranças ocorrem quando a criança ainda está em tão tenra idade e totalmente dependente de nós para seu sustento, talvez as lembranças de vidas passadas em crianças sejam uma valiosa oportunidade de desenvolver nossas crianças do ponto de vista espiritual, também. Talvez sejamos, enquanto pais, parte do plano para ajudar nossos filhos a se beneficiarem com as lembranças espontâneas de vidas passadas.

CAPÍTULO 7

LEMBRANÇAS DE VIDAS PASSADAS EM CRIANÇAS

As rigorosas pesquisas de Ian Stevenson provaram que as lembranças das crianças são reais e naturais. Terapeutas de vidas passadas me convenceram de que essas lembranças podem curar. Mas onde estavam os pesquisadores e clínicos que trabalham com crianças? Não os encontrei. Então, decidi fazer minhas próprias pesquisas para confirmar que o que eu sabia era verdade – que lembranças de vidas passadas em crianças podem curar. Armada com as técnicas de regressão que aprendi com Norman Inge e Roger Woolger, e com tudo o que aprendi através de leituras, estava preparada para agir, e decidi começar a fazer regressão em crianças eu mesma, para ver o que poderia descobrir.

JOVENS EXPLORADORES

Chase, então com sete anos, treinado na exploração de vidas passadas, foi meu primeiro paciente. Certa tarde, sem alarde, perguntei-lhe se estava preparado para tentar uma regressão comigo. E ele respondeu: "Claro, por que não?" Fiz com que se deitasse na sua cama, fechasse os olhos e prestasse atenção à sua respiração. Estava ansiosa. E também estava nervosa – não pelo que pudesse acontecer, mas com a possibilidade de que *nada* acontecesse.

Minha apreensão desapareceu assim que vi as pálpebras de Chase palpitarem. Perguntei: "O que está sentindo?" E Chase começou a me contar sobre a sua vida como escultor de madeira na Rússia, no século catorze, falando em frases curtas, típicas de quem lembra de vidas passadas. Chase desta vez se descreveu como um marceneiro de renome, conhecido em toda a região por sua inventividade e habilidade. Disse que havia criado uma estante de canto que era uma inovação e se tornou muito conhecida, fazendo com que seus serviços fossem bastante solicitados. Mencionou que tinha uma família e era muito feliz. Mas seus pensamentos estavam concentrados em sua realização como artesão naquela vida, não nos seus relacionamentos. Morreu tranqüilamente, bem idoso, cercado pela família.

Chase ficou imóvel na cama, como já o vira ficar após sua "morte" em outra vida passada. "O que aprendeu nesta existência?", perguntei.

"Se você tem uma idéia e trabalha nela com persistência, acabará tendo sucesso." E continuou: "Como fiz sucesso, as pessoas vinham de todas as partes para me contar seus problemas e pedir minha opinião. Para mim, era fácil ajudá-las. É bom partilhar a sua sabedoria generosamente." Aquilo era uma surpreendente pérola de filosofia, vindo de uma criança de sete anos.

Chase sorriu e abriu os olhos. Sabia que tinha voltado ao presente. Quinze minutos haviam se passado. Chase disse que aquela regressão tinha sido curiosa e que as imagens de sua aldeia na Rússia eram perfeitamente claras, como se tivesse estado lá. Pedi para desenhar a estante que criara. Fechando os olhos para lembrar do que vira, desenhou uma pequena estante decorativa de canto, com um traçado curvo na parte superior e nas laterais. "Aqui está", disse orgulhosamente, dando os retoques finais na decoração da peça. E saiu correndo do quarto, dizendo por cima do ombro: "Depois a gente faz de novo."

Tinha tomado nota do que Chase dissera na regressão. Relendo, me perguntei se aquela lição de perseverança o marcaria e o guiaria na vida atual. A sabedoria do passado pode ser renovada pela lembrança? Que dádiva não seria se Chase pudesse começar sua vida sem ter que reaprender essas lições sobre concentração e dedicação.

Alguns dias depois, chamei Sarah para ser minha paciente

seguinte. Ela entrou em transe facilmente, com uma sugestão para fechar os olhos, se concentrar na respiração e ir até uma vida passada. Sarah se viu como uma menininha num lugar quente e ensolarado, com prédios de barro. Era uma órfã que sobrevivera roubando comida e se escondendo em qualquer abrigo que pudesse encontrar, à noite. Sua sobrevivência dependia de sua rapidez e ação furtiva. Disse que morrera jovem, morta por roubar comida. Ainda em transe, não parecia triste nem perturbada por sua morte prematura. Sentia-se aliviada.

Perguntei-lhe quais tinham sido seus últimos pensamentos ao morrer: "Estou feliz por tudo estar terminado. Era muito duro. Não quero fazer *isso* outra vez."

Estava curiosa para saber o que estava trazendo daquela vida para a atual e perguntei: "O que aprendeu com aquela vida?"

"Que não basta correr e roubar para sobreviver. Não funciona; não podia sobreviver daquele jeito. Tenho que aprender *outras* habilidades para poder ter uma vida plena." Quando Sarah abriu os olhos, estava surpresa com o que havia visto. "Estou feliz por estar aqui agora", disse com um suspiro de alívio.

Como aquela vida passada de Sarah se relaciona com a atual? Ri comigo mesma ao lembrar que Sarah é muito aplicada e prática, sempre economizando seu dinheiro. Procura sobras na geladeira, pois não suporta ver desperdício de comida. Teria sua preocupação em economizar alguma relação com essa memória inconsciente de privação? Será interessante observar como isso se refletirá na escolha de sua carreira e trabalho. Da mesma maneira que fiz com a regressão de Chase, escrevi e guardei tudo para futuras referências.

OUTROS JOVENS VIAJANTES NO TEMPO

Como já não tinha mais crianças em casa para usar como cobaia, era chegada a hora de encontrar outras crianças para regredir. Queria ver o que aconteceria quando regredisse crianças que nunca haviam passado pelo processo. Seriam capazes de acessar suas lembranças facilmente? Caso positivo, como seriam suas lembranças? Veriam imagens ensangüentadas do passado ou vidas mansas e banais?

Havia um grupo de cerca de doze crianças, entre cinco e onze anos, disponível entre os amigos de Sarah e Chase. Seus pais viam que meus filhos eram crianças normais e bem ajustadas, e que não haviam se tornado psicóticas por vivenciarem lembranças de vidas passadas, e então permitiram que eu regredisse seus filhos, desde que eles aceitassem. As amigas de Sarah, de dez e onze anos, estavam muito curiosas para saber como era aquilo e se tornaram excelentes pacientes.

Para começar, expliquei a cada uma das minhas voluntárias que eu acreditava que nós já havíamos vivido outras existências como pessoas diferentes e que quando relaxamos podemos nos lembrar daquelas vidas. Não houve dificuldade para as crianças aceitarem aquela possibilidade; estavam ansiosas para ver quem poderiam ter sido. Também as preparei dizendo que algumas vezes nada acontece quando tentamos nos lembrar, e que, portanto, elas não tinham que dizer nada que não fosse verdade. Se nada tivesse acontecido, tudo bem.

Também as preparei para a possibilidade de surgir uma vida traumática. Expliquei que vivemos muitas existências e que algumas são felizes e outras não. Se lembrassem de alguma coisa que fosse dolorosa ou triste, também não haveria problema. Seria a mesma coisa que ver um filme triste ou apavorante no cinema. Quando estamos concentrados num filme, podemos rir ou chorar; mas quando o filme acaba, saímos do cinema e encontramos o sol lá fora, nos sentimos melhor e a tristeza e o medo desaparecem. Na regressão acontece a mesma coisa, expliquei.

A maioria das crianças caiu em transe facilmente, com um simples exercício de relaxamento. Como com os adultos, tão logo começaram a ver imagens, pedi que se concentrassem no seu corpo – o que calçavam, a cor da pele e dos cabelos, suas idades, o que vestiam – para que pudessem se enxergar com mais clareza. Pedi que descrevessem as redondezas – a paisagem, as construções – e que me contassem o que estavam vivenciando. Vi as pálpebras delas tremerem e seus rostos se contraírem, à medida que se concentravam em suas imagens interiores e nos seus sentimentos. Contaram as dificuldades de suas vidas e descreveram suas mortes.

Em nenhuma de suas histórias aquelas crianças tiveram que enfrentar um trauma mais severo ou uma morte violenta e difícil. Lembraram apenas de vidas normais e mortes tranqüilas. Até mesmo quando passavam pela perda de um ente querido ou por um revés catastrófico, pareciam estar em paz consigo mesmas.

Atingir uma vida passada não foi difícil para a maioria das crianças, mas achei que nem sempre funcionou. Quando tentei as mesmas técnicas de regressão com crianças menores, de cinco e seis anos, nada aconteceu, exceto muita inquietação e imagens casuais. Algumas contavam fragmentos de histórias que pareciam partes de sonhos, programas de aventuras da TV, ou davam respostas que achavam que eu devia estar querendo. Mas pude perceber aquelas divagações imediatamente. As crianças contavam aquelas histórias de uma maneira coloquial, quase monótona – não no estilo de frases curtas, falando e parando, que eu já me habituara a associar às regressões a vidas passadas verdadeiras. Quando fantasiavam, também não estavam emocionalmente envolvidas com suas histórias. A falha mais facilmente detectável é que lhes faltava, nesta hora, o fio da narrativa consistente, típico das lembranças de vidas passadas.

Uma história, por exemplo, me pareceu suspeita como um video game. Um menininho viu-se como um príncipe num castelo, andando por diversos corredores, entrando em vários aposentos, enfrentando dragões que surgiam das profundezas do espaço. Estava envolvido na fantasia, como ficaria se estivesse diante de um bom video game. Mas faltava realismo. Em cada caso similar, quando achava que estavam fantasiando, deixava que fossem adiante e me juntava a eles. Não queria que sentissem que haviam "falhado" em nada, porque não era verdade. Não havia ninguém prejudicado.

O POVO DAS FLORES

Amanda Dickey, amiga de Sarah, estava com onze anos quando fiz sua regressão. Tinha vívidas recordações de uma inglesa de nome Elizabeth C. (não conseguia lembrar seu sobrenome), que vivera em Londres com a mãe e um irmão em meados do século dezenove. Elizabeth costumava sentar-se num jardim próximo de sua casa e conversar com "o povo das flores", pequenos espíritos que saíam por detrás das flores e lhe davam conselhos sempre que tinha um problema para resolver. Elizabeth escreveu histórias sobre "o povo das flores", que foram publicadas num jornal de Londres e se tornaram bastante populares. Casou-se e teve um filho. Ficou viúva cedo e emigrou para a América com o filho. Continuou a se manter escrevendo histórias, até morrer de uma doença não identificada por Amanda. Sua vida só foi marcada por um conflito irreconciliável com o irmão.

Elizabeth me deixava intrigada. Seria alguém que eu pudesse identificar? Perguntei a Amanda se Elizabeth tinha publicado livros. De acordo com Amanda, suas histórias só haviam sido publicadas em jornais. Parecia verdade: lembro que os folhetins eram comuns em jornais no século dezenove, porque os livros eram caros demais para a maioria das pessoas. Será que Amanda teria conhecimento disso aos onze anos? O resto da história da menina soava como verídica; os detalhes da vida de Elizabeth eram realistas e vieram à tona facilmente. E ecoavam na Amanda de hoje, que tinha uma incrível facilidade com as palavras.

Mas, "povo das flores" – de onde teria vindo *aquilo?* Amanda ficara intrigada com aquele estranho detalhe. Achei que talvez fosse um fragmento de fantasia. Norman Inge me ensinara que fragmentos de fantasia, ou de experiências da vida atual, às vezes penetram na corrente das lembranças de vidas passadas porque, conforme explicou, essas lembranças são filtradas através do subconsciente, depósito de *todas* as lembranças arquivadas desta e de outras vidas. Não é estanque. Mas, me avisou Norman, não deixe uma inconsistência levá-la a pensar que todo o relato é fantasia, se o resto lhe parece verdade. Avalie a história como um todo. Com Amanda, o resto da história parecia verdadeira. Então, aceitei-a como tal, não querendo jogar fora o bebê com a água do banho.

Meses depois, Amanda ganhou um concurso de redação na escola. Dei-lhe os parabéns, dizendo: "Viu, você tem esse talento oriundo do passado, não é?" Amanda olhou para mim e riu nervosamente. Ainda não estava muito segura a respeito da regressão, sobretudo sobre "o povo das flores".

Amanda e a família se mudaram para outro estado no ano seguinte. Ela e Sarah continuaram em contato, visitando-se nas férias escolares. Isso me deu a oportunidade de acompanhar seu progresso como escritora. Ela dizia que escrevia contos e poesias o tempo todo e participava da revista literária da escola. Admitiu para mim, uma vez, que ainda pensava na sua lembrança de Elizabeth, a escritora do passado.

Quase cinco anos após sua regressão, Amanda me escreveu e o término da sua carta era muito fora do comum:

"Um incidente muito estranho me aconteceu há cerca de um ano, durante minhas férias na Inglaterra. Nunca tinha estado lá antes. No aeroporto de Londres, pegamos um táxi para o hotel. Ao passarmos pelas primeiras ruas residenciais da cidade, minha mãe fez um comentário sobre a quantidade de jardins de flores. O motorista disse que os londrinos utilizam a jardinagem como válvula de escape para as pressões das suas vidas e que ele e muitas outras pessoas *costumavam falar com o povo das flores em seus jardins.* Fiquei de boca aberta e meus olhos quase saíram das órbitas quando ouvi aquilo. *Povo das flores,* pensei. Que coincidência!"

Após fazer doze jovens regredirem, não podia perceber nenhum valor imediato naquelas regressões ao acaso. As existências de que se recordavam eram ricas em histórias e fascinantes de se ouvir, mas que significado teriam para eles? Nenhum trauma nem assunto pendente que precisasse ser resolvido havia aflorado. As histórias de vidas passadas de que se lembraram talvez pudessem encorajá-los a desenvolver talentos ou capacidades que trouxeram das vidas passadas ou lhes fornecessem roteiros de vidas construtivas ou mitos particulares que pudessem guiá-los à medida que envelheciam, como a escritora de Amanda em seu passado. Mas será que as crianças se lembrariam dessas introvisões ao crescerem? Eu não tinha certeza.

Embora não tenha visto nenhuma cura significativa como a ocorrida com meus filhos, a experiência tinha sido bem-sucedida, ao menos em outros aspectos. Aprendi que outras crianças podem regredir a vidas passadas facilmente. E vi que não houve nenhum efeito colateral causado pela regressão.

O processo funcionou melhor com crianças mais velhas – de oito a onze anos. Não deu certo com as crianças de quatro a seis anos que fiz regredir. No entanto, me lembrei de que Chase estava apenas com cinco quando teve suas lembranças da Guerra Civil pela primeira vez. Portanto, não podia tirar conclusões.

Uma pergunta foi respondida, com certeza. Crianças pequenas *são* capazes de reviver suas mortes e visitar o estado de pós-morte. As experiências de morte foram extraordinárias. Na verdade, tive que me lembrar de que se tratava de *crianças* descrevendo suas mortes.

Não as havia preparado de forma alguma para suas "mortes relembradas". Não queria assustá-las. Entretanto, ao fim de cada vida descreviam a experiência da morte. Todas as crianças lembraram de mortes tranqüilas, colocando-as na categoria dos 62% de "mortes naturais" da Dra. Wambach. E todas as experiências de morte foram similares. Ao morrerem, se descreviam flutuando sobre seus corpos, subindo cada vez mais alto no céu, como os adultos o fizeram em suas regressões. A transição parece ter sido feita sem esforço.

Testemunhar essas crianças passarem pelas mortes em suas vidas passadas sempre me animava. Era um momento sagrado. Podia sentir uma mudança na energia que havia no interior do aposento. Por vezes tinha certeza de ver uma luz em volta da criança, que ali estava deitada em paz absoluta. Aguardava esses momentos para perguntar o que havia aprendido com aquela existência que acabava de lembrar. E todas as vezes a resposta era uma pérola de percepção, com uma sabedoria e maturidade maiores do que seus poucos anos de experiência na Terra teriam possibilitado. Nesses momentos, percebia estar na presença de almas sábias e experientes. Só quando terminava a regressão e elas voltavam à sua personalidade infantil é que podia me dar conta de como eram pequenas.

Durante uma das regressões de Chase, após ter passado por sua morte, perguntei: "O que acontece depois que morremos?" Sem hesitar, num fluxo constante de palavras, e num tom de quem sabe, explicou: "Quando morremos, podemos escolher o que queremos fazer: podemos voltar a uma cena da vida que acabamos de deixar e encontrar informações que possam responder a questões que complementarão aquela vida. Você pode ver o que acontece com as pessoas que ficaram. Pode voltar em espírito, dizer adeus e ver o que acontecerá a elas no futuro. Se perceber que está tudo bem, está liberado para deixar o plano da Terra" (suas palavras exatas).

Perguntei o que aconteceria se visse que os seres queridos corriam perigo. Ele disse: "Você volta rapidamente num outro corpo para se juntar àquele grupo. Após a morte, você tem a oportunidade de se mover rápido de um lado para outro, em espírito, voar sobre as cenas que deixou para trás, e vê-las em tempo real. Você está num tempo diferente do que temos na Terra. Depois, você vai para o paraíso, antes de voltar em outro corpo."

As observações de Chase foram confirmadas por relatórios de experiências de quase-morte e pelas descrições de místicos orientais. Se Chase, com sete anos, sabia disso, será que todos sabemos? Será o nosso nascimento, como disse o poeta Wordsworth, apenas "um sono e um esquecimento" desses estados espirituais? Parece que Chase só precisou de uma pequena cutucada para fazer este conhecimento vir à tona.

Foi durante esse tempo de experimentação que as ansiedades de Chase na Guerra Civil foram provocadas pela Guerra do Golfo, e eu o fiz regredir de novo; ele tinha oito anos, então. Três anos após sua primeira regressão, ele voltou àquela vida com a necessidade de completar sua morte. Finalmente encontrou a paz com a sua lembrança e se libertou dos sentimentos tristes daquela existência. Mais uma vez eu era lembrada do poder real desse processo: como questões subsistentes do passado podiam ser pacificadas apenas ao serem recordadas. Era naquilo que residia o grande valor. Aquela sessão foi profunda e cativante para nós dois. Por que não conseguia repetir aquelas profundas experiências com essas regressões ao acaso? Seria porque meus jovens voluntários não tinham problemas específicos para estudar? Ou seria porque o impulso para voltar à vida passada se originava em Chase e não por meu intermédio?

Eu estava num beco sem saída nas minhas experiências com crianças. Não percebia se havia ou não algo mais a aprender com aquelas sessões de regressão, e não tinha certeza se as crianças estavam ganhando novas percepções ou sendo ajudadas voltando às suas vidas passadas. Meu entusiasmo estava minguando. Não tinha certeza do que fazer a seguir. Então, decidi esperar. E aconteceu algo que devolveu meu ânimo.

NOITE NINJA

Chase teve um problema que não conseguimos resolver. Na véspera do Ano Novo, ele foi participar de uma festa na sua academia de caratê, em que todos os alunos ficariam para dormir juntos. Aqueles eram os tempos das onipresentes Tartarugas Ninja, e as crianças brincavam com jogos Ninja, vídeos de caratê e a comida favorita das Tartarugas – pizza. Montavam túneis escuros com lençóis e cobertores para simular os esgotos em que viviam as Tartarugas. Aparentemente, Chase se divertia a valer. Mas, tarde da noite, ele ficou perturbado e não conseguiu dormir. Minha amiga Amy McLaughlin, que supervisionava as crianças, não conseguia consolá-lo. Ao amanhecer, colocou-o no carro e o trouxe exausto e chorando para casa. Ele não sabia explicar o que acontecera, exceto que estava tentando dormir o mais tarde possível, quando se sentiu muito perturbado e não conseguiu pegar no sono.

Após aquela noite, Chase passou a ter ataques de ansiedade todas as noites, na hora de dormir. Sentia dores no estômago, ficava muito pálido e calado, e ansioso por temer não conseguir dormir. Tentamos banhos quentes, exercícios de relaxamento, música, leite quente, mas nada deu certo. Conversei com os adultos que haviam estado na festa, e me asseguraram de que nada de estranho havia acontecido. Então, qual era o problema de Chase? Aquilo aconteceu durante todas as noites de seis longas semanas, começando a me preocupar. Estávamos a ponto de chamar um médico quando Chase sugeriu que tentássemos fazer uma regressão.

Esperei até a hora de dormir, quando sua ansiedade começava. Em vez de fazer um exercício de relaxamento, decidi usar seu mal-estar estomacal como ponte para o passado, como Roger Woolger me ensinara. Pedi a Chase para ficar deitado na cama e descrever o que sentia no estômago. Disse que sentia uma espécie de vazio, uma sensação de mal-estar que começava no estômago, subia até a garganta e depois descia para o estômago. Perguntei se associava uma cor a esta sensação, para tentar aumentar a concentração; ele disse que era amarelo-alaranjada. Disse que não era uma sensação de doença (embora tivesse vomitado diversas vezes), mas uma sensação de vazio. Sugeri que "mantivesse a sensação de vazio".

Deu certo. Chase viu sua imagem como um adulto com as mãos amarradas numa masmorra, no que descreveu como "tempo dos castelos". Estava muito escuro e ele se encontrava só. Seus braços, muito esticados para cima, doíam. Continuou sentindo aquela sensação no corpo enquanto contava a sua história.

Sugeri que voltasse a um tempo anterior à prisão na masmorra. Viu-se numa praça de uma aldeia, cheia de gente – um mercado. Planejava um roubo. Viu sua mão tentando pegar alguma coisa, quando foi subitamente preso. Logo depois, estava naquela masmorra escura.

Pedi que dirigisse sua atenção para as suas emoções. "Eu me sinto culpado pelo que fiz – estou desolado. É um desperdício uma vida terminar desta forma. Sinto a tristeza e a culpa no meu estômago. E *não consigo dormir* nesta posição. Morro aqui. Começo a subir pelo ar acima do castelo e da cidade. Vejo a aldeia lá embaixo. Sei que devo continuar subindo. Eu me sinto melhor."

"Há alguma coisa que precise ser dita ou feita às pessoas que deixou?", perguntei, procurando assuntos não resolvidos de alguma existência, como Woolger teria feito com um paciente no estado de pós-morte.

"Eles sabem que fui preso. Isso basta." Ele estava satisfeito com a resposta.

"Que ligação existe entre a Noite Ninja e essa existência?", perguntei, para ver se ele podia traçar um paralelo para descobrir a razão dos seus sintomas. Disse que se divertia na festa, querendo ver quanto tempo era capaz de ficar acordado, quando de repente ficou ansioso e amedrontado por não conseguir dormir. Foi então que a sensação desagradável no seu estômago começou. Disse que a noite da festa "estava escura e estranha como a masmorra", e que foi por isso que a sensação de doença surgiu.

"Como está se sentindo agora?", perguntei, para me certificar de que não havia mais nada. Chase me abraçou dizendo que se sentia melhor. Conseguiu dormir bem aquela noite e não foi mais assaltado pela ansiedade ou pela sensação de mal-estar.

Era daquilo que eu precisava: meu entusiasmo foi renovado. Chase me ofereceu a oportunidade de usar lembranças de vidas passadas para curas de verdade, e deu certo. Ele tinha um problema real – sintomas físicos – que não conseguíamos entender nem curar. Mas utilizando a percepção dos seus sentimentos, localizamos o problema na sua fonte real no passado, que não era nada que tivesse acontecido na Noite Ninja, mas uma lembrança de uma vida passada que havia sido disparada pelos seus sentimentos naquela noite. Era um processo realmente simples. Segui a indicação de Chase e o ajudei a articular a causa do seu problema no passado. Então, com uma pequena ajuda minha, ele soube o que precisava fazer para ativar a memória. Qualquer mãe teria feito o mesmo.

CRIANÇAS INGLESAS RECORDAM...

Na época da regressão de Chase causada pela Noite Ninja, fui à livraria do *shopping*, para ver o que havia de novo sobre vidas passadas. Encontrei, espremido entre títulos desconhecidos sobre reencarnação, uma brochura que nunca vira: *As Crianças que o Tempo Esqueceu – Chocantes relatos reais de crianças que recordam suas vidas anteriores.*

O livro não revela nada sobre seus autores, Peter e Mary Harrison, exceto que são ingleses. Os casos estão bem descritos – são vinte e seis casos de lembranças *espontâneas* de vidas passadas de crianças *inglesas.* Num estilo bem livre, relatam histórias de crianças de dois e três anos de idade que, inesperadamente, contam aos seus assombrados pais suas vidas e mortes passadas.

Eu estava maravilhada. Eram casos espontâneos de uma cultura de língua inglesa, judaico-cristã, como a minha. O livro tornou o fenômeno menos exótico, mais familiar e aceitável.

Aqueles casos ocidentais eram tão incríveis e ricos em detalhes quanto os do Dr. Stevenson, que são orientais em sua maioria. Aquele livro era a resposta aos críticos que tentam descartar os casos do Dr. Stevenson, porque provêm de culturas em que se crê na reencarnação, argumentando que, por causa da crença dos pais, as crianças são inconscientemente encorajadas a falar de vidas passadas. (Uma leitura atenta dos escritos do Dr. Stevenson afasta essas críticas.)

Nos livros dos Harrison havia famílias cristãs, que não acreditavam em reencarnação, testemunhando que seus filhos tiveram lembranças de vidas passadas. A maioria ficou desconcertada, se não chocada, quando as crianças começaram a dizer "na minha vida anterior" ou "quando eu morri". Como um pai afirmou: "Já tinha ouvido falar de coisas estranhas assim, mas jamais podia imaginar que fosse acontecer na minha família." Aquelas crianças certamente não foram instruídas pela família, nem souberam pela TV ou por livros de história que lembranças de vidas passadas são normais. No máximo, foi o inverso: seus pais resistiram em acreditar que seus filhos falavam sério e tentaram "fazer com que esquecessem aquilo", desejando que o estranho comportamento se dissipasse. Mas as lembranças de seus filhos persistiram, apesar da resistência. Eventualmente, foram os pais que mudaram.

...E AS MÃES OUVEM

Esse livro é tanto sobre os pais quanto sobre os filhos. Versa sobre o conflito entre a crença dos pais de que "só vivemos uma vida" e o que ouvem e vêem de seus próprios filhos. Documenta a dúvida inicial dos pais, sua tentativa de dissuadir as crianças e, em muitos casos, os longos períodos de tolerância confusa, até que o peso dos indícios os convença a aceitar a verdade que existe no que dizem seus bebês.

À medida que lia cada uma das histórias, sentia uma válvula de pressão interna soltar-se, dizendo: "Sim, esta soa verídica. E esta, e esta também." Sabia que estava percorrendo um caminho familiar, lendo a confissão daqueles pais sobre suas reações às lembranças espontâneas dos filhos. Lembrei da manhã em que Chase, no meio do café, me surpreendeu dizendo ter sido um soldado negro, deixando-me boquiaberta. Era animador ler aquela delicada e íntima interação entre pais e filhos descrita num livro. Não vi nada parecido em nenhum outro lugar.

Outras coisas fizeram aquelas histórias soarem verdadeiras e familiares. Começava a ver alguns dos mesmos padrões que encontrei nos casos de Stevenson: a tenra idade em que as crianças falam pela primeira vez de suas lembranças de vidas passadas e o desaparecimento delas na idade escolar; crianças reconhecendo sinais do passado; fobias relacionadas com suas mortes; crianças renascendo nas mesmas famílias.

Na maioria dos casos relatados pelos Harrison, as crianças *não* dão muitas informações específicas – nomes, datas e lugares – para estabelecer a realidade de suas antigas identidades. O Dr. Stevenson teria posto esses casos de lado porque neles faltam provas suficientes que possam ser comprovadas por fontes exteriores. Mas o fato de os casos dos Harrison não serem tão cientificamente rigorosos quanto os de Stevenson não os tornam menos válidos.

Percebi, lendo o livro pela segunda vez, que este é um ponto muito importante. Os Harrison estão apresentando um tipo diferente de prova. Documentam como as lembranças das crianças mudaram as crenças dos pais sobre reencarnação e morte. Estes pais cristãos tinham pouco a ganhar e muito a perder tornando públicas suas opiniões sobre as afirmações aparentemente estranhas de seus filhos. No entanto, estavam convencidos. As lembranças de vidas passadas alteraram sua visão arraigada e mudaram suas vidas. Isto prova que as pessoas comuns podem entender, e não é menos verídico que as tabelas e confirmações de Stevenson.

Afinal, ninguém melhor do que os pais para distinguir a verdade e a motivação existentes por trás do que seus filhos estão dizendo. Eles sabem a que seus filhos estiveram expostos, o que conhecem e o que desconhecem. Os pais podem sentir quando seus filhos estão inventando ou quando falam sério.

Os Harrison ressaltam nuances que um pai perceberia, mas que um estranho que procurasse apenas provas objetivas teria deixado passar: o tom diferente de voz ou o grito de alegria ao lembrar de um animal de estimação do passado; o olhar distante de uma criança quando fala saudosamente de uma pessoa querida em outra existência. Eram essas caras e sons que faziam os pais terem arrepios, sentindo como se tivessem sido "atingidos por uma descarga elétrica", alertando-os a prestarem mais atenção em seus filhos. Foi essa sensação que fez uma mãe exclamar: "Tenho certeza de que ele não está inventando isso."

HISTÓRIAS DO BERÇO

Como as histórias dos Harrison são contadas do ponto de vista dos pais, elas apontam para novos aspectos do fenômeno.

Eu me perguntei, por exemplo, após ter lido algumas das histórias de *Crianças que o Tempo Esqueceu*, se as crianças muito pequenas já pensam no passado quando ainda estão no berço, antes mesmo de poderem falar. Algumas das crianças ainda eram tão pequenas quando falaram pela primeira vez sobre suas memórias que pareceu que estavam apenas *esperando* aprender a falar. Na média, os bebês tinham apenas dois anos de idade, e muitos deles ainda usavam fralda, quando falaram sobre suas lembranças pela primeira vez. Ainda eram bebezinhos.

Uma das crianças, chamada Elspeth, tinha apenas dezoito meses e nunca pronunciara uma frase antes. Certa noite, quando a mãe banhava Elspeth, o bebê disse: "Vou entrar para um convento." A mãe, atônita, não acreditava no que ouvia. Aquela era a primeira frase de Elspeth – e ela dissera "convento"?

Quando a mãe perguntou a Elspeth, a pequenina respondeu: "Não sou Elspeth agora. Sou Rosa e vou ser Irmã Teresa Gregório." Sua mãe estava atordoada. Eles não eram católicos: Elspeth não tinha como saber nada sobre freiras e conventos. Era apenas um bebê!

Elspeth continuou falando e disse à sua mãe que "quando estive aqui antes" tinha sido uma velha senhora que vestia um vestido preto longo e um xale preto cobrindo a cabeça. E foi só. Então, um dia, dois anos depois, Elspeth continuou com a história da vida da freira, descrevendo seu trabalho no convento. Seu dia começava muito cedo; ordenhava as cabras, fazia queijo e ajudava a preparar a comida. As freiras rezavam constantemente e, quando um sino tocava, tinham que parar de falar, não importa o que estivessem fazendo. Sendo uma mulher idosa, ela caiu no chão e morreu enquanto rezava em sua pequena cela.

Quando morreu, tudo ficou escuro. Ao acordar, achou-se entre amigas – freiras que também haviam morrido. Elspeth disse que elas ainda vestiam seus hábitos e pareciam mais jovens do que quando morreram. Ela também passou a parecer mais jovem depois da morte. Elspeth não se lembrava de nada após esse ponto. E nunca mais falou de sua vida de freira outra vez.

Várias crianças lembraram que, em vidas passadas, eram parentes que morreram antes delas nascerem. O Dr. Stevenson também descobriu que casos de reencarnação na mesma família eram comuns. Os casos dos Harrison são mais notáveis porque os membros da *família* estavam absolutamente convencidos de que a criança era um parente renascido. Como a família conhecia o parente falecido e incidentes da sua vida, estava em excelente posição para comparar o comportamento da criança e suas afirmações com o que tinham gravado na memória sobre o falecido. Ficavam arrepiados quando o comportamento da criança copiava o do parente falecido ou quando a criança se lembrava de eventos obscuros que a família esquecera e dos quais nunca mais falara.

Desmond estava brincando com seus carrinhos, quando disse à mãe, espontaneamente: "Sabe, mamãe, eu fui da tia Ruth antes de ser seu, mas não fiquei com ela muito tempo." A mãe espantou-se ao ouvir seu filho de três anos e meio dizer aquilo. Sua cunhada Ruth tinha tido um filho que nascera morto dez anos antes. Mas a família não tocava naquele assunto, porque fora muito traumático para ela. Desmond jamais poderia ter escutado alguém falar sobre aquilo.

O menino lembrava claramente como era estar no útero da tia Ruth: era muito quente e "bastante agitado". Ele estava feliz e se sentia confortável e molhado. Costumava girar "o tempo todo". Era sempre escuro – mas não sentia medo. Dormia de tempos em tempos. E disse: "Uma vez, fui dormir e quando acordei já não estava mais com a tia Ruth."

Nos seis meses seguintes, à medida que Desmond falava cada vez mais de suas lembranças, seus pais foram se convencendo gradualmente que seu filhinho tinha sido o filho que Ruth esperara. Mas a mãe de Desmond jamais disse nada a Ruth. "Ela não tem filhos", explicou, "e temo falar sobre Desmond com ela, pois poderia achar que ele realmente lhe pertence."

Metade das crianças nos casos dos Harrison lembraram como morreram. Muitas foram textuais com relação a suas mortes, e falaram delas calmamente, sem medo nem tristeza. Pareciam estar em paz revendo as coisas que haviam acontecido "quando estive aqui antes".

A pequena Mandy lembrava ter sido sua irmã que morrera de uma doença cardíaca congênita. A dor arrasara a família, mas o único problema da morte para Mandy, segundo afirmou depois aos pais, foi que não gostou quando todos choraram muito por ela. E disse: "Foi legal ter voltado."

Das crianças dos Harrison que lembraram de mortes violentas ou traumáticas, apenas poucas sofreram com sentimentos negativos advindos das mortes. Nesses casos, as crianças tinham fobias relativas a suas mortes violentas. Isso está de acordo com o padrão observado por todos os terapeutas de vidas passadas e pelo Dr. Stevenson: mortes traumáticas são geralmente fonte de fobias aparentemente inexplicáveis.

Dominic tinha uma fobia relacionada com sua morte traumática. Como na maioria dos casos indiscutíveis do Dr. Stevenson, ele possuía uma marca de nascença: uma cicatriz na coxa direita.

Quando bebê, Dominic berrava histericamente sempre que a mãe ou a avó tentavam lhe dar banho. Finalmente desistiram, e passaram a usar uma esponja. Um dia, quando Dominic começava a falar, sua avó, que nunca mencionara a cicatriz, tocou-a suavemente. Dominic explicou para a espantada senhora: "Um homem no navio fez isso em mim com uma faca. Saiu muito sangue. Todo coberto de sangue." E disse que caiu na água e "morreu afogado". Sua mãe declarou que ele nunca estivera dentro de um navio, não conhecia o conceito de morte por faca e nunca tivera um ferimento com sangramento. Não era uma fantasia ao acaso. A explicação de Dominic estava de acordo com a sua cicatriz de nascimento na coxa e a sua fobia de água. Os adultos não tiveram outra alternativa senão acreditar nele.

O medo histérico de água de Dominic diminuiu após ter ele falado com sua avó sobre sua morte violenta? Os Harrison não dizem. Esta falta de acompanhamento me frustrava. Os Harrison fizeram uma excelente documentação das reações dos pais, mas, no meu entender, podiam ter feito melhor. Queria saber se Dominic ficara curado de sua fobia. Queria ter sido a pessoa a entrevistar estes pais. Eu teria vasculhado mais sobre como reagiram aos filhos e quais tinham sido os resultados.

A CATARSE DE NICOLA

Uma história me chamou a atenção particularmente. De todos os grandes casos dos Harrison, o de Nicola foi o único em que se descreveu uma catarse e uma cura.

Em seu segundo aniversário, Nicola ganhou dos pais um cachorrinho de pelúcia. Ela ficou muito ansiosa e disse à mãe que aquele presente lembrava seu cachorro Muff – "é igual ao outro cachorro que tive antes". A mãe de Nicola, Kathleen, achou engraçada a invenção de sua filha e logo a esqueceu.

Certo dia, Kathleen foi pega completamente de surpresa, quando Nicola perguntou, num arroubo, por que ela não era um menino desta vez, como fora antes, quando a Sra. Benson era sua mãe e ela brincava com Muff. Desta vez, Kathleen encorajou Nicola a falar mais sobre o assunto. Era tudo de que Nicola precisava para botar para fora a sua história de vida passada.

Disse que sua família morava numa casa cinza de pedras que ficava "no meio de quatro casas reunidas na fileira", próximo da linha da estrada de ferro; sua mãe usava saias compridas, no mesmo estilo vitoriano das de sua boneca, e a cidade em que viviam era Haworth; ela e seu cão percorriam os campos em volta da casa e sua "outra mãe" sempre a alertava para não brincar perto da linha do trem. Mas um dia, ao brincar perto dela, o trem "chegou depressa e me derrubou". Alguns homens a levaram para o hospital, onde "dormi e morri e vi Deus no Paraíso antes de nascer. Mas não morri de verdade. Vim para você e você passou a ser minha outra mãe."

Aquela massa de detalhes não podia ser ignorada. A história da pequena Nicola era tão convincente que Kathleen a levou a Haworth, que não ficava longe, para ver se a filha reconhecia algo. Nenhuma das duas havia estado em Haworth antes, mas assim que chegaram Nicola descobriu o caminho mais simples para se chegar às redondezas da cidade. Levou a mãe diretamente para a casa que descrevera: a que ficava entre quatro casas de pedra cinza. Tudo condizia com a descrição de Nicola, inclusive os campos em volta e os trilhos da estrada de ferro.

Kathleen perseguiu as lembranças de vidas passadas da filha. Como tinha um nome e um endereço, decidiu verificar os registros da paróquia e conferir a precisão das lembranças de Nicola. Abriu as páginas amareladas do velho livro do censo, e seu coração disparou. Encontrou a lista de pessoas da família Benson (um nome incomum naquela paróquia). Tinham tido um filho, nascido em 1875. Mas, o censo seguinte, feito seis anos depois, listava a família Benson com duas meninas, uma de três anos e outra de seis meses, mas nenhum menino! E como o censo exigia que todos os membros da família fossem sempre listados, Kathleen concluiu que o garoto de que Nicola lembrara devia ter morrido entre cinco e seis anos.

Nicola era um caso espantoso de memória espontânea, com detalhes que puderam ser verificados pela mãe. Mas sua história continua.

Certa noite, logo após a expedição a Haworth, a família de Nicola estava assistindo um filme na TV. Um trem correndo em alta velocidade apareceu na tela. Imediatamente, Nicola ficou histérica, jogando-se no chão, agitada, respirando com dificuldade. Kathleen correu até ela, em pânico, sem saber o que acontecera à filha tão repentinamente. Nicola estava inconsolável e começou a chorar, repetindo: "O trem, o trem!" Kathleen desligou a TV e Nicola parou de gritar imediatamente, mas continuou chorando. Kathleen entendeu que a visão do trem lembrara Nicole da sua morte como Benson. Ao entender que ela estava revivendo sua terrível morte, Kathleen deixou Nicola chorar em seus braços até acalmar-se.

Nicola nunca mais teve medo de trens. E lá pelos cinco anos já tinha esquecido quase tudo sobre sua vida como filho dos Benson – com uma exceção. Nunca esqueceu seu cãozinho Muff.

O que acontecera com a pequena Nicola? Fiquei impressionada com o que sua mãe fizera – e com o que não fizera também. Como as lembranças de Nicola podiam ser verificadas por meio de registros históricos, Kathleen acreditou sem a menor dúvida que Nicola vivera antes como um garoto dos Benson e fora morta por um trem. Então, enquanto Nicola revivia sua morte no chão da sala de estar, gritando desesperadamente, Kathleen não considerou que o ataque da filha fosse mera histeria. Ela sabia, intuitivamente, que era conseqüência da lembrança da vida passada da filha. Viu imediatamente a ligação, percebeu que era verdade, e deu a Nicola seu apoio amoroso. Não dificultou o processo, tendo dúvidas. A lembrança seguiu seu curso normal, culminando em catarse, dando a Nicola a oportunidade de finalmente se livrar do terror que estava preso dentro dela desde que o trem a atropelara há tanto tempo. Depois, a lembrança foi se apagando e desapareceu.

OS PAIS COMPLETAM O QUEBRA-CABEÇA

O caso de Nicola era extraordinário porque todo o processo acontecera espontânea e naturalmente. Surgiu e se foi no seu tempo certo, no seu ritmo, sem intervenção de ninguém. Não vi este processo de cura em Stevenson. Os Harrison também não fizeram menção a ele. Na verdade, não comentaram nenhum dos casos. Não perceberam o que eu considero que seja a importância do caso Nicola. Mas para mim era óbvio. Por quê? Porque desde que Chase e Sarah encontraram Norman Inge na cozinha de casa, eu vivia montando peças do quebra-cabeça que são as lembranças de vidas passadas das crianças. Esta peça de Nicola, esta idéia de que lembranças espontâneas podem curar naturalmente por conta própria, era a peça final que eu procurava para terminar o quebra-cabeça. Agora, todas as peças estavam encaixadas e faziam sentido. Recuei para admirar o quadro. Deu-me a seguinte impressão:

Qualquer criança, em qualquer lugar do mundo, pode ter uma lembrança de vida passada, independente da cultura ou crença religiosa dos pais. A maioria dessas lembranças não causa problemas. São benignas e ajudam a explicar os talentos, temperamento e as sutilezas do comportamento de uma criança.

E como os Harrison mostraram, podem mudar para sempre as crenças fundamentais dos pais sobre morte e vida. Partilhando suas lembranças conosco, as crianças nos ensinam o que os adultos já esqueceram: que a vida continua após a morte.

Entretanto, às vezes, as crianças podem ter memórias perturbadoras que criam problemas, tais como fobias e enfermidades físicas. Estas crianças podem precisar de ajuda para separar o passado do presente, precisam que alguém lhes diga que o passado já acabou. Ou, se a lembrança for sinal de que algo no passado ainda não está acabado, precisam de ajuda para descobrir qual é este assunto inacabado, para resolvê-lo. Talvez precisem examinar seus sentimentos e pensamentos do momento da morte e serem guiadas até a solução, à moda do Dr. Woolger.

Para algumas crianças, é ainda mais simples. Suspeito que, em certas circunstâncias, tudo o que os pais precisam fazer é reconhecer a veracidade da lembrança e não tentar negá-la. Depois, a lembrança seguirá o seu curso. Esta foi a lição importante do caso de Nicola.

Sejam as lembranças benignas ou perturbadoras, oferecem aos pais a oportunidade de ajudar seus filhos. O momento ideal para se reconhecer a lembrança de uma vida passada de uma criança é quando ela emerge, e os pais estão quase sempre perto quando isto acontece. Estão na melhor situação para apoiar e encorajar a criança com sua atenção carinhosa.

Mas só poderão ajudar se aceitarem a lembrança de vidas passadas e reagirem rapidamente. Se ficarem tolhidos pela descrença, não ajudarão. O momento pode ser perdido, ou a criança desencorajada, e a memória pode não aflorar nunca mais. Infelizmente, nossa cultura não prepara os pais para este momento. Ao contrário, tudo em nossa cultura ensina que lembranças de vidas passadas em crianças são impossíveis. Os pais estão sós, sem ter quem os ajude a saber o que são lembranças ou como agir.

O que pode ser feito? Talvez a chave para auxiliar crianças

com essas lembranças seja educar seus pais. E se os pais pudessem aprender a reconhecer logo lembranças de vidas passadas?, pensei eu. Nesse caso, ao invés de ficarem tateando sem saber se a criança está fantasiando ou lembrando de uma vida passada, estariam preparados para atuar na hora. E se os pais entendessem a dinâmica das lembranças de vidas passadas – a idéia de assuntos não resolvidos e o poder da catarse –, poderiam escolher a pergunta certa a fazer para ajudar a criança a resolver uma lembrança perturbadora. Estariam preparados para atender da melhor forma possível. Saberiam o que fazer.

À medida que pensava nisso, fui ficando cada vez mais perturbada e excitada. Talvez eu possa escrever um livro explicando essas lembranças para os pais, pensei. Então, outro pensamento veio à minha mente: se estou tendo esta idéia, será que ninguém pensou nisto antes? Haveria outras pessoas fazendo as mesmas pesquisas que eu e se preparando para escrever um livro? Como saber?

Imaginei onde encontrar a resposta.

Roger Woolger me falara a respeito de um grupo que era a mais importante associação profissional e a maior rede internacional de terapeutas de vidas passadas. Se alguém estivesse fazendo esta pesquisa, certamente os membros deste grupo estariam sabendo. Formavam a Associação de Pesquisa e Terapias de Vidas Passadas (*Association for Past Life Research and Therapies* – APRT, em inglês). Telefonei e descobri que ainda havia tempo para me inscrever no congresso da primavera da APRT, que seria na Flórida. Como bonificação, a Dra. Elisabeth Kübler-Ross, famosa por seu livro *On Death and Dying*, seria responsável pelo discurso inaugural. Admirava a Dra. Kübler-Ross há anos por sua coragem em romper com o nosso tabu cultural que impedia de falar sobre a morte. Ali estava a minha oportunidade de vê-la em carne e osso.

NO PARQUE TEMÁTICO DA APRT

Voando pela costa a quase doze mil metros de altitude, fechei os olhos e deixei minha mente vagar com o zumbido dos motores. Aquela era a minha primeira viagem sozinha desde o nascimento de Sarah. Já era tempo, eu estava mais que preparada.

Olhei através da janela e vi as ilhas que formavam recifes lá longe, mais parecendo dedos ossudos apontando para o sul. Percebi que aquela viagem também significava uma guinada nas minhas pesquisas. Nos anos anteriores, procurei sozinha as respostas às minhas perguntas sobre lembranças de vidas passadas. Minhas únicas fontes tinham sido os livros e minhas experiências improvisadas. Agora, pela primeira vez, estaria junto a outros pesquisadores, terapeutas e profissionais que trabalham com vidas passadas. Os líderes e fundadores deste campo terapêutico também estariam lá – pioneiros entre os quais os doutores Wambach, Fiore e Woolger. Eu me perguntei se me aceitariam como uma pesquisadora séria ou se me veriam apenas como uma dona-de-casa excêntrica.

Sabia que o pessoal que estaria presente a esse congresso da APRT pertencia ao núcleo mais sério do ramo. Se algum terapeuta em qualquer ponto do mundo estivesse trabalhando com lembranças de vidas passadas em crianças ou se existissem livros e pesquisas que eu ainda não conhecesse, aquela gente saberia.

Ao me registrar no congresso, encontrei pessoas vindas de todos os cantos do país. Fui recepcionada pelas "Matriarcas da APRT": as doutoras Hazel Denning, Winafred Lucas e Irene Hickman, que representavam a vanguarda da psicoterapia nos últimos quarenta anos. Em 1981, quando estavam entre os sessenta e setenta anos (juntamente com as doutoras Wambach, Fiore e outras), deram partida à APRT, para fazerem progredir suas percepções sobre lembranças de vidas passadas como ferramentas legítimas de cura. Agora, entre seus setenta e oitenta anos, continuavam organizando e ensinando, escrevendo livros, ainda empurrando vigorosamente as fronteiras da psicoterapia, derrubando os paradigmas da velha psicologia. Eu admirava seu ânimo.

Ao final da tarde, cerca de duzentas pessoas, entre psicoterapeutas, psiquiatras, hipnoterapeutas clínicos, pesquisadores e leigos interessados como eu, se acotovelavam ali. E todos falavam a mesma linguagem. Eu podia me aproximar de qualquer dos grupos e ser bem recebida numa discussão sobre cura e vida passada. Tinha encontrado a minha tribo.

Antes mesmo que o congresso começasse, escolhi meu *modus operandi.* Em cada seminário e a cada intervalo, corria de pessoa em pessoa para me apresentar e, no instante seguinte, perguntar se tinha experiência trabalhando com crianças. Conheciam casos de vidas passadas com crianças? Todos foram simpáticos e tentaram me ajudar. Deram-me indicações de alguns casos interessantes, mas, para minha surpresa, sabiam muito pouco sobre o trabalho com crianças. A maioria das indicações remetia a pessoas ou livros de que eu já tomara conhecimento sozinha. A maioria deles nunca trabalhara com crianças, e admitiram que sequer pensaram no assunto, pois só trabalhavam com adultos.

Quase todo mundo sugeriu o Dr. Stevenson como referência, admitindo que tudo o que sabiam sobre crianças e vidas passadas haviam lido em *Twenty Cases Suggestive of Reincarnation*. "Mas", tentei contestar, "o Dr. Stevenson não fala nada sobre o valor de *cura* dessas lembranças."

Alguns chegaram a dizer que achavam perigoso mexer com as "frágeis estruturas do ego" das crianças. Aquela objeção me derrubou. Pensei na quantidade de vezes que fiz meus filhos regredirem e em minhas experiências com os outros jovens. Perigoso? Estruturas frágeis do ego? Descrevi o que já havia aprendido por conta própria, inclusive que achava as crianças melhores pacientes que os adultos. Alguns admitiram que aquilo era novidade para eles, e manifestaram interesse em conhecer os resultados da minha pesquisa.

Após umas poucas horas de prospecção, começava a ter a impressão de que a regressão de vidas passadas com crianças era um território ainda inexplorado, mesmo para aquele grupo seleto. Era uma surpresa. Saí da multidão e fui até o saguão para refletir. Seria eu a única pessoa que estaria seguindo aquela pista? Não haveria ali ninguém com quem pudesse comparar meus resultados?

Justamente neste momento, o Dr. Roger Woolger passou pela porta de entrada do saguão. Vestia uma camisa havaiana colorida, parecendo aquele tipo de turista bem-vestido e vivo. Fiquei feliz ao ver um rosto familiar. Conversamos, ele disse que ia dar um seminário e lhe revelei meu objetivo.

"Aha!" disse Roger. "Quem está aqui é uma senhora da Holanda, chamada Tineke Noordegraaf, que se especializou em terapia de vidas passadas com crianças. Eu a encontrei na Europa recentemente e estou muito impressionado com o trabalho dela." Disse-me para procurar uma mulher com sotaque holandês, provavelmente a mulher mais alta do congresso. Roger achava que talvez ela fosse a pessoa que eu procurava.

TINEKE NOORDEGRAAF

Procurei, por cima das cabeças na multidão, mas só encontrei Tineke horas mais tarde, saindo de um seminário. Escultural, medindo no mínimo dois metros, ela me fazia sentir pequena. Tinha uma presença imponente, acentuada por olhos penetrantes. Apresentei-me e perguntei se tinha tempo para conversarmos. Ela disse que estava com pressa e que a procurasse depois. E desapareceu.

Ao chegar ao banquete, naquela noite, corri para a primeira fila de mesas, pois queria estar perto da Dra. Kübler-Ross quando ela fizesse seu discurso. Havia um lugar vago – e bem ao lado de Tineke Noordegraaf. Cumprimentou-me amistosamente quando sentei-me ao lado dela. Enquanto o garçom tentava transpor barreiras para servir nosso quinhão de galinha, Tineke falou-me o que foi possível sobre o seu trabalho. Importunei-a com pergunta atrás de pergunta.

Meus últimos anos de questionamentos e pesquisas culminaram naqueles minutos entre a salada e a sobremesa. Tineke confirmou minhas hipóteses sobre lembranças de crianças. Sim, elas podem ser curadas – em níveis mais profundos do que eu imaginara.

Tineke falava com precisão, com um sotaque forte, escolhendo cuidadosamente as palavras. Disse-me que usava terapia de vidas passadas em crianças, na Holanda, há sete anos e com sucesso. Explicou que na Holanda, e em grande parte da Europa Ocidental, a terapia de vidas passadas ganhava crédito rapidamente, como uma forma autêntica de psicoterapia. No entanto, ela era a única terapeuta a usar terapia de vidas passadas para ajudar as crianças a ultrapassarem problemas realmente sérios, como paralisia, fobias, diabetes e distúrbios do sono. Graças ao seu sucesso, pais de toda a Europa traziam seus filhos para serem examinados por ela. E como havia tanta demanda para este tipo de terapia, ela e seu colega Rob Bontenbal começaram a preparar outros terapeutas europeus para trabalhar com crianças.

Tineke explicou que não usava indução hipnótica com crianças. Ao invés disso, para ajudar as crianças a se abrirem e começarem a falar dos seus problemas, ela usava brinquedos, jogos e, mais comumente, desenho. Aquelas ferramentas faziam as crianças se concentrarem em seus sentimentos, imagens, sensações corporais e frases-chave, como uma ponte para a vida passada que estava causando problemas.

A terapia de vidas passadas com crianças é parecida com a dos adultos em muitos aspectos, explicou Tineke, porque o trabalho verdadeiro é realizado ao nível da alma. E a alma num corpinho pequeno é a mesma do corpo de um adulto. Em alguns aspectos é mais fácil trabalhar com crianças, porque estão mais próximas dos seus problemas no tempo: geralmente a origem do problema está na encarnação mais recente e numa morte incompleta. Se a carga emocional da experiência da vida passada recente for forte o bastante, a lembrança pode vir à tona espontaneamente, trazida pelo desejo da alma de dar fim ao que não conseguiu terminar antes. A alma quer realmente dar cabo do que veio finalizar. É um impulso natural. E, afirma ela, as crianças são incríveis na terapia, porque parecem saber intuitivamente, se perguntadas da forma correta, o que devem fazer para completar a existência anterior.

Eu ardia de ansiedade. Aquela mulher extraordinária, talvez a especialista número um em terapia de vidas passadas infantil, estava confirmando o que eu vinha formulando por minha conta.

Perguntei se Tineke conhecia alguém nos Estados Unidos que estivesse fazendo trabalho semelhante e ela disse que não. Concordamos que aquilo era um grande mistério. Por algum motivo, a aceitação da terapia de vidas passadas nos Estados Unidos ficava atrás da aceitação na Europa. Ainda é considerada como marginal, e muitos terapeutas mantêm seu trabalho em segredo, temendo abalar sua credibilidade profissional. Eu disse ainda que os pais, nos Estados Unidos, até onde eu sabia, desconheciam que seus filhos podiam ter estas lembranças, que elas pudessem ser valiosas para curar.

Pensando na hipótese do livro que desejava poder escrever um dia, perguntei a Tineke: "Você acha que os *pais* podem trabalhar com as memórias espontâneas de seus próprios filhos?" Ela respondeu: "Claro, por que não?"

"Está escrevendo um livro sobre seu trabalho com crianças?", perguntei, sentindo-me repentinamente nervosa.

"Sim", respondeu. "Um livro sobre terapia de vidas passadas com crianças – um livro clínico para terapeutas. E você?"

"Bem, acho que vou escrever o *outro* livro", disse sem pensar. "O livro para os pais. Para informá-los sobre o que são essas lembranças, caso tenham necessidade." E, então, completei: "Mas não tenho certeza se sou a pessoa mais indicada para escrever sobre o assunto. Por isso estou aqui para..."

Tineke me interrompeu com um movimento da mão. Dissipou

minhas dúvidas com seus olhos de serpente: "Ouça-me. Você deve começar seu livro agora. Trate de começar! Sem desculpas!"

Sabia que ela tinha razão. Após uma declaração tão forte, não havia nada mais que eu pudesse dizer.

BORBOLETAS E OPRAH

No instante seguinte, o tilintar de uma faca num copo silenciou a multidão. A Dra. Elisabeth Kübler-Ross, a oradora principal, foi apresentada. A Dra. Kübler-Ross era uma mulher pequena, simplesmente vestida com calça comprida, blusa, meias e sandálias, parecendo ter acabado de chegar de um passeio a pé pelas montanhas. Embora sua aparência fosse modesta, suas palavras nos fascinaram.

Falou-nos sobre suas próprias lembranças espontâneas de vidas passadas. Depois, contou-nos uma história. Imediatamente após a Segunda Guerra Mundial, sendo uma jovem médica suíça, viajara por toda a Europa para ajudar a tratar dos sobreviventes recentemente libertados dos campos de concentração. Num desses campos, no prédio que abrigava crianças, viu algo tão impressionante que a deixou pensando anos a fio. Acima dos beliches das crianças, nas vigas, por todos os lados, havia desenhos de borboletas que as crianças haviam feito com as unhas. As crianças condenadas, envoltas pelo cheiro constante da morte, haviam deixado uma mensagem final de esperança e liberdade com seus delicados desenhos. Ouvi fungadelas provenientes de todos os recantos do salão.

O Dr. Brian Weiss falou em seguida. A multidão estava ansiosa para ouvir suas histórias porque ele, de todos os membros da APRT, era o que tinha sucesso mais visível. Seu livro *Muitas Vidas, Muitos Mestres* era um *best-seller*. Ele era o primeiro membro proeminente de uma corrente de medicina conservadora a aprovar a terapia de vidas passadas. Todos sabiam da importância daquilo para a mais ampla aceitação de seus trabalhos.

O Dr. Weiss voltou a contar a história de como descobrira a

regressão a vidas passadas – o caso de Catherine, em que seu livro se baseia. A história é extraordinária porque a formação do Dr. Weiss foi muito tradicionalista. Estudou medicina em Columbia e Yale, e atingiu um lugar de destaque e influência no ramo da medicina como diretor da cátedra de psiquiatria do Hospital Monte Sinai, em Miami. Seu grupo profissional equiparava a regressão a vidas passadas ao vudu e à feitiçaria, e o Dr. Weiss partilhava daquela opinião – até conhecer Catherine.

Catherine foi consultá-lo cheia de sérias queixas, inclusive ataques de pânico e fobias múltiplas. Durante dezoito meses, o Dr. Weiss tentou a terapia convencional, sem sucesso. Então, hipnotizou-a, procurando traumas originários de sua infância. Quando ele a instruiu para "voltar ao tempo em que os sintomas surgiram", ela se lembrou do que pareceu ser uma lembrança de vida passada vívida e coerente. Ainda em transe, Catherine também falou sobre fatos da vida pessoal do Dr. Weiss, que era impossível que ela conhecesse. Aquele foi o golpe definitivo que alterou as crenças do Dr. Weiss. E como prova adicional de que algo significativo havia acontecido durante aquelas sessões, os sintomas de Catherine começaram a se dissipar imediatamente após a regressão e desapareceram depois de alguns meses de terapia intensiva de vidas passadas.

Foram precisos oito anos para que o Dr. Weiss adquirisse a coragem necessária para publicar o relato extenso do caso de Catherine. Sabia que se arriscava a ser censurado pelos colegas psiquiatras por descrever uma regressão a vidas passadas como uma modalidade terapêutica legítima. Mas, ao invés de ser jogado no ostracismo pela comunidade médica, recebeu cartas e ligações telefônicas de gratidão de outros psiquiatras em todo o país, que já haviam descoberto que a terapia de vidas passadas curava seus pacientes. Ficaram gratos pelo fato de que o eminente Dr. Weiss tornara pública a sua história, pois a partir de então eles poderiam estar mais próximos dos seus próprios sucessos. Alguns desses terapeutas estavam presentes ali naquela noite, ouvindo o Dr. Weiss contar a sua história.

O discurso do Dr. Weiss era fascinante, mas eu ansiava pela hora das perguntas e respostas, para que pudesse lhe perguntar por crianças. Claro que ele já devia ter trabalhado com crianças. Teria regredido alguma? Quando chegou a hora, ergui o braço como uma estudante ansiosa. Mas ele sempre passava por mim e escolhia outra pessoa na platéia. Finalmente fiquei quieta e desisti. Teria que atrair a atenção dele de alguma outra forma, em outra ocasião.

Animei-me novamente quando as perguntas provocaram uma discussão sobre o circuito de entrevistas em programas de TV. O Dr. Weiss tinha aparecido em quase todos os programas do país. Ele entendia do assunto. Advertiu os outros terapeutas sobre as armadilhas em que alguns programas tentariam fazê-los cair, procurando desacreditar a terapia de vidas passadas simplesmente pelo sensacionalismo e pela confrontação diante das câmeras. A Dra. Hazel Denning, uma das matriarcas da APRT, resolveu comentar o caso do programa de Oprah Winfrey[1], no qual a entrevistadora e sua equipe estavam realmente interessadas no que ela tinha a dizer, desejando chegar ao âmago de assuntos interessantes, ao invés de encenar um programa vulgar e sensacionalista. Outros membros da APRT que também se apresentaram em programas nacionais relataram seus casos. Eles fizeram as aparições na TV parecerem normais. Já podia me ver participando de um programa.

Com esse pensamento, percebi uma coisa. Senti no meu corpo, naquele instante, que também apareceria no programa de Oprah.

Repeti minha premonição uma semana depois, dizendo para a minha cabeleireira Kathleen que eu iria me apresentar naquele programa.

[1] Programa de entrevistas de maior audiência nos Estados Unidos.

CAPÍTULO 8

BLAKE

ALMAS EXPERIENTES EM CORPOS INFANTIS

Certo dia, logo depois que voltei da conferência da APRT na Flórida, fui até a escola primária pegar Chase para levá-lo ao dentista. Cheguei cedo e achei um lugar no gramado, onde me sentei para esperar e curtir aquele sol radiante.

As crianças estavam por todos os lados do campo de recreio, correndo e brincando de pique. Percorrendo a área com os olhos, me perguntei quantas daquelas quase cinqüenta crianças haviam tentado dizer aos pais que já haviam vivido e morrido antes. Uma? Duas? Talvez uma dúzia? Se houvessem mesmo, provavelmente os pais não teriam sido capazes de avaliar o que os filhos estavam dizendo e teriam deixado escapar.

Observando as crianças, percebi que o que eu aprendera sobre lembranças de vidas passadas em crianças me fizera mudar a forma de vê-las. Inconscientemente, a maioria dos adultos vê as crianças como algo inferior a uma pessoa adulta porque não tiveram ainda muita vivência, nem amadureceram. Mas se todos nós tivemos inúmeras vidas, então aquelas crianças correndo diante de mim poderiam ser almas muito experientes, em corpos pequeninos.

Minha mente divagou até a conferência da APRT. As palavras de Tineke, agora um mantra familiar, sussurraram nos meus ouvidos: "Você deve começar seu livro agora. Trate de começar. Sem desculpas." Não podia ignorar a mensagem, porque sabia que ela estava certa. Mas... um livro? Um trabalho enorme! Não havia escrito nada maior do que uma carta, desde os meus tempos de escola. Entretanto, estranhamente, me senti energizada só de pensar naquilo.

Enquanto esperava na ante-sala do dentista, comecei a arquitetar um plano. Por onde começar a escrever um livro sobre lembranças de vidas passadas em crianças? Fiz as contas: tinha idéias e teorias, mas não tinha nenhum caso de memória espontânea, exceto o de Chase e Sarah. Tinha certeza de que os casos existiam, bastava apenas conversar com um número de pais suficiente para encontrar pelo menos alguns deles. Mas, como poderia falar para centenas ou milhares de pais?

Tive uma ótima idéia folheando um velho número de uma revista dedicada à educação de crianças, que o dentista deixara na ante-sala. Procurei os classificados. Perfeito. Ia colocar um anúncio procurando casos na minha revista predileta, a progressista *Mothering*. Assim que cheguei em casa, remanejei meu fundo de despesas caseiras, criando recursos para a campanha publicitária, e coloquei um anúncio. Ia ser duro ficar esperando que o próximo número chegasse às bancas.

A seguir, tinha que começar a escrever. Tinha que começar a treinar, para ganhar experiência enquanto os casos não apareciam. Quem me leria? Voltei a pensar na conferência da APRT e no fato de que a maioria dos participantes nunca ouvira falar no livro dos Harrison, que eu considerava tão importante. Com um telefonema para o *Journal of Regression Therapy* da APRT, consegui que aceitassem uma resenha minha sobre o livro *The Children That Time Forgot* para o número seguinte.

Trabalhei no texto da curta resenha por semanas, com Steve agindo como se fosse o editor. Bastante nervosa, mandei o texto e fiquei esperando o veredito. Quando recebi o postal com a aprovação do editor, semanas depois, dancei no meio da rua, diante da minha caixa de correio. A única palavra escrita no postal era "Sim". Eu seria publicada!

O processo se iniciara e eu precisava encontrar mais fontes

de casos. Uma amiga me dera um exemplar de *Venture Inward*, a revista da Edgar Cayce Foundation. Edgar Cayce, o grande médium, também era um dos primeiros consultores sobre vidas passadas; *Venture Inward* publicava regularmente artigos sobre reencarnação e vidas passadas. Telefonei para o editor. Ao final da nossa conversa, eu havia combinado escrever um artigo sobre as lembranças de vidas passadas de Chase e Sarah para um público de 50.000 pessoas. Preparada ou não, eu tinha que mergulhar. De cabeça.

LIIA, FILHA DE TIIU

Aonde quer que eu fosse, encaminhava discretamente a conversa para o assunto das lembranças de vidas passadas em crianças. Comecei a descobrir, com certa freqüência, que os casos estavam bem diante do meu nariz.

Encontrei Tiiu a primeira vez num chá na casa de uma amiga. Ela parecia uma fada, com seus cabelos louros quase brancos, olhos azuis-piscina brilhantes e um sorriso travesso. Gostei dela de cara. Era divertido ouvi-la falar, e ela abrilhantava a conversa com suas observações profundas e respostas rápidas. Quando tive oportunidade de mencionar lembranças de vidas passadas em crianças, ela nem pestanejou: "Ah, Liia teve uma recordação de uma vida passada. Tenho certeza de que foi isso."

Tiiu contou o que aconteceu:

> Liia tinha dois anos de idade, e estávamos no carro; Liia estava no banco de trás, olhando pela janela. Ao atravessarmos uma ponte com cercas de alumínio sobre um desfiladeiro profundo, ela disse com a voz excitada: "Mamãe, foi num lugar assim que eu morri!" Não estava perturbada, parecia apenas fazer uma constatação.
>
> Perguntei: "De que está falando, Liia?"
>
> "Estava no meu carro e ele caiu da ponte sobre o rio, e

eu morri."

Fiquei tão chocada, que parei no acostamento para não sofrer um acidente. Então, perguntei: "Onde mamãe estava?"

"Você ainda não estava comigo *naquele* tempo."

"Então, quem dirigia o carro?"

"Eu era grande. Podia pisar nos pedais", respondeu Liia.

Liia não podia saber que se precisa de pedais para dirigir, sempre ficou no banco de trás de onde não podia ver os meus pés.

"E o que aconteceu?"

"Estava sem o cinto de segurança e caí do carro dentro da água." Então, colocou uma das mãos na nuca e prosseguiu: "Estava deitada nas pedras, mamãe. Sentia as pedras na minha cabeça." Moveu a cabeça para a frente e para trás para me mostrar a posição de sua cabeça nas pedras. E continuou: "E vi a ponte brilhante." E então, apontou para cima, voltou a cabeça para trás e disse: "Vi a ponte brilhante e as bolhas subindo." Seus olhos se voltaram para cima.

Fiquei estupefata! Como podia saber das bolhas? Naquela idade, nunca havia mergulhado, porque não sabia nadar. Ela nem colocava o rosto dentro d'água na banheira. Nunca assistiu televisão – sei porque sou sua mãe. No entanto, ela disse: "Podia ver as bolhas subindo e o sol batendo na ponte através da água."

Falou nisso freqüentemente no ano e meio seguinte, com os mesmos detalhes, sem nenhuma variação. Sempre muito animada e natural; lembrar de sua morte não parecia aborrecê-la. E o mais incrível é que Liia sempre foi fanática por cinto de segurança. Antes mesmo de saber falar, queria ter certeza de que seu cinto estava preso antes de o carro começar a andar. E assim que soube expressar-se, insistia para que todos no carro estivessem com o cinto.

Como em vários casos dos Harrison, a lembrança de Liia era benigna. Não lhe causou problemas. Ao contrário, ajudou seus pais a entendê-la melhor, dando uma explicação lógica para sua curiosa obsessão por segurança em automóveis.

FUI ATINGIDO POR UM CAMINHÃO

Dois meses após a publicação do anúncio na *Mothering*, em janeiro de 1993, recebi uma ligação de Colleen Hocken, mãe de três filhos, do Meio-Oeste. Pelo telefone, Colleen me contou, nervosa, a história de Blake, seu filho de três anos que, segundo ela, estaria tendo lembranças de uma morte traumática numa vida passada.

Colleen contou que, seis meses antes, tinha visto o psiquiatra Brian Weiss, autor de *Muitas Vidas, Muitos Mestres,* falar sobre terapia de vidas passadas no programa de Oprah. Colleen nunca pensara em reencarnação, mas estava fascinada com o que o Dr. Weiss dissera sobre o uso de terapia de vidas passadas com seus pacientes. Ele afirmou que as crianças às vezes contam aos adultos suas experiências de vidas passadas, e que a maioria dos pais acha que os filhos estão fantasiando. Ouvindo o Dr. Weiss, Colleen pensou: "Puxa, meus filhos nunca dizem nada extraordinário."

No dia seguinte, Blake, que acabara de completar três anos, estava na porta de casa, observando o irmão mais velho, Trevor, que esperava o ônibus escolar. Colleen estava no aposento ao lado e escutou Blake gritar da porta: "Sai da rua, o ônibus está vindo!"

Colleen correu até a porta para ver se Trevor estava bem. Encontrou Blake de pé diante da porta, com a mão no ouvido esquerdo e dizendo: "Meu ouvido dói."

"Por que seu ouvido dói?", perguntou Colleen.

"Um caminhão me atingiu", respondeu Blake.

Supondo que algum menino tivesse batido no ouvido de Blake com um caminhão de brinquedo, Colleen perguntou: "Quem lhe bateu com um caminhão de brinquedo?"

"Foi um homem."

"Um homem lhe bateu com um caminhão de brinquedo?"

"Não", insistiu Blake, "foi com um caminhão *grande.*"

"Um caminhão grande como esses que vemos nas ruas?"

"Sim", confirmou Blake.

Como Colleen queria entender o que Blake dizia, perguntou: "Onde estava quando o caminhão bateu em você?"

"Na rua."

Nesse momento, Colleen pensou imediatamente no que o Dr. Weiss dissera no programa de Oprah. Depois, ela explicou como se sentiu. "Não queria rejeitar o que Blake dizia. Estava realmente curiosa para entender o que ele queria me transmitir. Então perguntei: "O que aconteceu depois?"

Colleen ouviu atentamente toda a história contada por Blake. Explicou para a mãe como o caminhão o havia atingido. Ela perguntou espantada: "Onde se machucou?"

"Pelo corpo inteiro. Fiquei debaixo das rodas." Blake fez gestos circulares com os braços sobre seu lado esquerdo, mostrando como as rodas do caminhão passaram por cima dele. Colleen podia ver a dor no rosto do menino, enquanto ele mostrava quão machucado ficara.

"O que aconteceu depois?", arriscou Colleen.

"O homem me colocou no caminhão e me levou para uma escola." Colleen comentou que qualquer prédio grande era uma "escola" para o pequeno Blake. Ela interpretou aquilo como se o tivessem levado para um hospital.

"Onde estavam mamãe e papai quando isso aconteceu?"

"Deram tchau tchau e foram para a loja."

A mente de Colleen tentou encontrar uma explicação para o

que Blake contava. Primeiro, supôs que ele estivesse imaginando aquilo. Depois, percebeu que isso era impossível – como uma criança de três anos poderia imaginar-se sendo atropelada por um caminhão, como ele havia descrito? Então, pensou que o menino talvez tivesse visto algo similar na televisão. E sugeriu a Blake: "Isto aconteceu na TV, certo?"

"Não!", exclamou. Naquele instante, Colleen percebeu que Blake estava ficando irritado com ela por não se lembrar do acidente. "Não", ele insistiu, "aconteceu na rua."

Então, perguntou: "Você morreu?"

"Sim", respondeu Blake, num tom de voz perfeitamente normal.

Colleen me contou como era estranho escutar Blake descrever todo o incidente, como se ela devesse saber tudo sobre ele. Jamais deu nenhuma indicação de que estivesse brincando ou inventando. No máximo, parecia irritado por ela fazer tantas perguntas idiotas!

Nada mais foi dito até o dia em que um caminhão de lixo passou pela frente da casa. Blake contou espontaneamente a Colleen: "Este caminhão parece com o que me pegou." Ela decidiu não perguntar mais nada a Blake sobre o incidente, esperando que ele esquecesse.

"GOSTO DE VOCÊ E DEPOIS ODEIO VOCÊ"

Pouco depois de haver contado à mãe a história do caminhão, Blake entrou numa depressão que foi se tornando cada dia mais profunda. Colleen não percebeu a mudança de imediato. Só passou a notar gradualmente que o filho já não brincava como antes, e que sua grande jovialidade e senso de humor haviam desaparecido.

Colleen se sentiu culpada. Além de Blake, ainda tinha um filho de um ano, e Trevor, de seis, para cuidar. Pensou que talvez Blake estivesse inventando aquilo para chamar atenção. Relutava em pedir ajuda à família e aos amigos para lidar com a depressão do menino, temendo que a acusassem de não ser uma boa mãe.

Mas, ao mesmo tempo, Colleen sabia que não podia ignorar o que se passava. Havia algo muito intrigante na mudança gradual de personalidade de Blake. Algo acontecia com ele, algo que ela não conseguia entender.

Blake passou a apresentar sintomas físicos. Todos os dias reclamava ou que um braço doía, ou que uma perna doía, e até que um olho doía – sempre do lado esquerdo do corpo. "Quer que eu faça uma massagem?", oferecia-se Colleen, supondo que o que Blake desejava era atenção extra e paparicos. Mas a sua resposta continuava a mesma: "Não, vá embora." Ela sugeriu que ele desenhasse como se sentia. Talvez, pensava Colleen, se não está conseguindo falar o que o está importunando, possa revelar a fonte dos seus problemas de forma não-verbal, através de desenhos. Mas ele desenhou apenas um emaranhado de linhas e traços e disse a ela: "Esses são os meus ais."

Colleen respondeu com um arremedo de abraço: "Talvez eu possa ajudá-lo. Sabe, Blake, eu gosto muito de você." E Blake declarou enfaticamente: "Eu gosto de você, depois odeio você."

Colleen me explicou mais tarde que "ele parece gostar de mim e me odiar ao mesmo tempo, e não sabe por quê." E nem ela.

Três meses depois, quando a família foi passar o Natal em Londres, um incidente aterrorizante deu uma pista a Colleen sobre a causa da misteriosa mudança de personalidade de Blake.

Ela mesma conta a história: "Um dia, em Londres, que estava apinhada de gente fazendo compras de Natal, esperávamos para atravessar a rua, parados num abrigo para pedestres entre duas pistas. O guarda apitou para os pedestres pararem. Blake estava sentado num carrinho, o que era uma festa para ele, já que o carrinho normalmente era ocupado pelo irmão menor. O carrinho estava na beira do meio-fio. Ninguém se mexia. Mas no momento em que um enorme caminhão virou a esquina, Blake saltou do carrinho e avançou para a rua. Gritei para fazê-lo voltar, mas ele ficou parado, como se estivesse congelado. De repente, meu marido o agarrou e o puxou de volta para a calçada. O motorista desceu do caminhão e gritou conosco, por não tomarmos conta do menino. Foi aterrorizante para todos nós.

"Aquilo me fez começar a supor que a depressão de Blake pudesse ter algo a ver com o que ele me contara meses antes, sobre ter sido atropelado por um caminhão. Estaria pensando que *precisava* ser atropelado novamente? Aquilo me amedrontou."

Duas semanas após a volta da Inglaterra, Colleen viu meu anúncio na revista *Mothering* e telefonou imediatamente, contando a história de Blake. Senti seu desalento e notei o medo em sua voz, ao fazer a pergunta: "Se se trata de lembrança de vida passada, significa que Blake tem que passar por aquilo novamente?"

Estava aterrorizada ao pensar que Blake pudesse tentar se jogar novamente sob um caminhão em movimento. Também considerei seu comportamento potencialmente perigoso. Ele precisava de cuidados imediatos. Sabia que o que Colleen descrevia era o que Freud chamava de repetição compulsiva, o desejo compulsivo de repetir experiências traumáticas anteriores, em detrimento das conseqüências. No caso de Blake, o trauma original que o compelira a tentar repeti-lo em Londres não era uma lembrança da infância atual. Estendia-se muito além disso, até uma vida passada.

Assegurei a Colleen que, se Blake estivesse realmente revivendo uma lembrança de vida passada, havia alguns passos que poderia dar para garantir a integridade dele. Antes, porém, queria me certificar de que estávamos tratando de um caso de lembrança de vidas passadas e não de uma fantasia. Comparei os sintomas do seu caso com os padrões vistos em outros.

Para começar, sabia que Blake acabara de completar três anos quando descreveu pela primeira vez seu atropelamento pelo caminhão, idade ideal para expressar uma lembrança de vida passada.

Falou com muita naturalidade para a mãe que havia sido atropelado por um caminhão. Pela forma como falou, ela tinha certeza de que o que acontecera estava claro em *sua* mente. E sua história não mudou, apesar das perguntas e da sondagem da mãe.

Sua visão do acidente era espacialmente precisa – da perspectiva de quem estava *sob* o caminhão. Esta perspectiva é completamente diferente da que ele teria vendo caminhões de brinquedo atropelar bonecos ou um acidente fictício na TV. Como poderia um menino de três anos ter esta perspectiva?

As queixas de dores no lado esquerdo do corpo de Blake, onde ele dizia ter sido atingido pelo caminhão, e a mudança de personalidade que sofreu me pareceram as indicações mais convincentes de que suas lembranças eram autênticas, de que não eram fantasia nem ilusão.

Hesitei em recomendar a Colleen que levasse Blake a um terapeuta tradicional, porque acreditava piamente que o problema de seu filho estava enraizado num trauma de vida passada. Imaginei que a maioria dos terapeutas, mesmo que acreditassem no relato de Colleen, não saberia o que fazer com uma lembrança de vida passada. E nem Colleen nem eu conhecíamos nenhum terapeuta de vidas passadas, na área de Chicago, que trabalhasse com crianças.

Concordamos que a melhor estratégia seria que ela tentasse ajudar Blake por conta própria. Sabia que nada que fizesse prejudicaria Blake. E se ela não pudesse ajudá-lo, tentaríamos algo diferente. Mas antes de poder ajudar Blake, Colleen precisava entender os princípios básicos de como as lembranças de vidas passadas podem afetar as crianças no presente.

Para ilustrar para Colleen como as emoções do tempo da morte são transportadas para a existência presente, contei-lhe a regressão de Sarah.

À medida que falava de Sarah, Colleen sentiu um grande alívio. Será que Blake ainda estaria com ódio dos pais da vida passada por não terem cuidado dele nem o protegido do caminhão? Quando Blake disse para Colleen: "Gosto de você, mas depois odeio você", poderia estar confundindo seus sentimentos com relação aos pais antigos e atuais. Intuitivamente, Colleen percebeu que era isso.

Então, expliquei-lhe que as crianças às vezes têm dificuldades para distinguir entre eventos de vidas passadas e a presente. Às vezes, eventos e sentimentos do passado são tão vívidos e reais quanto qualquer coisa que tenha acontecido recentemente. Blake estava confuso e magoado com suas lembranças do acidente e com seu ressentimento pelos pais. Era preciso esclarecer que aqueles dolorosos eventos haviam acontecido em outra vida e que ele estava em segurança agora.

Sugeri algumas estratégias para Colleen. Primeiro, afirmei que seu amor por Blake era uma ferramenta mais poderosa e importante que muitas palavras e técnicas que poderia aprender comigo. Confiei na sua intuição de mãe para descobrir as palavras certas e transmitir amor e segurança ao seu filho. Disse-lhe que falasse com Blake quando estivesse relaxado – antes de ir dormir ou na hora do banho –, quando estaria mais receptivo.

Então, ela teria que admitir que as lembranças do menino eram verídicas, e mostrar que entendia o que havia acontecido com ele – que acreditava nele. Por fim, ele precisava ter certeza de que estava a salvo agora em um outro corpo, e que Colleen e seu marido eram pais diferentes daqueles que foram para a loja e o deixaram ser colhido por um caminhão. Aquilo, eu supunha, seria o esclarecimento entre passado e presente de que Blake precisava.

"TEMOS NOSSO BLAKE DE VOLTA"

Uma semana depois, recebi outro telefonema de Colleen, desta vez animada e feliz. Contou-me o que aconteceu.

"Segui seu conselho. Coloquei Blake na cama, cocei suas

costas e perguntei: 'Blake, você foi atropelado por um caminhão?'

Ele respondeu que sim.

Então, expliquei que aquilo tinha acontecido em outra vida, não nesta. Contei que ele tinha um outro corpo naquela ocasião, e uma outra mãe, também. Pensei que ele fosse ficar me olhando com aquele olhar vago que vinha apresentando nos últimos meses e que não fosse entender o que eu dizia.

Mas a expressão do rosto dele valia mais que mil palavras! Seus olhos se iluminaram de surpresa e perguntou: 'Tem certeza que era outro corpo? Minha mãe era outra?' Respondi afirmativamente e expliquei que todos nós nesta vida o amamos muito. E falei o nome de todos – mamãe, papai, seus irmãos e todas as pessoas que conhece – que o amam e querem seu bem."

Foi como se eu tivesse dito que Papai Noel estava chegando! Estava feliz pela primeira vez em muito tempo. Abriu um sorriso largo, luminoso como uma árvore de Natal acesa. Voltou a ter brilho nos olhos. Podia sentir aquele enorme peso sair de suas costas.

Colleen prosseguiu: "Achei incrível que ele tenha entendido imediatamente; não esperava que as minhas palavras tivessem tanto impacto. Pensei que talvez seria preciso atravessar um longo processo, repetir tudo muitas vezes. Mas, para a minha surpresa, na manhã seguinte ele já estava brincando, rindo e pulando pela casa. Agora, não pára de brincar. Voltou a ter e usar ao máximo seu maravilhoso senso de humor. Voltou a ser travesso. Pensei que ele não fosse entender. Mas, como você sabe, as crianças são uma caixinha de surpresas!

"Os sintomas físicos de Blake também desapareceram completamente. Meu marido e eu não podemos acreditar na diferença que vemos nele. Temíamos ter perdido nosso Blake para sempre. Mas sua depressão se resolveu da noite para o dia com as poucas palavras que lhe disse. Temos nosso Blake de volta."

CAPÍTULO 9

Presto, Chicago

Colleen e eu terminamos nossa conversa telefônica encantadas com a cura simples, instantânea e direta de Blake. Que milagre ver que ele pôde voltar a ser um menino sorridente, simplesmente entendendo que sua vida passada havia terminado.

Colleen disse: "As pessoas precisam saber que as crianças podem ter lembranças perturbadoras de vidas passadas e que os pais podem ajudar." Disse mais: "Vou escrever para Oprah Winfrey e contar o que aconteceu."

Ri comigo mesma, pensando nas milhares de cartas que Oprah deve receber por semana. Mas animei Colleen: "Claro, se quer escrever para ela, vá em frente. Mas espere que eu termine de escrever meu livro!"

MEU PLANO PARA VENCER O MEDO

Fiquei animada ao ver que aquelas técnicas simples haviam funcionado com Blake e que os Hocken "tinham seu Blake de volta". Que felicidade ser capaz de contribuir na vida das pessoas apenas partilhando o que aprendi sobre lembranças de vidas passadas em crianças.

A história de Blake também era importante para mim em outro sentido. Aquela jóia de caso coroava meu modelo de cura. Era o ápice de todo o meu questionamento e pesquisa. Confirmei minha teoria de que crianças podem ser curadas se seus pais entenderem os princípios das lembranças de vidas passadas. Era um caso que eu poderia empregar para mostrar a outros pais o que fazer com seus filhos.

Com aquela confirmação, tinha confiança para ir adiante com o meu livro. Mas precisava de mais casos. Coloquei meu anúncio na revista *Mothering* outra vez. Os casos começaram a gotejar a partir do anúncio, em resposta ao meu artigo no *Venture Inward*, e através da minha rede. Com o auxílio de Steve, escrevi outro artigo para o *Journal* da APRT, mais abrangente, incorporando casos novos e, é claro, o caso de Blake. Dei outro passo: me inscrevi como aluna de graduação no programa de consultoria da Villanova University. Queria desenvolver minha habilidade de aconselhamento, e ver o que os acadêmicos podiam me ensinar em termos de pesquisa.

A próxima etapa de meus planos me amedrontava. Sabia que não podia me apoiar em apenas alguns artigos para divulgar minhas descobertas, nem para atrair mais casos. Tinha que me apresentar e partilhar pessoalmente as minhas descobertas. Tinha que começar a falar em público. Só havia um problema: *nunca* falara em público em toda a minha vida. E por um bom motivo: falar em público, por menor que fosse a platéia, me aterrorizava. Tinha pesadelos recorrentes sobre o assunto. Evitara durante anos qualquer situação que me obrigasse a falar ou agir em frente a um grupo.

Mas agora estava determinada a vencer o demônio do medo. Meu sonho era irresistível demais para permitir que aquilo fosse um empecilho. Minha amiga Amy, que compreendia o dilema, organizou uma platéia de oito pessoas para as quais eu falaria na sala da minha própria casa. Assegurou-me de que eu era capaz de fazê-lo e eu concordei, pensando que poderia começar com um público pequeno e ir aumentando gradualmente. Para a minha grande surpresa, após os terríveis dez minutos iniciais, fui capaz de relaxar e falar. Minha necessidade de divulgar os casos era mais forte que meu medo. Fiquei tão encorajada com o sucesso, que disse a Amy que estava preparada para um grupo maior da próxima vez – talvez umas vinte pessoas.

UM RAIO CAI NA NEVE

Mas o progresso que eu fazia com a pesquisa, com o texto e a campanha para dominar meu medo de falar em público logo seria detido. 1993 foi um ano difícil para a minha família. No ano anterior, Steve havia sido demitido do seu emprego, e a empresa de consultoria que montou em casa mal era capaz de gerar renda para nos manter. Sabia que tinha que ser realista e devotar mais tempo à tarefa de ganhar dinheiro.

Na primeira semana de 1994, as coisas ficaram bem piores. A área da Filadélfia estava paralisada por uma série de tempestades de neve e um frio intenso que não abrandava. Uma noite, durante a pior tempestade de neve, tremíamos de frio na cama, enquanto árvores e galhos caíam em volta da casa.

O clima extremamente frio perdurou por várias semanas, com uma tempestade atrás da outra. As estradas estavam cobertas por um gelo sujo, e as equipes de limpeza desistiram do serviço quando o sal acabou. As aulas foram suspensas por quase um mês. O tempo parara. O comércio fechou, bem como a renda do serviço de consultoria de Steve. Sem entrada de dinheiro, nossas finanças iam de mal a pior.

Nada avançava com a minha pesquisa, também. Não podia pagar nem o menor dos anúncios solicitando mais casos. Meu plano estava tão congelado quanto a água no bebedouro dos pássaros, e minhas estrelas da sorte e os planetas auspiciosos pareciam haver esquecido meu endereço.

Por volta de meados de fevereiro, num dia escuro e nebuloso entre tempestades de neve, resolvi dar uma caminhada pelas redondezas e bater um papo sério comigo mesma. Decidi que tinha que me formar o mais rápido possível, para que pudesse arranjar um trabalho *de verdade*. Aceitei essa alternativa como uma necessidade triste, embora me doesse ter que abandonar meu sonho de escrever um livro em que partilharia minhas descobertas. Reconheci para o céu sombrio que, se eu tivesse que escrever o livro sobre lembranças de vidas passadas em crianças, seria necessário um milagre que o fizesse acontecer.

Ao voltar para casa, preparei uma xícara de chá e sentei-me

na varanda. Fiquei observando o vapor subir da xícara em espirais e se desfazer no ar, como os meus planos. Quando a xícara ficou vazia, continuei parada ali, entorpecida, resignando-me a abandonar o projeto do livro indefinidamente.

Steve abriu a porta de repente, com o telefone na mão, fazendo meu desânimo se dissipar. Ele estava pálido, chocado. "Que será que deu errado *agora*?", pensei. Meu estômago se embrulhou.

Steve apertou um botão do aparelho, fazendo a secretária eletrônica repetir a mensagem gravada, e o colocou na minha orelha, dizendo: "Esta era a ligação pela qual você estava esperando."

A voz no telefone dizia: "Aqui fala a produção do Programa Oprah Winfrey, de Chicago, chamando Carol Bowman. Favor entrar em contato conosco rapidamente."

Gritei. Steve gritou. E num instante consegui perceber todo o significado daquela ligação. O milagre que eu esperava acabara de acontecer.

NUM ARQUIVO ERRADO

Subitamente energizada por aquela boa notícia, respirei fundo e liguei para Chicago. A mulher que me havia telefonado se apresentou como produtora da Harpo, a empresa responsável pela produção de Oprah. Disse-me que fazia uma pesquisa sobre fobias infantis quando a carta de Colleen Hocken – aquela mandada há cerca de um ano para Oprah – caiu da pasta de arquivo. Havia sido arquivada *errado* um ano antes: devia ter sido arquivada em "vidas passadas", e não em "fobias". Explicou que durante muito tempo quiseram produzir um programa sobre vidas passadas de crianças, mas que não encontravam nem material nem especialistas no assunto. Então, ao ler a carta de Colleen, ligou-me imediatamente.

"Tem mais informações sobre suas pesquisas que possa me mandar?", perguntou. "Quero ver se é possível fazer um programa inteiro sobre esse assunto." Garanti que tinha e mandei por fax meu artigo mais amplo e recente, escrito durante o ano em que a carta de Colleen tinha ficado guardada no arquivo errado.

Minutos depois voltou a ligar. Não tinha lido o artigo todo – mas não conseguia esperar mais para me dizer quão perturbada ficara com o pouco que lera. Fez uma pergunta atrás da outra, e conversamos por muito tempo. Fiquei surpresa ao constatar que não só tinha respostas para todas as suas perguntas, mas também muito a dizer. E estava encantada com o fato de que aquela mulher, que conforme ela mesma dissera, "tinha passado por tudo", tivesse ficado tão excitada com o que lera sobre o meu trabalho. Disse a ela que também estava radiante por finalmente ter um público ao qual me dirigir – passei muito tempo falando apenas para as paredes.

Ainda havia muito trabalho a ser feito, ela me explicou, antes de se chegar ao sinal verde para o programa. Ela queria que Chase, Sarah e outras crianças com suas mães aparecessem no programa. Tinha muitas perguntas – e algumas exigências imediatas. Queria as certidões de nascimento de Chase e Sarah (eles confiam desconfiando) e cópia das fichas médicas de Chase, para provar que tinha realmente sofrido de eczema. Aquela meticulosidade me deixava embasbacada.

Dois dias depois, chegava a notícia oficial: o programa tinha sido aprovado. A família voaria inteira para Chicago na terça-feira seguinte, para gravar na quarta. Seríamos hóspedes de Oprah, ficaríamos hospedados num bom hotel na região norte de Chicago, e nos deslocaríamos numa limusine. Que contraste com a nossa vida de alguns dias atrás!

COM A CABEÇA A MIL

O ritmo de trabalho foi acelerado. A produtora da Harpo e sua equipe pareciam trabalhar sem parar. Telefonavam e passavam faxes desde cedo pela manhã até tarde da noite. Será que não dormiam nunca? A cada dia, à medida que davam forma ao programa, tínhamos discussões cada vez mais profundas a respeito da minha pesquisa. Tornava-se patente que estavam confiando apenas em mim para obter suas informações.

Perguntei qual seria a audiência do programa, e a produtora respondeu que seriam cerca de vinte milhões de pessoas, em todo o mundo. Vinte *milhões*?! Mantive a compostura exterior – mas por dentro eu gritava.

Não havia confessado à produtora que sofria de pânico de falar em público. E ela não tinha meios de perceber, porque eu estava relaxada e confiante em nossas conversas pelo telefone. Mas o que aconteceria quando me defrontasse com uma audiência de mais de oito pessoas e câmeras representando quarenta milhões de olhos?

Percebi, pela primeira vez, que o conflito entre meu demônio particular e o trabalho da minha vida havia tomado proporções míticas. Era maior do que eu. Acredito que as forças ocultas que governam minha vida haviam aberto todas aquelas portas para mim; não era por coincidência ou sorte que eu teria aquela oportunidade. Se falhasse, poderia jamais ter outra oportunidade, e ficaria numa situação pior ainda. Era *fazer ou morrer*. Rezei pedindo ajuda, forças e sucesso.

NOMES E DATAS

O programa estava quase formatado. Chase, Sarah e eu começaríamos em cena com Oprah, e depois outras crianças e suas mães se juntariam a nós, à medida que o programa se desenrolava. Tiiu Lutter e Colleen Hocken estariam lá, bem como Mary Fleming, outra mãe adorável que me havia contatado através da revista *Mothering*, com seus três filhos. Aquela era a melhor estrutura possível – mães e filhos contando suas histórias para as câmeras. Não haveria truques, me garantiram; nem armadilhas que nos fizessem parecer idiotas. Haveria outras mães e filhos que eu não conhecia: os produtores estavam tentando encontrar mais crianças que tivessem lembranças de vidas passadas. E haveria uma psicóloga com um ponto de vista oposto ao meu, para equilibrar o programa. Para mim, tudo bem, eu disse, contanto que a psicóloga não tentasse intimidar ou desafiar as crianças diretamente.

Os produtores estavam fascinados com a perspectiva de poder testar as lembranças da Guerra Civil de Chase durante o programa. Contrataram um historiador especialista em Guerra Civil e um detetive particular para verificar os fatos relatados por Chase. Estava encantada com aquilo. Sempre tive curiosidade em saber se seria possível chegar a uma pessoa real através das lembranças de Chase, mas nunca tive recursos para fazer isso. Mas como eles só tinham uns poucos detalhes da história de Chase para trabalhar, e não sabiam nomes, eu não tinha certeza do sucesso dos resultados.

CHICAGO, AQUI VAMOS NÓS!

Deveríamos voar para Chicago na terça-feira, mas na segunda à tarde a Harpo mudou os planos. Tinham combinado com uma desenhista um encontro com as crianças para terça pela manhã. Será que podíamos viajar agora? O próximo vôo para Chicago partia em três horas.

Corri para a escola e peguei Chase; Steve pegou Sarah. Joguei algumas roupas dentro de uma mala e entramos no carro. Voando pela Interestadual 95 em direção ao aeroporto, com tempo justo para não perder o avião, passamos por cima de um monte de lixo na estrada. Um minuto depois, Steve disse que talvez tivéssemos furado um pneu. Na rampa de acesso ao aeroporto, já podíamos ouvir o pneu fazer o barulho típico. Será que chegaríamos lá? Steve ultrapassou um sinal fechado para não parar. Chegamos à porta do terminal com o pneu batendo como sapato de palhaço. Peguei as crianças e as malas, enquanto Steve negociava com um carregador de bagagens a compra de uma lata de ar comprimido (não me disse quanto teve que pagar por ela), en-cheu o pneu e desceu a rampa para o estacionamento. Chegou ao portão de embarque na hora em que fechavam a porta. Corremos para o avião, nos jogamos sobre os assentos e tentamos não pensar em como estivéramos perto de ficar enguiçados na estrada interestadual.

Ao desembarcarmos, a farra começou. Chase apertou todos os botões que viu na limusine, ligando o som, a TV, as janelas; Sarah pegou um refrigerante no bar. O hotel tinha outras novidades. Sarah não entendia a necessidade de um telefone no banheiro; Chase estava fascinado com as máquinas eletrônicas de exercícios na sala de ginástica. Como todos os convidados de Oprah ficavam naquele hotel, os funcionários estavam curiosos para saber qual seria o *nosso* assunto. Responder suas perguntas foi uma boa oportunidade de praticar minha tática de respostas concisas.

Durante toda a manhã seguinte, ficamos segregados na sala de conferências da Harpo com Sally, a desenhista, e uma montanha de comida em quentinhas. A tarefa de Sally era desenhar cenas das lembranças das crianças, que seriam mostradas na tela quando elas contassem suas histórias durante o programa. Sally, que também era mãe, sabia fazer Chase e Sarah ficarem à vontade. Eles se abriram para ela. Começou pedindo uma descrição detalhada de como eram em suas vidas passadas. À medida que falavam, ela desenhava e depois perguntava o que eles achavam do desenho para ouvir suas opiniões, voltando a dese-nhar em seguida. Chase e Sarah se concentravam profundamente em suas imagens internas, entrando num ligeiro transe. Na verdade, tinham regredido às suas vidas anteriores. Viam com os olhos abertos cenas do passado mais claras do que nunca, dando cada vez mais detalhes a Sally, inclusive alguns que nem eu mesma havia ouvido antes.

A NEVE NOS RECEBE

Na manhã seguinte, ao olharmos através da janela do quarto, verificamos que a barulhenta Chicago de ontem era hoje uma cidade de sons abafados, rodeada de altos montes de neve. O programa continuava marcado?

Ao chegarmos no prédio do estúdio, o salão verde já estava

repleto de pais amedrontados e crianças pálidas, com ar de perdidas. Encontrei Mary Fleming e seus três filhos. Quem seriam aquelas outras pessoas que não conhecia? Que surpresas teria que enfrentar diante das câmeras? Mas ali estava Tiiu!

Todas nós fomos maquiadas e passaram fixador em nossos penteados. Fiquei andando em volta da sala, tentando me lembrar de tudo o que sabia sobre como manter a calma: respirando fundo, visualizando uma apresentação bem-sucedida, repetindo para mim mesma que em poucas horas a gravação estaria terminada.

Chegara o momento. Todas as demais pessoas foram levadas para o estúdio e sentaram na platéia; pediram que eu e Chase esperássemos nos bastidores. Assim que a platéia se sentou (Steve me contou), uma moça animada e bem-vestida veio conversar com a platéia. Revelou que o assunto da gravação daquele dia seria "Crianças que Lembram de Vidas Passadas". Pediu que as pessoas que acreditassem em vidas passadas levantassem a mão, e mais da metade das pessoas ergueu o braço. Encorajou as pessoas a irem até o microfone para falar. Algumas senhoras usando chapéus reclamaram, dizendo que a reencarnação não era aprovada pela Bíblia; um senhor de barba falou que a reencarnação havia sido banida da Bíblia séculos atrás pela Igreja.

O mais interessante foi uma senhora que contou uma lembrança de vida passada quando era criança. Disse que a experiência tinha sido tão vívida, que nunca a esqueceu. Hummm... se uma pessoa num grupo de cem, como este, lembrou do passado, quantas em milhões de espectadores não se lembrariam também?

Chegara a hora. Fomos levados para o estúdio de gravação.

SALVA POR UMA LEMBRANÇA

No momento em que me fizeram penetrar no estúdio e que vi a platéia, meus joelhos viraram gelatina e minha cabeça começou a girar. Temia perder o controle e desmaiar. Meu corpo bombeava adrenalina, gritando: "Corra! Vá se esconder!" Mas meu lado racional me disse para não correr e trabalhou para me recordar as razões pelas quais tinha que ir adiante.

Do ponto de observação ligeiramente fora de mim e do tempo, visualizei o pianista do século dezenove que me lembrei de ter sido. Vi-o cheio de graça e pose, num palco, tocando para uma platéia arrebatada. Ele e a platéia formavam um corpo só. Podia ouvir as notas do piano; via seus braços e corpo moverem-se sem esforço com a música; podia sentir sua alegria e confiança. Ao ser absorvida por aquela visão, um jorro de energia penetrou pelo alto da minha cabeça, atravessou minha espinha até a planta dos meus pés, conectando-me com a realidade concreta daquele momento. A energia envolveu meus joelhos e me fez voltar ao meu corpo. E, tão de repente quanto aparecera, a imagem sumiu, deixando uma onda de força tranqüila que se difundiu por todo o meu corpo e afastou meu medo. E as palavras vieram à minha mente: "Sei que posso fazer isto. *Já fiz uma vez.*"

Senti-me consciente de tudo ao meu redor. Minha mente ficou atenta. Minhas pernas pararam de tremer, minha respiração estabilizou-se. Sabia o que devia fazer. Subi no palco e me sentei.

Oprah entrou, enchendo o ar com sua enorme energia cintilante, atingindo todos os presentes. A platéia sucumbiu imediatamente ao seu encanto e explodiu em ardorosas palmas e vivas. Ela sorriu e acenou, e depois veio diretamente para o palco e sentou-se em frente a Chase e eu. Conversou e brincou para nos deixar à vontade. Os técnicos ajustaram os nossos microfones e as câmeras tomaram suas posições.

Sentada bem perto de Oprah, podia sentir sua altivez e sua força. Ela parecia estar realmente feliz em nos ver e ansiosa por ouvir o que tínhamos a dizer.

NO AR E CHEIA DE IDÉIAS

Oprah começou com Chase. Pediu que contasse sua história, descrevendo seus movimentos no campo de batalha nos desenhos de Sally. Ele me surpreendeu falando com muita clareza. Estava tranqüilo, interagindo com Oprah com naturalidade. Oprah se voltou para o historiador e pediu sua opinião sobre a autenticidade da lembrança de Chase. (Era o que eu estava querendo ouvir.) Ele admitiu que era cético com relação a vidas passadas, mas confirmou que Chase descrevera e desenhara com perfeição um morteiro da Guerra Civil, e admitiu: "Tudo o que ele (Chase) diz é compatível com coisas que podem ter acontecido."

No segmento seguinte, Sarah se juntou a nós no palco e contou sua história, acompanhada pelos desenhos de Sally, que descreviam sua movimentação pela casa em chamas. Enquanto Sarah falava, percebi que Oprah havia terminado a entrevista com Chase sem que eu tivesse tido a oportunidade de dizer que a lembrança de sua vida passada o havia curado. Aguardei o momento oportuno, não o deixei passar e disse o que queria.

Oprah perguntou a cada uma das crianças como era ter morrido. Com autoridade e confiança, ambos responderam que a morte é rápida e indolor e, como Chase descreveu, "quando você percebe, está voando no espaço". Sarah disse ainda que "não tenho medo da morte, se ela for assim".

O programa estava sendo muito bem dirigido, com uma história seguindo outra. A doce e sincera Colleen, a elétrica Tiiu e Mary com seus três filhos artistas, de olhos grandes e inocentes, se juntaram a nós e contaram suas histórias com coragem e convicção. Ninguém sentiu medo nem vacilou. Todas se saíram muito bem.

Oprah usou todas as oportunidades que surgiram para fazer aparecerem novas idéias. Tinha que pensar rápido para acompanhá-la, para saber o que tinha sido dito e o que ainda necessitava de esclarecimento ou de mais informações. Empenhei-me em mudar o enfoque das questões, de uma simples suposição se crianças podem ter lembranças de vidas passadas, para uma idéia mais progressista de que se trata de um fenômeno psicológico com potencial de cura.

Fiquei aliviada ao ver que as demais crianças – casos que a

produção havia encontrado por conta própria – complementavam minhas histórias e reforçavam os pontos que eu defendia.

Uma das meninas, chamada Shannon, estava convencida de que era a reencarnaçao de seu próprio avô. Quando menor, contou aos pais detalhes da vida do avô que não poderia ter conhecido. Numa regressão, ela se viu como seu avô, e o viu ser fatalmente morto por um tiro no pescoço. Curiosamente, ela tinha um defeito de nascença – um músculo fortemente ressaltado no pescoço, que exigira uma operação – precisamente no ponto em que seu avô havia sido atingido. Fiquei animada: ali estava um caso como os de Stevenson, uma marca de nascença bem diante dos meus olhos e das câmeras.

APEGANDO-SE AO VELHO PARADIGMA DA PSICOLOGIA

Depois que as mães e as crianças contaram seus relatos, a psicoterapeuta Isabelle veio dar o obrigatório "ponto de vista oposto". Esperei para ver o que diria. Será que ela acompanhara as entrevistas? Lera meus artigos? Mesmo que não concordasse conosco, estaria ao menos aberta ao prodígio das experiências daquelas crianças? Esperava que pudéssemos ter um debate inteligente sobre o significado das lembranças.

Ou será que a psicóloga simplesmente não acreditaria em nada? Apesar das nossas provas, tentaria explicar aquelas lembranças através de conceitos psicológicos ultrapassados, tais como fantasia, projeção ou satisfação de desejos? Já ouvi muitas vezes outros críticos fazerem o mesmo. São incapazes de dar um passo além de sua crença de que "só vivemos uma vez", e fecham seus ouvidos a qualquer outra conclusão para as quais as provas possam apontar. Ao invés de criarem uma teoria para justificar as evidências (como os cientistas devem fazer), trabalham de maneira retrógrada na tentativa de fazer as evidências caberem nas categorias psicológicas do velho paradigma.

Pela primeira frase de Isabelle já pude perceber que ela estava com a cabeça feita antes mesmo de chegar. Ela confessou: "Não acredito que exista uma nova vida, que a gente morra e volta." Caso encerrado. Não haveria uma discussão sobre as evidências. Haveria, isso sim, uma defesa das suas crenças e da sua formação psicológica.

Ela não prestara atenção em nada. Não fizera nenhum esforço para dar uma resposta a todas aquelas histórias incríveis que foram contadas antes que entrasse. Ao invés disso, começou a discursar, usando o jargão psicológico para dar a Oprah uma explicação racional do que seriam lembranças de vidas passadas. E afirmou que se tratavam de "metáforas", "manifestações de conflitos", expressões de "buscas espirituais reprimidas" e "apelos para serem reconhecidos como pessoas" ou que provinham de "experiências intra-uterinas". Empregou o termo inconsciente várias vezes, como se ele resolvesse a questão.

Sabia que seria inútil tentar discutir com uma pessoa que já vinha com idéias preconcebidas. Mas não tinha certeza de como me aproximar dela. As outras mães investiram sobre ela. Oprah comandou o ataque e desafiou a psicóloga passo a passo. Quando Isabelle sugeriu que as lembranças de vidas passadas eram a expressão de uma busca espiritual, Oprah perguntou como aquilo poderia explicar tudo o que a pequena Liia, de dois anos de idade, tinha recordado sobre sua morte, após cair de uma ponte. Tiiu, que já se mostrava visivelmente impaciente, irrompeu na conversa para relembrar a todos as evidências, lançando para Isabelle um olhar que significava: "Pare com essa besteira!"

Isabelle respondeu dizendo que Liia havia descrito uma experiência sob a água. "A água ou o oceano são símbolos do inconsciente... Essas crianças têm impulsos inconscientes muito fortes. É por isso que agem assim."

Sem perda de tempo, Tiiu explodiu: "Ela pode ter um simbolismo junguiano, mas não pode ter uma vida passada?"

Isabelle ficou de queixo caído e sem graça. Parecia surpresa de ouvir uma observação tão inteligente, dita com palavras do seu próprio jargão, vinda de uma bela loura. E então falou, sem dar uma resposta, mas repetindo sua crença de que as vidas passadas são impossíveis.

Ouvindo aquilo, Oprah disse: "Espero que esteja enganada. Precisamos de uma outra oportunidade em algum outro lugar."

Logo em seguida, Oprah fez uma pergunta: "Estou tentando atraí-la para o nosso lado, Isabelle. O que me diz quando olha para essas crianças que 'parecem já ter estado aqui'? Há uma espécie de luz nos olhos delas. E quando as pessoas examinam essas crianças, dizem: 'Dentro delas há uma alma antiga'. O que pensa que isto é?"

Isabelle respondeu: "Bem, acho que temos que considerar o que acontece com o inconsciente."

Oprah replicou: "Mas o que é o inconsciente? O que é?" Boa, Oprah! Não ia deixar as incríveis experiências daquelas crianças serem explicadas simplesmente com uma única palavra.

Sarah, que escutava tudo atentamente, olhou para mim, mostrando sua insatisfação com o disparate dito pela psicóloga. Então, pediu a palavra a Oprah e se dirigiu a Isabelle: "Para mim, pouco importa o que seja. Talvez não seja a coisa religiosa que você disse. O que interessa é que eu tinha medo de incêndio e não tenho mais. Chase tinha uma doença no pulso e pavor de barulho, e ficou curado. O que interessa é que me ajudou." Muito bem, Sarah! Estava tão orgulhosa da minha filha! Isabelle ignorara completamente as curas, e Sarah a fez lembrar.

Então, um senhor na platéia interpelou Isabelle. Perguntou-lhe, referindo-se ao magistral trabalho do pequeno Michael Fleming: "Como explica a excepcional qualidade do trabalho de um menino de cinco anos, que é visível? Ele não está imaginando que é um grande artista. Ele colocou no papel algo que demonstra sua habilidade e não teve tempo para ser preparado ou treinado. Como explica isso?"

A resposta de Isabelle era previsível. Usou outra palavra pernóstica, mas não deu uma explicação. "Eu diria que se trata de um grande *talento.*"

Oprah não perdeu a oportunidade: "Que vem de *onde?*"

Isabelle respondeu – mais palavras arrogantes: "*Gênio criativo.*"

Mas Oprah não desistia: "E de onde ele vem?" Isabelle mudou de assunto.

Antes do fecho do programa, uma mãe na platéia deu uma bela explicação para a consistência lógica da reencarnação com as leis da natureza. Ela disse: "Quando se percebe que a energia não é criada nem destruída, e que a nossa alma é energia, assim como a força vital é energia, você tem que crer na reencarnação. Porque se nenhuma outra forma de energia é destruída, por que nós também não podemos continuar mudando e nos transformando?"

Olhando diretamente para a câmera, Oprah acrescentou: "Voltaremos num instante."

1º DE MARÇO DE 1994

No primeiro dia de março, na Irlanda, do outro lado do oceano, minha amiga Cathy Sky, de Asheville, assistia televisão. De repente, com o canto do olho, viu um rosto familiar na tela. Cathy pulou da cama e exclamou: "É Carol Bowman! É a minha amiga Carol, no programa da Oprah!"

Cathy me telefonou no dia seguinte. "Você conseguiu, menina! Quem diria, sentada na cozinha da sua casa, alguns anos atrás, que você acabaria sendo entrevistada por Oprah por causa das suas idéias!"

"É verdade", eu disse. "Mas isso não é o fim. É apenas o começo."

SEGUNDA PARTE

Um Guia Prático para Lembranças de Vidas Passadas em Crianças

CAPÍTULO 10

Os Quatro Sinais

Quando falo com as pessoas sobre lembranças de vidas passadas em crianças, invariavelmente a primeira pergunta que ouço é: "Como distingue histórias de vidas passadas de fantasias?"

No começo, podia responder dizendo apenas: "Bem, os pais *percebem*." Não era uma resposta satisfatória, admito. Mas, à medida que fui estudando os casos que surgiram, comecei a ver e ouvir sempre os mesmos comentários, repetidos quase palavra por palavra. Esses comentários estavam se tornando muito familiares. Descobri que podia confiar neles como um teste para certificar lembranças de vidas passadas. Enquanto os pais descreviam suas experiências pela primeira vez, eu me pegava percorrendo mentalmente uma listagem de itens que me ajudava a decidir se as lembranças que me estavam sendo relatadas eram reais ou fictícias. Esta listagem evoluiu, constituindo os *quatro sinais*.

(Quando falo "pais", não quero com isso excluir outros adultos. Esses sinais podem ser igualmente úteis a avós, tios, funcionários de creches e professores – qualquer pessoa que passe muito tempo com crianças.)

Quanto mais converso com pais e comparo casos, mais percebo como esses sinais funcionam. As lembranças de vidas passadas soam, parecem, atuam e são percebidas de forma distinta das fantasias, porque se originam em fontes diferentes. Fantasias são frutos de uma atividade mental, enquanto lembranças de vidas passadas são imagens consistentes de eventos reais. A diferença pode ser percebida por qualquer observador sensível que entenda os sinais.

Descobri mais de uma dúzia de sinais de lembranças de vidas passadas, principalmente se computar todas as nuances que os pais percebem quando tentam julgar sozinhos se seus filhos estão ou não lembrando de uma vida passada. Mas, para simplificar – e tornar mais fácil lembrar como reconhecer uma lembrança de vida passada –, reuni e organizei todos os sinais secundários e suas nuances dentro dos quatro sinais principais.

Os quatro sinais de lembranças de vidas passadas são:

1. Tom de voz natural.
2. Consistência dos relatos ao longo do tempo.
3. Conhecimento que ultrapassa a experiência.
4. Comportamento e sinais correspondentes.

Nem todas as lembranças apresentam os quatro sinais. Elas surgem em infinitas variedades e emergem de formas diferentes e em diversos graus para crianças distintas. Mas, até onde pude perceber, os sinais sempre aparecem combinados: alguns casos apresentam apenas dois; outros, todos os quatro. Ainda não vi nenhum caso com um único sinal. Seja qual for a combinação, seja o caso complexo ou simples, os sinais sempre delineiam uma história de vida passada coerente. A melhor maneira de entender como funcionam em conjunto é observando como aparecem nos casos descritos neste livro. Mesmo nos casos em que eu ressaltei apenas um sinal, os outros quase sempre estão visíveis na mesma história.

Esses quatro sinais servem para serem usados pelos pais com os seus próprios filhos. Eles apontam para pistas sutis que só aqueles que conhecem bem a criança podem notar. Para serem úteis, é preciso que a pessoa seja capaz de perceber mudanças de expressão e de tom de voz que escapariam a um estranho; que tenha conhecimento daquilo a que a criança foi ou não exposta; que tenha observado a criança durante um certo tempo, detectando pequenas mudanças, coerências notáveis ou comportamentos inusitados da criança.

Os quatro sinais não têm nada a ver com a comprovação científica de lembranças de vidas passadas ou reencarnação.

São ferramentas para identificação e comprovação pessoal, não uma prova pública. Quando as lembranças emergem, as perguntas que se fazem e os indícios que se buscam não devem ter como objetivo provar algo para estranhos – nem mesmo para vizinhos ou parentes incrédulos. Na verdade, a preocupação pode reduzir sua percepção em provar e bloquear o fluxo da lembrança na criança. Provar não é *a questão*. A cura, o crescimento interno e o entendimento é que contam.

Não confunda os quatro sinais com os métodos de pesquisadores como o Dr. Stevenson. Isso é importante. Os métodos dele são aplicados para verificar as lembranças de crianças que lhe são completamente estranhas. Os quatro sinais são úteis para os casos mais comuns, aqueles em que as crianças têm apenas fragmentos e traços de memória.

É evidente que nem todos os relatos e histórias incomuns que as crianças contam são lembranças de vidas passadas. As crianças costumam dizer coisas que fazem seus pais ficarem intrigados, perguntando: "Onde será que ele arranjou essa?" Chamo a atenção de vocês para não se preocuparem demais cada vez que seu filho disser algo estranho. Você pode estar testemunhando uma lembrança de vida passada. Mas é mais provável que não. A mente das crianças é tão maravilhosamente viva, leve e solta que elas criam histórias surpreendentes o tempo todo. Imaginação e fantasia são ocupações naturais das mentes infantis, e na maioria das vezes esta pródiga torrente nada tem a ver com vidas passadas. As crianças muitas vezes fingem viver no passado, imitando histórias lidas nos livros, na TV ou no cinema.

Porém, certas vezes o véu é levantado e a criança fala realmente de uma vida passada. Se você conhecer os sinais, poderá capturar este raro momento mágico quando acontecer.

Este território é completamente estranho para a maioria das pessoas. Quando uma criança começa a falar sobre uma vida passada, repentinamente, a maioria dos pais fica nervosa e confusa. Vidas passadas não cabem nas suas crenças, e suas mentes racionais acreditam mais facilmente que aquele comportamento estranho deva ter uma explicação lógica. Ao mesmo tempo, seus corações percebem a sinceridade da criança, seus corpos vibram com uma energia profunda, e suas intuições percebem que algo especial e intemporal está acontecendo. A confusão é normal. Apresento esses quatro sinais como os pontos de uma bússola para orientar tanto o coração quanto a mente – para ajudá-los a encontrar o equilíbrio dentro da nova realidade que pode subitamente emergir, deixando-os atordoados, quando seu filhinho solenemente afirma "Eu me lembro de quando eu morri".

TOM DE VOZ NATURAL

A maioria das lembranças de vidas passadas é comunicada pela primeira vez através de relatos feitos pela criança. Muito espontaneamente, durante um passeio de carro ou brincando no chão da cozinha, a criança dirá, num tom banal: "Foi bem assim que eu morri," ou então: "Minha outra mãe costumava fazer isso para mim". As crianças falam sem parar e portanto uma frase como esta poderia passar despercebida para uma mãe ocupada, como se fosse a tagarelice de sempre – exceto pelo tom de voz, que confere um outro significado às palavras da criança, passando a exigir atenção.

Quando perguntei aos pais como seus filhos haviam descrito suas experiências de vidas passadas, sempre me responderam que as crianças pareciam falar de uma forma diferente. Ouvi comentários assim: "Ele foi muito natural quando contou a história" ou "Ela foi direta e natural". Ouvi essas frases tantas vezes, que me pareceu estranho.

Normalmente, quando uma criança conta uma história inventada, sua voz adquire um tom melodioso e ritmado. A voz modula, subindo e descendo, à medida que a fantasia é concebida e desenvolvida. A linguagem e o tom de voz viajam juntos, impulsionados pela imaginação. Este não é, de forma nenhuma, o caso das lembranças de vidas passadas. Charlotte Swenson, mãe de um menino, conta:

> Quando Jerry, de quatro anos, fala de sua morte junto com todos os seus amigos em 1945, sua voz muda de repente. Fala de maneira séria, como alguém muito sofrido. É possível perceber a mudança. Ele parece mais velho e se torna enfático. É o tom de sua voz que me chama a atenção. Quando conta essas coisas para os meus amigos, eles também percebem que ele não parece uma criança de quatro anos.

O filho de três anos de Ed Durbin começou a falar espontaneamente de uma lembrança da Guerra Civil ao ver uma imagem de Abraham Lincoln na TV. Ed tentou explicar aquela misteriosa diferença de voz:

> Foi como se eu tivesse passado a falar com um adulto, de repente. Ele falava como um homem que estivesse contando sua vida. Não que a voz dele tivesse ficado mais grave; era a forma como falava. Era o relato factual de sua experiência como soldado. Ele sabia que falava comigo, relatando detalhadamente algo que vira. Mas a sensação que eu tinha era de estar falando com outra pessoa – mais velha que meu filho de três anos.

O humor pode variar de sério para alegre, de preocupado para animado ou triste; mas o tom e o modo são sempre diretos e naturais. Dá para perceber que a criança não está brincando. Tiiu descreveu o tom de voz de Liia não como sério, mas como excitado: "Súbito, ela disse claramente, com a voz excitada: 'Mamãe, foi num lugar assim que eu morri!' Ela não estava chateada, nem infeliz, falava naturalmente."

Lisa, mãe e psicóloga infantil, adquiriu bastante experiência, desde que sua filha Courtney teve várias lembranças de vida passada. Ela explica que essa objetividade na comunicação é um dos meios pelos quais distingue as lembranças das fantasias:

> Na minha experiência, como conselheira e mãe, quando as crianças contam histórias fantásticas, elas o fazem para ver minha reação. São contadas como uma história: querem que eu ria, que conteste, que diga que elas são bobas ou seja lá o que estiverem tramando. Fantasias são contadas como se eu fosse a platéia. É comunicação interativa.
>
> Mas Courtney não interage quando fala de vidas passadas. Ela faz afirmações. Se você não disser dizer nada, não faz mal. Ela estará falando de fatos, como se eu lhe dissesse que o céu é azul. Não esperaria que você discutisse comigo, porque ambas temos certeza de que o céu é mesmo azul. Isto não é comunicação interativa. Courtney não me diz aquelas coisas de vidas passadas esperan-do uma resposta. E quando pergunto: "De que cor é o vestido?" ou "Em que estação do ano estamos?", normalmente ela não responde. Ela não está fazendo perguntas, nem espera que *eu* as faça.

As crianças são naturais quando falam de suas lembranças, porque estão relatando o que lembram, como se estivessem contando algo que aconteceu há uma semana ou um mês. A lembrança dos incidentes que relatam é tão real e vívida para elas quanto a recordação da última festa de aniversário ou as últimas férias de verão na praia.

E como as crianças estão relatando fatos e não inventando fantasias, ficam intrigadas se não percebemos imediatamente do que estão falando. Se pedirmos que repitam o que disseram, para que possamos entender, são capazes de ficar indignadas. Podem nos desconcertar afirmando: "Eu já disse." Algumas crianças simplesmente não entendem que não sejamos capazes de lembrar de suas vidas; acreditam que, se está tão claro na cabeça delas, também deveria estar na nossa. Afinal, os pais sabem tudo, não é ? Se mostramos incompreensão diante do seu relato, podem pensar que estamos brincando, enquanto eles falam sério. Podem até nos dar uma olhada irritada e exasperada, querendo dizer: "Você sabe do que estou falando – não seja bobo!" Quando repetimos que não lembramos mesmo, podem ficar confusos.

Quando uma criança consegue ultrapassar um limite de linguagem, podemos notar uma nuance do primeiro sinal. Ao exprimir uma lembrança de vida passada, a criança pode, pela primeira vez, compor frases inteiras ou usar palavras que não pertençam ao seu vocabulário. Uma criança que já falava, pode fazê-lo com mais maturidade, mais confiança e fluência que nunca. Algumas crianças começam a contar suas vidas passadas ainda muito novas, às vezes tão logo aprendem a falar. Essas crianças se esforçam para se fazerem entender e insistem até conseguirem. A necessidade de transmitir suas experiências prévias supera suas limitações de linguagem. Por isso, muitas crianças às vezes surpreendem os pais duplamente, tendo um progresso na fala e, simultaneamente, fazendo seu primeiro relato de uma vida passada.

Como Pat Carroll, mãe de Billy, de dois anos, nos conta:

> Ele usava palavras complexas demais para uma criança tão pequena. Lembro de ter pensado que ele falava como um adulto ou uma criança mais velha. Dizia frases inteiras, o que não era normal para ele. Não fazia pausas, não procurava as palavras, nem tinha dificuldade para descrever as coisas, como de costume. Falava fluentemente. As palavras simplesmente saíam.

As crianças não apenas soam diferente quando falam de suas lembranças, elas mudam de aparência. Sua expressão muda: às vezes, uma estranha paz ou calma aparece no seu rosto. Elas brilham. Pat Carroll percebeu a mudança quando Billy começou a falar de suas lembranças:

> Era realmente estranho. É difícil de explicar. Seu rosto era o mesmo, mas parecia muito calmo e solene. Seus ombros arquearam – não consigo descrever, mas de repente pareceu muito mais velho. Sabia que algo havia acontecido, mas não tinha idéia do quê. E sempre que fala de suas lembranças, aquilo acontece.

Outras mães dizem que a diferença é fácil de ser vista. Dizem que é como se as crianças estivessem em transe, perdendo contato com o que está à volta, à medida que se concentram no seu interior. Podem ficar olhando para o vazio enquanto falam de suas lembranças, e parecem ter os "olhos esgazeados", à medida que relatam estar vendo ou sentindo algo fora de seu alcance normal de percepção. Outra mãe diz que a filha "fica muito séria" e a olha nos olhos o tempo todo em que fala de sua lembrança.

Quando a lembrança termina, é fácil perceber. Os olhos e o rosto voltam a ter o aspecto infantil. A transição é rápida: mudam de assunto imediatamente, retomam a brincadeira ou saem do aposento correndo. Voltam a ter seus dois ou três anos e agem como se nada de estranho tivesse acontecido. Qualquer que tenha sido o estado em que estavam, desaparece tão rápido quanto surge. Não se consegue reproduzi-lo.

Outro sinal de lembrança de vidas passadas é o que chamo de *efeito arrepio*. Por mais estranho que pareça, quase todos os pais com quem falei descrevem os mesmos arrepios, os calafrios que percorrem seus corpos – às vezes as duas sensações ao mesmo tempo – quando a criança fala de uma vida passada. Praticamente todo mundo descreve essas sensações do mesmo jeito.

Charlotte Swenson resume muito bem:

> Quando as crianças fingem alguma coisa, você percebe. Mas aquilo é diferente. Você pode sentir a energia da lembrança – meu corpo todo formiga, como se tivesse alfinetes ou agulhas espetadas, mas não dói; o corpo todo está energizado. Isso não acontece quando ele me conta uma história qualquer. Embora aquela lembrança de vida passada não tenha durado muito tempo, somente alguns minutos, meu filho e eu a sentimos. Depois, desapareceu.

Também tive esta sensação. Quando meus filhos falaram sobre suas lembranças, os pêlos dos meus braços ficaram eriçados, uma descarga elétrica passou pelos meus ombros e desceu pelas costas, e uma onda de energia entrou pelo alto da minha cabeça. Interpretei estas sensações como o reconhecimento pelo meu corpo da veracidade das lembranças.

Que sensação será esta? É um fato científico que os nossos corpos estão cercados de campos de energia. Suspeito que, quando uma criança lembra de uma vida passada e entra num estado diferente de consciência, algo muda no campo de energia que envolve o seu corpo. Talvez, quando nos ligamos ao que ela está dizendo, estejamos fazendo mais do que simplesmente escutar – talvez estejamos reagindo àquela alteração de energia. Podemos sentir a mudança quando é registrada em nossos campos de força, bem como em nossos cérebros.

Seja qual for a explicação para essas sensações, elas podem ser muito perturbadoras. Alguns pais ficam chocados tanto pelo que a criança diz quanto por sua própria reação física. Sentem-se desorientados, desequilibrados, como se estivessem em queda livre, penetrando numa fenda da realidade. Não se preocupe. Isso é normal. Não vai prejudicá-lo, nem à criança.

CONSISTÊNCIA DOS RELATOS AO LONGO DO TEMPO

O segundo sinal de lembrança de vidas passadas é a consistência. As crianças recontarão uma experiência de vida passada várias vezes ao longo de um período de dias, semanas, meses ou anos, sem fazer mudanças significativas na história ou em seus detalhes.

Essa consistência ao longo do tempo é outra grande diferença entre lembrança de vida passada e fantasia. Na fantasia, a criança montará a história – mesmo que seja bem complicada –, mas raramente a repetirá com os mesmos detalhes na próxima semana, no dia seguinte ou até no minuto seguinte. As fantasias são provenientes da imaginação: são voláteis, podem ser retocadas, modificadas ou esquecidas. Lembranças de vidas passadas são um filme mental de eventos reais e pessoalmente significativos. São duradouras, como lembranças de eventos cruciais desta vida. Cada vez que a história é contada, a criança olha para dentro de si e descreve as mesmas imagens residentes em sua memória.

A história e os detalhes permanecem constantes, mas a criança pode adicionar detalhes ou episódios, à medida que seu linguajar se desenvolve ou à medida que o que virem e ouvirem no mundo exterior as faça lembrar do passado. Esses detalhes adicionais servem para dar corpo ao arcabouço de uma história que, em muitos casos, começou apenas com fragmentos.

Quando Chase fez a segunda regressão à sua existência durante a Guerra Civil, reconheci essa característica pela primeira vez e me surpreendi. Não havíamos discutido os detalhes da sua lembrança nos anos seguintes. Entretanto, na segunda regressão, a história de Chase continuava inteiramente consistente com a primeira, até ao nível dos mais simples detalhes: galinhas correndo pelas estradas empoeiradas ao lado dos canhões, a descrição do hospital de campanha. Ele foi capaz de ampliar o relato, pois seu vocabulário havia aumentado, mas o âmago da história permanecera intacto, inclusive a seqüência de eventos. Aquela con-sistência era extraordinária, porque muita coisa tinha acontecido desde então. Na verdade, Chase lembrava de mais detalhes de sua lembrança de vida passada do que de sua vida em Asheville, antes de nos mudarmos.

CONHECIMENTO QUE ULTRAPASSA A EXPERIÊNCIA

Se você ouvir seu filho de poucos anos falar de coisas que você *sabe* que ele ainda não teve oportunidade de aprender ou de ter tomado conhecimento, é provável que esteja ouvindo uma lembrança de vida passada. Ao avaliar este sinal, *você* é que julgará o que está além da experiência da criança.

É óbvio que é mais fácil saber o que ele sabe ou não se ele for muito pequeno e não tiver vivido longe do seu alcance. Você conhece ao que ele já foi exposto em termos de conversas, rádio, TV, filmes e livros. Então, por exemplo, se o seu filho de um, dois ou três anos começar a descrever em detalhes a rotina diária de um marinheiro num navio, e disser corretamente o nome dos mastros da embarcação, e você tiver certeza de que ele nunca aprendeu aquilo (nem *você* conhece esses detalhes), isso pode ser sinal de uma lembrança de vida passada.

Com crianças mais velhas e experientes, pode ser mais difícil discernir como aprenderam coisas que aparentemente estão além dos seus conhecimentos, especialmente se já freqüentam uma escola. Mas siga a sua intuição. Verifique. Se suspeitar de que seu filho esteja falando de uma experiência de vida passada, tente fazer uma pergunta direta: "Como é que sabe disso?" Se responder "Apenas sei", continue investigando – você pode vir a descobrir alguma coisa. Ele pode se abrir e dizer: "Quando eu estive aqui antes e você não era a minha mãe."

Algumas vezes, a lembrança pode ser identificada por um único comentário, contendo informações que sabemos estar além do conhecimento e da experiência da criança, fazendo-nos cair para trás de espanto.

DENTES DE PRATA

Karen Greene, que mora numa área rural em Illinois, levava sua filhinha de três anos, Lauren, do dentista para casa.

> Lauren tinha colocado obturações de prata nos dentes de trás. Tinha se comportado muito bem, sem chorar, cooperando com o dentista. No caminho para casa, disse, com voz preocupada:
>
> "Não gosto de ter dentes de prata. Lembra quando morremos juntas e aqueles malvados roubaram nossos dentes de prata?"
>
> Ao ouvir aquilo, meu coração começou a bater loucamente, e meu corpo pôs-se a tremer. Estacionei por um instante no acostamento da estrada, para não correr o risco de um acidente. Como somos judeus, percebi imediatamente que ela falava do Holocausto. (Os nazistas retiravam os dentes de ouro e de prata de suas vítimas.) Sabia que não tinha ouvido errado; sabia que não era uma brincadeira. Honestamente, não sabia o que dizer daquilo. Sentia a veracidade do que minha filha afirmava. Acreditei piamente que ela estava se lembrando de nós duas termos estado juntas em algum lugar e de terem retirado nossos dentes de prata.
>
> Lauren não demonstrava medo ao falar daquilo. Disse aquilo como quem dissesse 'não é chato quando você quer andar de bicicleta e não pode porque está chovendo?' Falou como se soubesse que eu entenderia perfeitamente o que estava falando. Como se lembrasse de algo que esperava que eu reconhecesse por termos partilhado. Não havia ansiedade na voz, apenas preocupação de que os malvados ainda pudessem querer seus dentes de prata.

> A possibilidade de que Lauren conhecesse tal detalhe da História é absolutamente nula. Mesmo minha filha de dez anos, que sabe o que foi o Holocausto, deve desconhecer o detalhe sobre os dentes arrancados. Certamente, não souberam disso pela TV; nunca li nada sobre o Holocausto para elas.
>
> Naquele momento, senti um grande carinho por Lauren e acreditei no que ela me dizia. E pensei que era uma bênção saber que estava tendo uma vida feliz, depois da terrível tragédia em sua vida passada.

Bastou um comentário de Lauren para que Karen percebesse do que ela falava, muito embora a reencarnação fosse algo de que ela mesma jamais houvesse cogitado.

Distorções podem aparecer nas lembranças de vidas passadas, como acontece nas lembranças da vida atual. Todos nós já tivemos a experiência de, ao descrever algo que aconteceu no passado, sermos corrigidos em algum detalhe por alguém que esteve presente conosco. E não negamos a lembrança dizendo: "Não se preocupem, como não consegui me lembrar de todos os detalhes, acho que isso nunca aconteceu." Ao invés disso, continuamos com o mais importante da história e passamos por cima do detalhe controverso. Tratem as lembranças de vidas passadas da mesma forma: reconheçam a história como um todo, especialmente se os outros sinais de lembrança de vidas passadas estiverem presentes.

Geralmente, as afirmações feitas com naturalidade de "quando eu morri" são o melhor indicador de que crianças muito pequenas estão falando de lembranças de vidas passadas. Por uma razão, como demonstrou o Dr. Stevenson: a morte é o evento de vida passada mais comumente lembrado por uma criança. E a morte violenta é quase sempre a razão pela qual essas lembranças se revelam. Além disso, os detalhes com que a morte é descrita, estão completamente fora do alcance de conhecimento de uma criança pequena.

Outra forma de conhecimento que ultrapassa a experiência é a possibilidade que as crianças têm de falar numa língua desconhecida. Como as línguas exigem meses e anos de repetição e prática para serem aprendidas, a ciência fica sem meios de explicar como alguém, especialmente uma criança, pode falar uma língua da qual nunca tomou conhecimento. Contudo, no contexto de vidas passadas, este é simplesmente outro exemplo de algo que foi aprendido no passado e que é trazido até o presente.

O caso documentado que mostramos abaixo, e que foi publicado em *Reencarnation: The Phoenix Fire Mistery*, é uma ilustração impressionante deste fenômeno.

> Para grande perplexidade do Dr. Marshall McDuffie, famoso médico de Nova York, e sua esposa Wilhelmina, seus pequenos gêmeos conversavam entre si numa língua desconhecida. As crianças foram levadas para o departamento de Lingüística da Universidade de Colúmbia, mas nenhum dos professores ali presentes soube identificar o que falavam. Por acaso, um professor de línguas mortas que passava por ali ouviu e descobriu, espantadíssimo, que as crianças falavam em aramaico, língua comum no tempo de Cristo!

Ninguém tem dúvida de que as crianças não poderiam ter aprendido aquela língua em casa, nem em qualquer outro lugar, já que se trata de uma língua morta. E as crianças não estavam apenas repetindo algumas palavras; conversavam num aramaico perfeito, com o vocabulário avançado e apropriado, a ponto de especialistas poderem reconhecer a língua.

Casos perfeitos como este são raros, mas às vezes a criança diz palavras isoladas em outra língua, ou termos muito antigos. Quando Chase me contou sobre sua vida na época medieval, ele empregou um termo raramente usado hoje em dia, mas perfeitamente em voga na época que estava recordando.

A perspectiva da criança na história também é um indício para a lembrança de vidas passadas. O fato de falar como alguém que está realmente na situação que descreve – vendo, sentindo, vivenciando do ponto de vista de outra pessoa – é revelador. A perspectiva visual pode ser friamente realística, como quando Blake se viu sendo atropelado por um caminhão, ficando *sob* as rodas; ou quando Liia viu as bolhas subindo *acima* dela, enquanto morria debaixo d'água, olhando para a ponte brilhante.

Essas descrições visuais são tão perfeitamente sintonizadas porque as crianças estão realmente vendo do ponto de vista de seus outros corpos. Estão momentaneamente enxergando através dos olhos da pessoa que foram em outra vida.

Outra nuance de perspectiva para a qual se deve estar atento diz respeito às emoções que a criança está descrevendo. Se ela está lembrando de uma vida passada como um adulto, pode fazer menção a emoções maduras e preocupações que estejam além da compreensão de uma criança em idade pré-escolar. Chase descreveu seu pânico e confusão no campo de batalha e sua preocupação com a mulher e os filhos.

Algumas crianças que lembram de suas vidas passadas e das suas mortes também sabem o que lhes aconteceu imediatamente depois da morte. Ocasionalmente, falam da perspectiva de um observador onisciente, fora do corpo que acabam de deixar para trás, ainda vendo e ouvindo o que acontece à sua volta.

Após ter sido atropelado por um enorme caminhão, Blake lembrou que fora levado para um hospital. É provável que ele estivesse inconsciente ou morto naquela hora, mas ainda assim consciente do que acontecia em torno do seu corpo. Ravi Shankar, que se lembrava de ter sido assassinado, contou aos pais exatamente onde os assassinos haviam deixado o corpo decapitado; os arquivos policiais confirmaram que ele estava certo. Esses relatos de percepções extracorpóreas coincidem com os de milhares de adultos e crianças que tiveram experiências de morte aparente.

Como a consciência é contínua no tempo e no espaço, estendendo-se da morte ao nascimento, as crianças podem lembrar e descrever eventos que aconteceram em qualquer ponto desse espaço. Não fique surpreso se seu filho descrever a rotina no paraíso, visitas de "senhoras cintilantes" ou parentes falecidos, ou como escolheram você como pai ou mãe, com a mesma clareza e tom de voz que usam para relatar eventos de vidas passadas. Ou, talvez, você fique estarrecido ao ouvir seu filho descrever casualmente eventos que aconteceram com *você* meses ou anos antes de concebê-lo – eventos dos quais você jamais falou e até já havia esquecido.

O CARRINHO VERMELHO

Esta é uma das muitas histórias que ouvi de crianças que dizem ter ficado pairando próximo de seus pais muito tempo antes da concepção. Ela me foi mandada por Judy, do Estado de Washington. Aconteceu quando sua filha de dois anos, Jessica, perguntou pela primeira vez por que a mãe estava sempre numa cadeira de rodas e não podia andar como todo mundo. Usando palavras que uma menina de dois anos poderia entender, Judy descreveu o acidente de carro que a deixara aleijada. Então, Jessica disse:

> "Eu estava lá."
> "Não, querida, eu ainda era muito jovem", respondeu Judy. "Você não era nascida."
> "Eu estava lá", repetiu, com uma segurança tranqüila.
> "Onde estava, Jessica? Eu não a vi."
> "Só estava sentada lá, observando... até que o carro que fazia RRRR, RRR, veio e a pegou."
> Atônita, perguntei: "Você estava ali para ver se tomavam conta de mim direito?"
> "Isso mesmo." E correu para ir brincar.

As palavras de Jessica não saíram da minha cabeça durante dias, não pelo que dissera, mas pelo *jeito* sério como falou.

Semanas depois, algo ainda mais estranho aconteceu. Jessica entrou no quarto e disse, de repente: "Quando teve o acidente, um carrinho vermelho a jogou para fora e você se machucou."

"Ah", respondi, "fui jogada fora do carro, mas não me lembro de um carrinho vermelho."

Jessica repetiu confiante: "O carrinho vermelho a jogou para fora e você se machucou."

Sufoquei um grito e fiquei de boca aberta, olhando para o meu anjinho. Sim, agora me lembrava. Sim, sim! O carro era um pequeno Volkswagen vermelho!

COMPORTAMENTO E SINAIS CORRESPONDENTES

Se o seu filho contar histórias que pareçam descrever uma vida passada, procure um comportamento ou sinais físicos que possam ser explicados pela história. Pense em alguma fobia, algum comportamento estranho, habilidades espontâneas ou um talento inusitado que não tenham explicação. Isso também vale para sinais físicos: se seu filho contar uma história de um ferimento ou morte em vida passada e tiver um sinal de nascença, um defeito físico de nascimento ou uma doença crônica que combine com o incidente da vida passada, isso pode provar que a sua história é verídica e não uma fantasia.

Se seu filho tiver um comportamento inexplicável que o desconcerte, tente se recordar de algo que ele tenha dito que possa se relacionar com esse comportamento incomum. Fique atento aos fragmentos de conversa ou a comentários estranhos. Ou, como fez a mãe de Tommy, no caso a seguir, espere pela oportunidade certa e pergunte diretamente à criança. Mas, se nenhuma história emergir, não force. Pode haver outra explicação ou seu filho realmente não se lembra de nada.

Podemos confiar no comportamento como um sinal de lembrança de vidas passadas porque o Dr. Stevenson nos deu a prova. Ele considerava o comportamento uma prova tão importante que tomou cuidados especiais em todos os seus casos, observando e registrando como se comportava a criança, comparando com a vida da pessoa falecida que a criança dizia ter sido. Nos seus melhores e mais bem documentados casos, a correlação é inegável.

TOMMY, O MARINHEIRO

Tommy Hibbert, de quatro anos, nascido na Califórnia, é o exemplo do menino com habilidades e comportamento extraordinários. Tinha conhecimentos bem superiores aos esperados para a sua idade sobre vôos e aeronaves. Quando sua mãe Bernice lhe perguntou como sabia tanto sobre aqueles assuntos, Tommy imediatamente falou sobre duas vidas passadas que correspondiam perfeitamente às suas incríveis habilidades.

> Quando meu filho primogênito Tommy, que está hoje com vinte e seis anos, tinha quatro, manifestava um interesse desmesurado por aviões a hélice. Não se interessava por jatos. Freqüentava um jardim-de-infância, e uma das visitas que fizeram foi a um aeroporto, onde havia pequenos aeroplanos a hélice. Um dos pilotos permitiu que Tommy subisse no avião para dar uma olhada. Tommy entrou no aparelho, sentou no assento do piloto, olhou para os controles, pisou nos pedais e mostrou ao piloto que sabia exatamente o que fazer para voar com aquele aparelho. O rapaz ficou espantadíssimo. Disse que se a chave estivesse no contato, Tommy teria levantado vôo.

Dois ou três meses depois, Tommy achou um livro com fotos de aviões da Segunda Grande Guerra. E procurou imediatamente os Zero japoneses. Estava fascinado por eles – recusava-se a olhar para qualquer outro avião. Então, perguntei: "Você já voou num desses?"

Ele respondeu: "Claro que já." E começou a contar como era a sensação de voar e o que era possível ver da cabine daquele avião. Descreveu as molduras de metal da janela e fez um desenho do que se via através da janela, voando alto no céu.

Então, perguntei: "Se você teve uma vida no Japão, como foi a sua morte?"

"Joguei meu avião contra um navio", respondeu, sem nenhuma emoção.

Pensei nos pilotos camicases durante a Segunda Guerra, que fizeram justamente aquilo. Tommy não parecia perturbado com a sua morte. Parecia mais envolvido na lembrança quando falava sobre o vôo dos aviões. Adorava voar, e seu rosto se iluminava quando falava no assunto. Naquela época eu acreditava que ele estivesse falando de uma vida passada, mas não sabia nada sobre o assunto e não tive a presença de espírito de fazer mais perguntas.

Bernice agiu muito bem. Encorajou Tommy a falar, partilhando do seu entusiasmo e com perguntas diretas. Recebeu boas respostas.

Tommy lhe deu outra oportunidade de seguir a trilha que ia do comportamento até uma lembrança de vida passada:

Na mesma época, Tommy perdeu um botão da calça e resolveu pregá-lo. Então, pegou uma agulha e linha, enfiou a linha na agulha e pregou o botão tão bem que mal pude acreditar. Não havia ensinado Tommy a costurar, e ele nunca me havia visto fazê-lo. Assombrada, resolvi

> perguntar: "Onde foi que aprendeu a pregar botões desta maneira?"
>
> "Bem, costumávamos fazer isso o tempo todo, no meu navio", respondeu.
>
> "Você era marinheiro?"
>
> "Sim." E me contou como o seu navio rangia no meio da noite, enquanto descansava deitado no beliche, num velho veleiro de mastros altos e cheio de cordas. Aquela lembrança foi muito importante para a sua vida, porque cresceu, se alistou na Marinha e viajou por quatro anos, raramente pondo os pés em terra durante aquele tempo, e adorou. E adivinhe onde era a sua base? – no Japão!

A espantosa e inata habilidade para pregar botões também aponta para uma vida passada de Tommy. Pregar um botão é uma habilidade complexa que requer treino e prática – especialmente para fazer a agulha passar pelos pequenos furos. A maioria das crianças de quatro anos ainda não é capaz nem de amarrar seus sapatos. Bernice sabia disso, mas aquela habilidade seria apenas um mistério, não fosse a história de uma vida passada. Fazendo a pergunta, ela levou Tommy a explicar onde aprendera a costurar e a descrever sua vida de marinheiro.

Habilidades ou fobias são muitas vezes uma forte evidência comportamental de uma lembrança de vida passada. Os dados coletados pelo Dr. Stevenson dão uma medida de como isso pode ser comum: uma em cada três das crianças que lembravam da morte numa vida passada tinha uma fobia relacionada com a forma como morrera. E as fobias são muito fáceis de serem observadas porque podem ser muito específicas ou estranhas.

Nem todas as brincadeiras infantis são fantasias. Qualquer atividade lúdica obsessiva e repetitiva pode ser a reconstituição de uma cena de uma vida passada, uma tentativa de chegar ao termo de sensações não resolvidas e assuntos pendentes.

Outro tipo de comportamento que poderia apontar para uma vida passada é uma forte afinidade com uma cultura diferente ou com outra época. Essa afinidade pode se manifestar através da preferência por um tipo de comida, um estilo diferente de vestir ou hábitos estranhos à família. Talvez sua criança goste de filmes de outras culturas ou épocas, como Tommy era fixado em aviões japoneses da Segunda Guerra.

Não só as afinidades podem ser sintomas de vidas passadas. As aversões sem causas explicáveis também apontam nesta direção. Uma criança que tenha uma forte antipatia por uma pessoa ou coisa pode estar refletindo um trauma de vida passada. As crianças resistirão a comer alimentos que lembrem experiências traumáticas, chorarão ao ouvir uma língua estrangeira em particular ou expressarão desgosto por uma cultura ou época da história. Se essa aversão não for algo aprendido em casa, mas for peculiar à criança, pode ser um sinal.

Qualquer talento excepcional pode ser sinal de uma lembrança de vida passada, especialmente se sustentado por relatos correspondentes. Habilidade precoce para música, arte, matemática e ciências é um mistério que desconcerta as pessoas há séculos. A História está cheia de exemplos de crianças que dominaram artes extremamente difíceis numa velocidade tão espantosa que mais pareciam estar lembrando de algo que já conheciam. A explicação tradicional foi considerar que essas crianças eram *gênios*, ficando a palavra no lugar de uma explicação convincente. Mas agora que sabemos que as habilidades e o conhecimento são passados de uma vida para outra, podemos admitir que esses prodígios são habilidades relembradas que foram aperfeiçoadas numa vida passada. Se seu filho aprende com uma rapidez acima do normal qualquer disciplina que normalmente exija uma grande dose de treino e estudo, pode ser um sinal.

CAPÍTULO 11

GATILHOS

O que será que dispara as lembranças de vidas passadas? O que estimula essas criancinhas a começarem a falar sobre "quando eu morri" ou "quando eu vivi antes"?

Tudo. Qualquer visão, som, gosto, cheiro, pessoa, lugar ou evento que lembre à criança uma vida anterior pode fazer disparar uma lembrança espontânea. Liia viu o sol refletir na grade metálica da ponte – a última imagem que viu antes da morte foi a do sol refletindo na ponte brilhante acima dela. Quando Lauren colocou obturações de prata nos dentes, foi lembrada de sua morte e dos homens malvados que tiravam dentes de prata.

Quando uma criança vê um objeto, encontra uma pessoa ou chega a um lugar que lembre a experiência passada, a chave é ligada, o circuito entre o passado e o presente se fecha, os olhos se iluminam, e as imagens e sensações penetram no consciente.

As crianças não precisam entrar em contato direto com os objetos. Um desenho num livro, uma imagem ou um som num filme ou na TV também podem destravar uma lembrança. Ed Durbin, de Nova York, via TV quando seu filho David, de três anos, passou pela sala a caminho do quarto. Olhando para a TV, o menino perguntou: "Este é Abe Lincoln, não é? Lutei por ele na guerra." David prosseguiu, descreveu sua vida como soldado na Guerra Civil, dando detalhes muito precisos e com um tom de voz tão maduro que Ed se convenceu de que David estava se lembrando de uma vida passada.

Qualquer coisa proveniente de uma cultura ou clima exótico pode destravar uma lembrança quando a criança a vê pela primeira vez: palmeiras, terraços, pagodes, uma máscara africana, uma estátua egípcia coberta de hieroglifos. Mas o gatilho não precisa ser exótico. Assistindo sua mãe, vestindo um avental, batendo um bolo na cozinha, uma criança de dois anos comentou: "Minha mãe negra também usava um avental."

Qualquer som pode disparar uma lembrança de vida passada. O cortar de lenha, uma conversa numa língua estrangeira, passadas num assoalho antigo podem evocar sons ouvidos em outros lugares, em outros tempos. A música é particularmente evocativa: ouvir flautas de bambu pela primeira vez, uma banda marcial, tambores de uma tribo ou um coro cantando músicas sacras pode atingir um ponto em repouso na memória.

Odores e sabores podem ser fortes gatilhos. A primeira exalação do couro de uma sela, do incenso de um templo, a fumaça de um forno de lenha – ou a primeira vez que uma criança prova arroz com açafrão – pode evocar outros lugares e outros tempos.

Um acontecimento traumático de menos importância, como sentir-se separada dos pais – o primeiro dia na escola, o primeiro acampamento, ficar só com uma babá desconhecida –, pode fazer vir à tona uma ansiedade causada por um trauma no passado, quando a separação foi realmente trágica.

A visão de sangue, facas, cordas, raios, ventos violentos ou água jorrando, de alguém ferido ou caído no chão pode fazer uma criança lembrar da causa ou do local de uma morte em vida passada. Ficar acidentalmente trancado num armário, brincar debaixo de cobertores ou ficar perdido de noite pode fazer relembrar de traumas de morte no escuro ou em armadilhas. Qualquer coisa associada a guerra pode destravar uma lembrança de morte em batalha: grandes explosões, máquinas barulhentas, o rumor de aviões, nuvens de fumaça escura, o cheiro de pólvora ou de gasolina derramada. Helicópteros sobrevoando são capazes de disparar a memória de uma criança cuja personalidade anterior morreu num conflito recente, como a guerra do Vietnã. É óbvio que esses gatilhos podem produzir apenas uma fobia e nenhuma lembrança explícita – você pode ter um filho assustado, mas não ter meios de explicar seu medo.

LEMBRANÇAS DE PONTOS DE REFERÊNCIA

Qualquer lugar ou situação que a criança tenha conhecido na vida passada pode destravar uma lembrança. Ian Stevenson documentou muitos casos de crianças que, quando submetidas a testes, localizaram as casas e lojas de suas vidas passadas. Algumas crianças nos casos dos Harrison também acertaram.

Em um dos casos dos Harrison, Jonathan, um menino de três anos e meio, viajava num ônibus municipal com a mãe, quando apontou para o cruzamento por onde passavam e ficou muito triste, repentinamente. "Foi aqui que a minha filha foi morta", disse ele. E explicou para a mãe que, quando era um homem adulto, sua filhinha Angela fora atropelada por um carro naquela esquina. Depois daquele dia, toda vez que passavam de ônibus por aquele cruzamento, ele contava a mesma história. O trauma fora tão intenso que tornara sua memória insensível, mas a visão do cruzamento trouxe à tona a tragédia da morte de sua filha.

PIERCE HALL

JoAnne Hall levou seus dois filhos numa viagem de negócios a Hampton, Virgínia, que ficava a cerca de uma hora de sua casa. As crianças nunca haviam estado naquela cidade. Passavam por uma rua quando Pierce, de seis anos, disse com a voz agitada: "Ah, mamãe, vá até o fim desta rua, quero ver a água e os barcos."

> Embora não visse nenhum sinal de cais ou lago, fiquei tão surpresa que segui até o final da rua e nos encontramos numa parte antiga da cidade, onde havia enormes casas com mais de cem anos. Pierce gritou, excitado: "Veja, mãe!" Algo na maneira dele falar me deixou arrepiada.

“Para onde devo olhar?”, perguntei.

“Para aquela casa ali, não se lembra?”

Parei o carro e encostei no meio-fio. “Não me lembro, Pierce. Por que deveria me lembrar?”

“Bem, nós morávamos nesta casa, quando você foi minha mãe, antes”. Pierce era imaginoso, e eu estava acostumada às invenções dele. Mas aquilo era diferente. Comecei a tremer e meu corpo ficou todo arrepiado. Era como se uma golfada de ar frio tivesse entrado de repente no carro.

Controlei-me e perguntei: ‘Você lembra de já ter morado aqui?’

“Sim, faz muito tempo.”

E relembrou animadamente das pessoas que viveram nas diversas casas e me falou dos seus amigos. Disse não ter tido irmãos ou irmãs, e que ficou muito velho, “mas nunca fui rabugento”.

Então, Pierce me olhou de um jeito engraçado, e pediu: “Vá até ali, mamãe. É onde estão os barcos. Quero muito vê-los.” Algo dentro do carro também mudara. O frio acabara. Havia algo naquilo tudo que parecia real.

A sensação passou, mas Pierce continuava conhecendo as redondezas. Virei na rua que apontou e percorremos mais dois quarteirões. De repente, estávamos num cais. Eu fiquei surpresa, mas Pierce, não. Apontou para outra linda e enorme casa branca e disse: “Aquela sempre foi a sua casa favorita.”

Respondi: “Realmente, era.” A casa era de fato linda.

Parece pouco provável que, num mundo tão grande, reencarnemos no mesmo local, percorramos os mesmos caminhos e vejamos os mesmos lugares de uma vida anterior. Mas os casos provam que isso é possível. Na verdade, os lugares onde reencarnamos não são tão casuais quanto poderíamos supor. Tanto Stevenson quanto os Harrison descobriram que algumas crianças reencarnaram a menos de cem quilômetros de suas vidas passadas, e até mais próximo. Percorremos, literalmente, os mesmos caminhos.

OLÁ. EU TE AMO. ADEUS.

Da mesma maneira que é provável que passemos pelos mesmos lugares, podemos encontrar as mesmas pessoas que conhecemos em reencarnações passadas. O encontro com alguém que a criança conheceu no passado pode disparar uma lembrança de vida anterior. Se esta for recente, a criança pode estar reconhecendo uma pessoa que conheceu realmente na vida passada e que ainda está viva. Se muitos anos e gerações se passaram, a criança pode reconhecer a essência, a alma de uma pessoa. Como isso acontece, eu não sei. Sei apenas que as almas voltam para resolver assuntos não terminados ou para renovar laços de amor.

Muitos de nós já tivemos a experiência de, ao encontrar alguém pela primeira vez e olhar nos seus olhos, saber que já nos conhecemos antes. Às vezes é amor à primeira vista, em outras é repulsa instantânea. Mas os adultos raramente lembram de uma história de vida passada que explique a conexão.

Algumas crianças, no entanto, lembram. E se ainda não aprenderam que reconhecer alguém de uma vida passada é "impossível", podem se aproximar de um adulto, olhar direto nos seus olhos e perguntar inocentemente: "Não lembra de mim?" Isso pode ter um efeito muito forte sobre o adulto, especialmente se a criança começar a contar uma história convincente de uma vida passada que ambos partilharam. Também pode deflagrar emoções profundas *no adulto*. Foi o que aconteceu a Victoria Bragg.

VICTORIA BRAGG

Jovem filha de um pastor, Victoria Bragg trabalhava numa creche na Geórgia, quando um menino a reconheceu de outra existência. Seus sentimentos por aquele desconhecido de quatro anos viraram sua vida de cabeça para baixo e a fizeram começar uma pesquisa para entender quem era aquela criança e por que entrara em sua vida. Ela me contou sua história pelo telefone.

> Há cerca de dez anos, eu trabalhava numa creche. Um dia, Mark, um menininho de quatro anos, entrou na casa com sua mãe. Quando Mark chegou, parecia distraído. Mas ao me ver, correu para mim, me abraçou pelas pernas e levantou seu rostinho redondo. "Lembra quando você entrou na minha loja, eu estava varrendo, e depois fomos dar uma volta de carro e nos divertimos à beça?"
>
> Perguntei: "O quê?"
>
> Mark repetiu sua pergunta, palavra por palavra.
>
> Voltei a perguntar: "Quando foi isso, Mark?"
>
> "Você sabe... antes..."
>
> Estava chocada e fiquei calada, confusa. Minha mente tentava livrar-se como se ele fosse apenas uma criança cheia de imaginação. Mas suas palavras faziam correr um frio na espinha, e sabia que não poderia ignorá-lo. Precisava urgentemente ter mais detalhes. Mas ele já tinha se afastado e brincava com outras crianças.
>
> Não conseguia tirar Mark da cabeça. Naquela noite, conversei com uma amiga e disse-lhe quão obcecada estava com o que aquele menino de quatro anos dissera. Ela sugeriu que talvez eu tivesse estado com ele em outra existência e que devia fazer mais perguntas para ver o que aconteceria.
>
> Mark voltou à creche alguns dias depois. Aproximou-se de mim, perguntando se lembrava do nosso passeio de carro. Eu disse que não. Ele repetiu a história da mesmíssima forma. Disse também que nos tornamos amigos e nos casamos mais tarde.

Quando perguntei seu nome, respondeu: "Costumavam me chamar de Pintor."

"Você era um artista? Pintava quadros?"

"Não, eu pintava edifícios."

"Tivemos filhos?"

"Sim", respondeu, "uma filha." E depois contou que eu morrera primeiro, que ele sentira muito a minha falta e que me amava.

Vi Mark mais duas vezes. A cada visita sentia emoções cada vez mais fortes, que não podia entender. Tinha dificuldade para dormir e chorava por ele. Sei que parece tolice, mas queria estar com ele. Não via Mark como um menininho – via-o quase como uma pessoa diferente, um adulto. Era amedrontador sentir aquelas emoções por uma criança de quatro anos. Eu me sentia muito, muito triste.

A última vez que a mãe trouxe Mark à creche, perguntei se ele lhe havia dito algo estranho. Ela disse que Mark falava de mim sem parar, repetindo que me amava e sentia a minha falta. E que queria me levar para dar um passeio de carro outra vez, como havia feito antes. Contou também que antes Mark detestava ir à creche mas que agora não podia esperar para vir ver-me. Ela admitiu que estava tão desconcertada quanto eu. Confessei meu temor, porque na ver-dade estávamos falando de reencarnação. Então, tivemos nossas atenções atraídas por outros assuntos e não voltamos a nos falar. Pouco depois, deixei o emprego, me mudei e perdi contato com Mark. Nunca mais o vi.

Fui perseguida por aquela experiência anos a fio. Não podia parar de pensar em Mark, imaginando o que tudo aquilo queria dizer. Finalmente, procurei um terapeuta que me ajudou a fazer uma regressão a vidas passadas.

Voltei direto para aquela existência e vi claramente que tudo o que Mark dissera era verdade. Vi também um acidente que sofri de carro, junto com minha filha. Ela sobreviveu, eu morri. Meu marido nunca se recuperou daquele golpe e tornou-se alcoólatra.

A regressão me ajudou a entender o significado do nosso encontro. Mas não eliminou a dor. Senti que tinham roubado o meu amor. Por que Mark e eu não podíamos ficar novamente juntos? Volto a chorar contando isso a você, porque a emoção é muito forte. Queria tanto dizer a ele que sinto tê-lo deixado ao morrer.

Não pude dizê-lo quando o encontrei na creche porque ainda não sabia que havia morrido, deixando-o tão triste. Sinto pena de não lhe ter feito mais perguntas.

Mas creio saber por que ele voltou. Queria que eu soubesse que está bem. Quis me dizer que nós voltamos a viver novamente e que os laços do amor são mais fortes que a morte. Creio que uma parte dele sabia que não poderíamos estar juntos nesta existência e que só quis me ver mais uma vez porque sente saudades. E para dizer "eu te amo" mais uma vez.

O ESTADO DE ESPÍRITO DA CRIANÇA

Alguns pais me disseram que seus filhos começaram a falar de uma vida passada sem nenhum estímulo. Isso não me surpreende. A lógica da mente de uma criança é insondável. As crianças podem dizer coisas aparentemente irrelevantes. Portanto, faz sentido que as lembranças de vidas passadas, que se mesclam no inconsciente com tudo o mais, também estejam sujeitas a esta geração aleatória e que brotem sem motivo aparente.

Mas, à medida que mais histórias chegavam ao meu conhecimento, comecei a perceber os mesmos padrões nesses casos aparentemente aleatórios. Os pais me disseram inúmeras vezes:

"Estávamos passeando de carro, quando nosso filho começou a falar sobre sua vida passada." A tal ponto que comecei a brincar, dizendo que o automóvel é a máquina do tempo para a vida passada. Mas, falando sério, o que será que os carros têm a ver com isso?

Então, percebi o óbvio. O movimento do carro embala a criança, fazendo-a entrar em estado de transe. Nós mães sabemos que podemos confiar no movimento hipnótico do automóvel para fazer as crianças dormirem. Uma pessoa da minha idade, pouco antes de cair no sono, passa por regiões fronteiriças do inconsciente – uma pequena zona de conhecimento imperfeito, constituída de imagens e impressões intuitivas – chamada de estado hipnagógico. Neste estado de transe, pouco antes de a consciência mergulhar no sono, as impressões psíquicas, inclusive as lembranças de vidas passadas, sobem para a superfície. Se a criança flutua nesta zona sem cair direto no sono, estará num estado favorável para começar a vivenciar lembranças de vidas passadas.

Pensei nisso um pouco mais e percebi que o estado de espírito da criança é, por si só, um gatilho. Qualquer coisa – e não apenas passear de carro – que induza um transe ou um estado de relaxamento numa criança pode disparar uma lembrança. A mãe de Blake usava uma massagem nas costas para trazer novamente a lembrança de sua vida passada, e já ouvi falar de outras mães que fazem exatamente o mesmo. Há crianças que falam de suas memórias durante o banho ou pouco antes de deitar. O movimento de uma cadeira de balanço pode levar uma criança a cair em um estado de consciência alterado tão facilmente quanto o famoso relógio do hipnotizador.

As crianças também podem entrar num transe ligeiro enquanto estão engajadas em qualquer atividade criativa como pintura, desenho ou brincando de contar histórias. Essas atividades envolvem o lado direito do cérebro, a fonte das imagens criativas e inconscientes, e afrouxam a pressão sobre o lado esquerdo do cérebro, o lado lógico. Terapeutas de vidas passadas que trabalham com crianças usam desenhos como uma técnica confiável para acessar lembranças de vidas passadas infantis.

A MENTE DA MÃE

Após aquele 4 de julho em que Chase ficou histérico com o barulho dos fogos, me peguei perguntando: "Por que aquilo não aconteceu antes?" Chase já tinha assistido a queimas de fogos e ouvido explosões fortes em outras ocasiões. Mas a memória não tinha subido à superfície (sob a forma de fobia) até seus cinco anos. Que outros fatos teriam concorrido para isso? Talvez minha própria regressão, meses antes, e minha recente consciência da existência de vidas passadas tivessem disparado a lembrança dele e de Sarah. Seus subconscientes podem ter recebido o sinal de que eu estava receptiva agora, que o clima psíquico era perfeito para que suas lembranças aflorassem. Senti intuitivamente que aquela suposição estava correta. Mas, sem mais provas, causa e efeito telepático são muito difíceis de serem provados. Então, guardei aquela intuição no meu arquivo de casos "não solucionados", como mais um mistério que esperava um dia poder resolver.

Comecei a ouvir outras mães. Colleen Hocken me contou que ouviu o Dr. Brian Weiss mencionar vidas passadas em crianças no programa de Oprah *um dia antes* de Blake falar pela primeira vez de sua lembrança. Questionei-a sobre aquilo: "Antes daquele dia, Blake pode ter dito alguma coisa que você desprezou porque não sabia que as vidas passadas eram possíveis?" Ela me assegurou enfaticamente que não. Mas quando Colleen soube da possibilidade, a lembrança de Blake aflorou no dia seguinte.

Outra mãe, Sharon Benedetto, fez uma regressão a vidas passadas com seu terapeuta, lembrando de uma existência na Rússia. Viu que seu filho atual, Joey, também tinha sido seu filho no passado. Poucos dias após sua regressão, o pequeno Joey, de cinco anos, começou a ter pesadelos – os primeiros – sobre aquela mesma existência na Rússia. Sharon tinha certeza de que sua regressão havia inconscientemente disparado a memória do menino, porque ela não havia discutido sua regressão com ninguém. Estava começando a perceber um padrão, uma relação de causa e efeito entre a aceitação das lembranças de vidas passadas por parte das mães e a primeira irrupção das lembranças das crianças. Isto não quer dizer que a aceitação e o conhecimento dos pais sejam necessários para que a lembrança de vida passada de uma criança seja disparada. Na maioria dos casos do livro dos Harrison, e até mesmo nos casos do Dr. Stevenson na Índia, os pais desconheciam vidas passadas ou eram contrários à idéia. As crianças tinham lembranças de qualquer modo – o conhecimento dos pais não era pré-requisito.

SANDY

Contudo, eu descobria que em muitos casos o conhecimento podia ser um fator, parte da fórmula invisível que determina quando e onde uma lembrança de vida passada emergirá.

Aquilo ia ficando cada vez mais interessante. Ouvi falar de Sandy, uma terapeuta e mãe de Nova Jersey, que tentava entender seu relacionamento com o filho de sete anos, David. Sandy me contou que "ele agia como se eu fosse uma inimiga, como se precisasse se proteger de mim. Será que eu era assim tão má?"

Sandy costuma escrever no seu diário, como meio de meditar – um método de invocar sua voz mais íntima e resolver problemas pessoais. Sua prática consiste em sentar-se e meditar até entrar num ligeiro transe. Então, com as questões na mente, escreve livremente até que as respostas emerjam na escrita.

> Naquele dia experimentei a calma e segurança que sempre sinto quando me sento para escrever. A pergunta que tinha na cabeça e no coração era: "O que está acontecendo com David? Por que me trata como inimiga?" Quan-

do comecei a escrever, fui surpreendida com as palavras que surgiram: "O comportamento de David só pode ser entendido à luz de suas várias existências anteriores de perseguição, escravidão e opressão."

Não era à toa que agia daquele jeito! Percebi que podia largar o peso – minha preocupação de "não ser uma boa mãe" – que carregava. Podia me concentrar em descobrir meios de confortá-lo e ajudá-lo. Fiquei melhor e comecei a relaxar.

Neste exato momento, David entrou no quarto e perguntou: "Mãe, o que está escrevendo?" Foi uma surpresa, durante o ano e meio em que escrevi jamais David havia entrado no quarto e perguntado o que eu fazia. Disse-lhe que estava escrevendo sobre ele. Perguntei se queria ouvir, e ele aceitou, entusiasmado.

Li. Ele ouviu atentamente. Ao terminar, olhei para o seu rosto. Parecia diferente – sério, ponderado, com um ar longínquo. Então, como se alguém tivesse acionado uma chave dentro dele, começou a falar pausadamente sobre suas vidas passadas. Nunca o ouvira falar daquele jeito. Falava claramente, seguro da informação que estava transmitindo. Fiquei sentada, ouvindo em silêncio.

David me falou sobre cinco de suas vidas. Contou-me em detalhes as perseguições, medos, frustrações e misérias pelos quais passou. Lembrou de cenas muito vívidas e traçou retratos das pessoas que amou e odiou. A última vida que descreveu era totalmente diferente das outras: uma vida compensadora, cheia de uma maravilhosa tranqüilidade e paz.

Desde então, David e eu falamos apenas casualmente sobre outras existências, mas nunca mais com a fluência e certeza daquela noite especial.

Por que David entrou no quarto naquele momento? Teria sentido intuitivamente que sua mãe estava escrevendo e refletindo sobre ele? Teria inconscientemente percebido uma mudança na atitude de Sandy? Sua aceitação e a compreensão das suas dificuldades do passado? Tanto Sandy quanto eu acreditamos que *não* foi coincidência, mas resultado de uma comunicação inconsciente direta entre mãe e filho.

TELEPATIA ENTRE MÃE E FILHO

Quando ouvi a história de Sandy, comecei a levar a sério a minha teoria de que a telepatia entre mãe e filho é um poderoso gatilho para disparar lembranças de vidas passadas. A história dela me lembrava muitos relatos que ouvira sobre o elo telepático cotidiano que as mães têm com seus filhos. Esse elo, apesar de ser muito conhecido pelas mães, é raramente mencionado em livros. Muitas mães tiveram a experiência de acordar no meio da noite, momentos *antes* de seus bebês se agitarem. A telepatia é mais impressionante quando uma criancinha está em perigo, a mãe sente que um acidente está para acontecer, e age sem pensar. É capaz de prestar atenção no momento exato em que o bebê se encaminha para a piscina, ou olha através da janela no instante em que a criança se aproxima demais da rua movimentada. Essas são formas de telepatia.

Alguns pesquisadores estudaram a telepatia entre pais e filhos. Não é de surpreender que a telepatia seja mais freqüente entre mães e filhos que entre pais e filhos. As mães estão naturalmente em maior harmonia com seus filhos pequenos. Afinal, elas os carregaram dentro do corpo por nove meses. Durante a gravidez, crêem os psicólogos, existe uma fusão de consciência entre mãe e filho. Os pensamentos e emoções da mãe são, de certa forma, partilhados pela criança no útero. Esta profunda ligação não é completamente rompida quando o cordão umbilical é cortado.

Thomas Armstrong, em seu livro *The Radiant Child*, cita o

psiquiatra Jan Ehrenwald, estudioso desse fenômeno: "A percepção extra-sensorial representa um elo simbiótico natural entre mãe e criança nos primeiros anos de vida da criança. A telepatia é um meio primitivo do bebê de solicitar cuidados de sobrevivência básicos, já que ainda não teve a oportunidade de desenvolver sua fala."

Se a telepatia entre mãe e criança é real, pensei, então o que eu estava supondo – que o conhecimento da mãe pode disparar a lembrança do filho – também é possível. Dois outros casos me convenceram de que esse fenômeno é real.

ELONA, ANNA E SETH

Numa festa de 4 de julho, na casa da minha irmã Bárbara, no norte do Estado de Nova York, encontrei sua amiga Elona, que tinha três filhos. Naturalmente, a conversa se voltou para um outro 4 de julho e para a história das lembranças de vidas passadas dos meus filhos. Elona estava encantada. Confessou que sempre acreditara fortemente ter sido uma das crianças que morreram durante o Holocausto. Mas não tinha idéia de como aquilo era possível, pois a reencarnação nunca fizera parte da sua educação religiosa. Uma semana depois, ela e o filho de cinco anos, Sagiv, estavam andando de carro quando o menino teve uma lembrança espontânea de vida passada. Ela tinha tanta certeza da veracidade da lembrança quanto do fato de ter sido nossa conversa no dia 4 de julho, mudando sua consciência sobre vidas passadas, que disparara as lembranças do seu filho.

Mas ainda há mais. Algum tempo depois, em setembro, mandei pelo correio o registro do seu caso, para que Elona o revisasse. Ela estava justamente começando a fazer a revisão, quando sua amiga Anna chegou para visitá-la.

> "O que é isso?", Anna perguntou.
>
> Elona mostrou o relato. O único comentário de Anna

foi: "Esse negócio não pode ser verdade. Você deve ter sonhado."

Elona explicou por que se convencera de que Sagiv teve uma lembrança de vida passada. Contou a história de Chase, mas não havia meio de convencer Anna. Como última alternativa, Elona disse: "Bem, seu filho Seth tem horror de qualquer tipo de pintura facial. No Dia das Bruxas, ele não põe a cara fora de casa! Como explica isso?"

"Provavelmente copiou isso de mim", defendeu-se Anna, descartando a sugestão de Elona.

Dois dias depois, Anna telefonou para Elona, amedrontada e agitada. E revelou o que havia acontecido com Seth, seu filho de cinco anos.

"Meu marido Ben, Seth e eu estávamos andando de carro. Sem mais nem menos, o menino perguntou ao pai: 'Sua mãe morreu?'

Ben respondeu: "Claro que não, você sabe que sua avó está viva."

Seth continuou, com a voz triste: "A minha mãe morreu."

Ben ficou danado e gritou: "Não seja idiota! Que está dizendo? Sua mãe está bem aqui!"

Apesar da raiva do pai, Seth não conseguia se conter. "Minha mãe estava muito doente e morreu."

Perguntei a Seth os seus nomes, e ele disse nomes que pareciam de índios americanos. E disse mais: "Ela estava muito velha, e eu também. Ela me pediu antes de morrer que encontrasse uma pessoa, mas não consigo encontrá-la." Seth começou a soluçar como um adulto, com lágrimas rolando pelas faces. Disse que estava triste pela morte da mãe, e muito abalado por ter quebrado a promessa de encontrar a tal pessoa.

Quando Anna terminou, Elona perguntou: "Você percebe

agora a ligação com caras pintadas?"

A única resposta de Anna foi: "Estou com medo. Vejo Seth de uma forma diferente e não sei o que fazer."

Alguns dias depois, Elona me telefonou e disse: "Quando falei com Anna, ela estava confusa e abalada, porque vira em Seth os mesmos sinais que eu descrevera. Percebeu o olhar do filho firme e convicto, 'de quem não está brincando', à medida que ele falava da sua vida de indígena americano. Sei que viu porque descreveu: a integridade de adulto que surge no rosto da criança quando fala dessas coisas, um olhar que não se consegue descrever para outra pessoa – até que você o veja no rosto do seu próprio filho. Anna o viu e ficou amedrontada, porque derrubou sua crença de que só vivemos uma vez. Ela se recusa a discutir novamente a lembrança com Seth, esperando que com isso ela desapareça."

Elona e eu concordamos que Seth provavelmente tinha medo de rostos pintados porque eles disparavam suas lembranças da existência como índio e sua profunda tristeza pela quebra do voto. Parecia fazer sentido.

Conversamos novamente algumas semanas depois do Dia das Bruxas. Ela informou que "viu Seth na noite do Dia das Bruxas, e ele não parecia mais ter medo das fantasias ou das máscaras. Achou tudo muito engraçado. E sei que ele tinha essa dificuldade em setembro, antes de ter tido a lembrança. Desapareceu depois que ele lembrou daquela vida passada."

Aquilo era fascinante. *Apesar* da resistência e incredulidade de Anna, a lembrança de Seth veio à tona dois dias depois que a mãe tomou conhecimento da idéia de vidas passadas. E, simplesmente verbalizando sua lembrança, Seth parecia ter-se beneficiado com ela, perdendo o medo de caras pintadas.

Elona estava maravilhada com aquela cadeia de eventos. Meu relato da história da lembrança de Chase disparou suas lembranças. Sua conscientização disparara psicologiamente as do filho, Sagiv. O conhecimento de Anna da *possibilidade* de haver vidas passadas, apesar de suas dúvidas, disparara as memórias de vidas passadas do filho, que ficou curado de uma fobia.

"É uma rede de gatilhos, todos interligados", exclamou Elona. "É uma reação em cadeia de conscientização." E acrescentou: "Puxa, imagine o que não vai acontecer quando o seu livro sair!"

"Ainda não sei", respondi. "Mas faço uma idéia."

CAPÍTULO 12

O Que os Pais Podem Fazer

O que você faria se, um dia, o seu filho tivesse uma lembrança de vida passada?

Para começar, tranqüilize-se, porque outros pais também já passaram por isso. Sem ajuda de espécie alguma, auxiliaram seus filhos a viver experiências profundas e capazes de alterar suas vidas. Suas únicas ferramentas foram o amor, a intuição e o desejo de ouvir o que os filhos tinham a dizer. Os casos relatados neste livro mostram como conseguiram atingir seus objetivos.

Se eles conseguiram ultrapassar as dificuldades, você também conseguirá. Aliás, será mais fácil agora, porque você contará com a ajuda do levantamento de todos esses casos, que mostram como funcionam e se desenrolam as lembranças de vidas passadas.

Os primeiros pais a viverem esta experiência ficaram inicialmente desnorteados, porque ninguém lhes tinha dito que lembranças de vidas passadas eram possíveis e se assustaram, pensando que seus filhos estavam tendo alucinações. Mas, através dos estudos científicos da Dra. Helen Wambach, vimos que as memórias de vidas passadas resistiram a uma análise estatística cuja amostra foi superior a mil adultos. A pesquisa e a documentação científica de mais de 2.500 casos pelo Dr. Ian Stevenson mostraram que as lembranças de vidas passadas *espontâneas* são um fenômeno natural em crianças. Portanto, se seu filho lembrar de uma vida passada – e os quatro sinais o ajudarão a reconhecê-la –, você poderá agir com a segurança de que ele é normal e está em boa companhia.

Fique tranqüilo, as lembranças de vidas passadas são benéficas. Através do trabalho de vários terapeutas de vidas passadas, vimos que essas lembranças são uma oportunidade de curar questões não resolvidas que poderiam causar problemas à medida que a criança crescesse. Sabemos também que as lembranças de vidas passadas podem ser fonte de um desenvolvimento espiritual, que promove um caminhar confiante nesta vida.

Voltando à pergunta inicial: no momento em que seu filho começar a falar de uma lembrança de vida passada, o que você realmente *deve* fazer?

Sua forma de reagir é de importância fundamental. Aqui temos cinco passos que resumem tudo o que descobri sobre como reagir acertadamente à lembrança espontânea de vidas passadas de uma criança, para guiá-la. Isto é o que você deverá fazer no momento em que seu filho repentinamente disser: "Quando eu era grande, eu tinha outra mãe."

1. *Mantenha a calma:*

Respire fundo. Concentre toda sua atenção no seu filho.

2. *Acolha:*

Com palavras tranqüilizadoras e um tom de voz amoroso, acolha seu filho e a lembrança que ele expressa. Isto manterá a memória fluindo e garantirá um resultado positivo.

3. *Distinga:*

Escute com atenção para distinguir os fatos e emoções da história emergente. Procure os temas fundamentais da lembrança e tente ver como se relacionam com a vida atual da criança.

4. *Permita que as emoções aflorem:*

Permita sempre que seu filho siga a lembrança aonde quer que ela o leve, que expresse suas emoções, por mais perturbadoras ou intensas que sejam.

5. *Esclareça passado e presente:*

Com carinhosa segurança, esclareça para o seu filho a diferença entre imagens da vida passada e a realidade do presente.

Embora eu tenha organizado meus conselhos em etapas, não se preocupe em segui-las nesta ordem. Cada caso é um caso. Às vezes as lembranças surgem todas em uma única vez. Se isso ocorrer com o seu filho, você poderá seguir as cinco etapas simultaneamente, reagindo intuitivamente, sem tempo para pensar. Em outros casos, as lembranças gotejam durante semanas ou meses, dando-lhe tempo suficiente para pensar no significado delas e planejar sua reação. Seja qual for o caso, lembre-se: não se preocupe em seguir etapas – siga seu filho e a energia do momento.

Não tente também memorizar estes conselhos. Reagir a uma lembrança de vida passada não é um processo técnico; é apenas comunicar-se com o seu filho, e isso você já sabe fazer. Acredite que vai absorver tudo o que está lendo agora e que, se seu filho tiver uma lembrança de vida passada no futuro, você saberá agir.

Acima de tudo, *reaja sempre positivamente.* Reaja tranqüilamente, acolhendo, encorajando, explicando, esclarecendo e transmitindo segurança – sempre com muito amor. Nunca vi um caso em que uma atitude negativa fosse a mais apropriada. Quando reagir a uma lembrança de vida passada, *nunca* corrija, discuta ou censure o seu filho. Ponto final.

MANTENHA A CALMA

Imagine que está passeando de carro, conversando com sua filha de três anos. De repente, a voz dela fica séria, inusitadamente calma, e ela diz:

"Quando eu estava com a minha outra *mãe, eu era um menino."*

Neste momento, pensamentos e impressões turbilhonam em sua mente. Você ouve o tom de voz formal, olha para a sua filhinha e percebe que seu rosto está calmo, sério e *brilhando.* E *você* sente imediatamente a energia. Todos os seus sentidos entram em alerta. Num instante perceberá que ela está falando de uma lembrança de vida passada.

O que deve fazer ?

Primeiro, não bata com o carro! Não é piada. As lembranças surgem muito freqüentemente quando se está dirigindo, e são extremamente mobilizadoras. Se se sentir nervosa ou perturbada, pare o carro e volte toda a sua atenção para a criança. Não importa onde esteja quando a lembrança surgir – em casa, colocando o bebê na cama, dando banho ou trabalhando na cozinha –, pare o que estiver fazendo e concentre-se na criança.

Quase todos os pais ficam um pouco amedrontados e nervosos ao sentirem essa mudança na criança. Tente manter a calma para estar totalmente presente. Um meio de conseguir isso é respirando fundo várias vezes. Respirar fundo ajuda a reencontrar o equilíbrio e lhe permite dar atenção integral ao que sua filha está tentando lhe dizer. Tente manter esta respiração profunda durante todo este processo.

Respirando conscientemente, permanecendo calma e equilibrada, você reforçará sua receptividade para ficar completamente comprometida e em harmonia com sua filha. O surgimento de uma lembrança de vida passada é um momento extraordinário, quase místico. Quando se está completamente presente, penetra-se numa dimensão de espaço intemporal com a criança. Os espíritos se tocam. A concentração e a respiração abrem seu coração e intensificam essa conexão especial.

Durante esses momentos, quando ambos parecem envoltos numa bolha de energia, fica-se temporariamente desligado das influências do mundo externo, e nada mais importa. Proteja essa sensação. Não faça gestos abruptos que possam estourar a bolha. Não corra para chamar outro membro da família, não se afaste para buscar um gravador, não procure lápis ou papel para tomar notas. Se sair do aposento ou gritar para chamar alguém, poderá fazer a criança voltar ao seu estado de consciência normal. Não se preocupe se não lembrar exatamente do que a criança disse. Você depois se lembrará do que for necessário para tomar notas. Na verdade, provavelmente você descobrirá, nos dias seguintes, que cada palavra ficou indelevelmente gravada na sua memória.

Se você não souber o que fazer, lembre-se de aceitar a veracidade da lembrança de seu filho. Faça-o saber que você acredita nele e que o que está dizendo é importante para você. Este ponto é crucial. Com suas perguntas e comentários, num tom de voz amoroso, você demonstrará que está realmente interessado em tudo o que ele disser. Acolhendo seu filho, estará lhe garantindo que ele pode expressar com segurança o que lhe vier à mente, que não será ridicularizado, nem está fazendo nada errado.

Faça perguntas para mantê-lo falando sobre a sua lembrança. Nos primeiros momentos dessa experiência, sua meta é apenas mantê-lo falando, a fim de que lhe dê informações suficientes para entender o significado da lembrança. As perguntas mais simples a serem feitas são o que os conselheiros e terapeutas chamam de *reafirmação*. Basta repetir as palavras ditas pela criança, num tom de interrogação. Se ela disser "Quando eu tive outra mãe", você perguntará: "Você teve outra mãe?" Se disser "Os bandidos atiraram em mim e morri debaixo d'água", você responderá, perguntando: "Você morreu debaixo d'água?" ou "Os bandidos atiraram em você?" As reafirmações acolhem a lembrança porque indicam que você está seguindo o relato e quer saber mais. É uma técnica poderosa para manter o fluxo da lembrança aberto.

Também é permitido sondar e fazer perguntas para verificar se se trata realmente de uma lembrança de vida passada. É válido perguntar se a criança viu aquilo na TV, se ouviu na escola ou se um irmão mais velho lhe contou. Mas, enquanto sonda, não critique nem expresse dúvida de forma alguma. Cuidado: ao fazer perguntas, use um tom de voz carinhoso, gênero "conte-me tudo", e *não* um tom acusatório, do tipo "onde foi que você ouviu essa tolice?". Não insinue de forma alguma que pensa que ela pode estar errada, louca ou mentindo.

Enquanto faz perguntas, evite julgar se se trata ou não de

uma lembrança de vida passada verdadeira. Pode não ser. Admita, por enquanto, que se trata de uma lembrança *verdadeira* para não ficar distraído por esta dúvida. Enquanto a situação perdurar, não interessa saber onde a criança arranjou aquelas idéias e imagens. Depois, quando tudo tiver voltado ao normal, você poderá avaliar melhor. Mas, agora, não. Enquanto estiver acontecendo, abra-se completamente à realidade da experiência do seu filho. Deixe o julgamento para depois. Fique com a lembrança. Se a sua fé não admite a reencarnação ou se temer que ninguém vá acreditar no que está ouvindo, não pense nisto agora. Terá muito tempo, depois que esse momento passar, para refletir sobre sua opinião.

Acolher como verdadeiras as palavras do seu filho terá um efeito muito positivo para o seu relacionamento com ele, a longo prazo. Porque, quando as crianças falam de uma lembrança de vida passada, estão expondo sua parte mais íntima, algo muito delicado e verdadeiro. Reconhecendo suas lembranças, nós *as* estaremos aceitando profundamente. Seu reconhecimento manterá os profundos canais de comunicação abertos entre você e seu filho, em dias futuros. É através desses canais que o entendimento e a cura naturalmente acontecem. *Não* reconhecer ou negar as lembranças dos nossos filhos produz um efeito igualmente profundo, mas *extremamente nocivo.* Se negarmos as lembranças dos nossos filhos ou os ridicularizarmos pelo que disserem, nós os confundiremos. É o mesmo que dar-lhes um tapa na cara por dizerem a verdade. Podem entender que devem duvidar do que estão vivenciando, e fechar esta parte profunda de si mesmos, de modo a nunca mais serem julgados ou servirem de objeto de riso. A partir deste acontecimento, as crianças duvidarão de todas as suas experiências mais internas ou espirituais. Poderão levar anos para redescobrir e confiar na verdade que estava tão evidente em seus inocentes corações. Nós também perdemos. Fechando aquela parte tão profunda de seu ser para nós, ficamos privados de uma conexão espiritual muito significativa com nossos filhos – uma dádiva que não tem preço.

Continue acolhendo e aceitando seu filho e suas lembranças, durante toda a experiência, quaisquer que sejam as outras medidas que você tome.

DISTINGA

Sua meta é entender o que seu filho tenta dizer. Você tem dois objetivos: discernir fatos e sentimentos da história da vida passada e identificar os temas implícitos nesses fatos. Quando já tiver uma idéia do significado da lembrança de vida passada e souber que emoção ou questão não resolvida a fizeram vir à tona, estará preparado para reagir adequadamente – a atender as necessidades da criança com a sua compreensão.

Ouça cuidadosamente, e com a mente bem aberta, o que a criança está dizendo. Faça perguntas para mantê-la falando sobre a experiência. Observe suas expressões faciais, a linguagem corporal e os gestos. Use sua intuição também: preste atenção ao que sente em relação ao que a criança conta, e a idéias que surgem na sua mente enquanto ouve e observa.

Mais importante que qualquer técnica, deixe a criança assumir a direção. Isso é da maior importância. Você quer conhecer a experiência dela do extraordinário ponto de vista *dela*. Não coloque idéias na cabeça dela, nem suponha que sabe aonde ela vai chegar com a lembrança. Deixe que ela fale. E se estiver falando livremente, não a interrompa com perguntas demais. Mantenha-se no ritmo da conversa dela.

Se a história irromper de uma só vez, basta ficar atento e ouvir. Frases simples de apreciação e encorajamento – como "Ah, entendo", ou "Que interessante", ou uma reafirmação ocasional – são o que basta para manter a criança falando. Manter o contato visual, dar um meneio de cabeça ou um "hum-hum" ocasional, também bastam. Contudo, se a criança hesitar ou se tiver dificuldade para esclarecer a lembrança, seja paciente. Espere. Respire fundo. Então, faça uma pergunta aberta, como: "Então, o que foi que aconteceu?", "Que está vendo agora?", "Fale mais sobre isso" Perguntas abertas são aquelas que não podem ser respondidas com um "sim", um "não", ou uma resposta rápida. São valiosas para manter a informação fluindo, sem interferências nem conseqüências. Perguntas abertas permitem que seu filho vá ao ponto desejado na história.

Perguntas específicas – aquelas que podem ser respondidas com um sim ou um não, ou com uma resposta curta – são úteis para elucidar detalhes específicos. Perguntas como "Você tinha irmãos ou irmãs?" ou "Que idade tinha quando morreu?" ou "Você estava de maiô?" ajudarão a completar o quadro do que aconteceu. Se a criança hesitar ou embatucar, a pergunte específica ajudará a tornar a imagem mental mais nítida, ao concentrar a atenção num detalhe particular.

Geralmente, as perguntas abertas são úteis para se obter o máximo de informação. Por exemplo, ao invés de perguntar "Você está triste?" (específica), pergunte "Como está se sentindo?" (aberta). Ficará surpreso ao ouvir que, ao invés de triste ou não, ela está furiosa, amedrontada, orgulhosa ou com ciúmes. A pergunta pode provocar uma longa e detalhada descrição dos sentimentos da criança e ramificar para novas partes da história. Tratando-se de crianças muito pequenas, de vocabulário muito limitado, talvez o ideal seja oferecer algumas opções de resposta: "Você ficou doente, melhorou ou morreu?"

Evite perguntar "por quê?". Esse tipo de pergunta força a criança a tatear em busca de uma explicação ou interpretação. Pode interromper o fluxo da lembrança ao exigir um pensamento racional, levando ao término abrupto do diálogo.

Lembre que sua meta suprema é manter a criança envolvida na lembrança e falando. Mantenha o ritmo que ela definir, e faça perguntas para que o fluxo do relato não pare. À medida que a história for se desenrolando, você passará a fazer perguntas abertas para ampliar a descrição, seguidas de questões específicas para enfocar e esclarecer alguns pontos.

Iguale o seu tom de voz ao da criança. Se ela descrever a outra vida ou mesmo sua morte entusiasticamente, fale com entusiasmo igual. Se estiver triste, responda em um tom de voz sério e preocupado. Seu interesse verdadeiro no que ela está contando a encorajará a ir mais fundo na lembrança, a ver mais claramente e persistir na história.

Estas técnicas são apenas sugestões. Não se preocupe em errar. Quando uma criança está ocupada com uma lembrança de vida passada, ela se agarra tenazmente à veracidade de sua visão e não é fácil influenciá-la. Portanto, não se irrite nem hesite com medo de fazer a pergunta errada. Para o seu filho, a sua presença carinhosa é muito mais importante nestes momentos. A chave de tudo é a sua aceitação incondicional do que ele está vivenciando neste momento; sua habilidade no questionamento é apenas uma ferramenta útil.

DISTINGA FATOS E SENTIMENTOS

O primeiro objetivo da distinção é descobrir as particularidades da história. A criança era um adulto ou uma criança na outra vida? De que sexo? Tinha uma família? Por que traumas passou? Como morreu? O que se quer é obter o máximo de detalhes da história enquanto este momento de lucidez dura.

Fique atento aos sentimentos do seu filho à medida que ele fala de sua lembrança. Está triste, feliz, amedrontado ou excitado? Está perturbado, amargurado, se sentindo culpado? Geralmente, as lágrimas demonstram tristeza, mas não necessariamente. Podem ser sinal de que existem emoções profundas chegando à superfície – até mesmo uma felicidade há muito esquecida. A força da carga emocional é o melhor indicador do vigor da lembrança e de sua influência na vida atual. Emoções fortes apontam para o motivo pelo qual a lembrança está viva no seu filho, e como você pode reagir. Se ele contar a história num tom indiferente e desligado, é sinal de que a carga emocional pode ser pequena. Por outro lado, se estiver profundamente perturbado, chorar ou parecer agitado, pode ser indício de que as lembranças ainda o influenciam, encobrindo ou distorcendo a realidade presente.

Observe cuidadosamente o tempo do verbo empregado no relato da história. Pode ser uma outra pista de como seu filho vivencia a lembrança. Fala de algo que sabe ter acontecido no passado? Por exemplo: "Minha outra mãe costumava prender os cabelos no alto, assim, quando queria ficar bonita." Ou fala como se os eventos estivessem acontecendo no presente? "Minha mãe verdadeira mora em Biloxi." Às vezes, à medida que a história se desenvolve, uma *mudança* no tempo do verbo mostrará onde a criança se encontra no processo de recordação e revelará o quanto ela falou sobre o passado.

Se ela falar de morte, concentre-se nas circunstâncias que cercam o momento da morte. Faça perguntas do tipo "Como você morreu?", "Quem estava com você quando morreu?", "O que aconteceu antes de morrer?". Faça perguntas abertas também: "Que aconteceu depois?" ou "Como se sentiu?" e "No que estava pensando?". Reúna o máximo de informações possível, para distinguir que assuntos não resolvidos podem ter restado do momento da morte. Aja delicadamente, falando num tom de voz tranqüilo e sem emoção. Se houver resistência a esta linha de questionamento, não force.

Após a criança lhe dizer tudo o que sabe sobre o momento da morte, pergunte: "O que aconteceu logo *depois* que morreu?" Sua pergunta pode ser recompensada com uma descrição completa de sua jornada através da região do pós-morte e do paraíso. Ou seu filho lhe dirá simplesmente: "Então, eu vim para você." Ao acompanhar a transição da morte na vida passada até o renascimento, ele poderá entender, pela primeira vez, que a vida passada terminou e que está em uma nova existência. Esta compreensão o ajudará a abandonar o passado e a se estabelecer na realidade presente. Esta percepção é capaz de neutralizar os efeitos de uma morte incompleta.

Lembre-se de que não é necessário lembrar nomes nem datas para distinguir o significado da lembrança. Nomes e datas são irrelevantes para o significado pessoal de uma vida passada, e as provas não são necessárias. Não force para saber nomes e datas, porque se a criança não lembrar, será induzida a pensar que há algo errado e bloqueará o fluxo da lembrança. Isso também é verdade com relação a aparentes inconsistências nos detalhes ou imprecisões históricas. Não a corrija se disser algo que pareça inconsistente ou errado. Deixe-a falar sem interrupções. Esmiuçando uma inconsistência, você corre o risco de furar a delicada teia da lembrança que está sendo tecida. Ao invés disso, concentre-se na tentativa de distinguir o padrão geral da história e as emoções que estão por trás dele.

Mais uma coisa que precisa ser observada. Fique atento para descobrir o momento em que a lembrança termina. Você perceberá, seja pelo aspecto do rosto da criança, que voltará a ser infantil e brincalhão, ou através de uma modificação na energia entre vocês dois. Assim que o transe terminar, não há nada que possa fazer para prolongá-lo e, portanto, é melhor nem tentar. Se alguma coisa ainda precisar ser dita, fique certo de que a lembrança voltará à superfície.

SAGIV (PARTE 1)

Este caso é um bom exemplo de como uma mãe usou perguntas para conferir os fatos da história de vida passada de seu filho.

Meu primeiro encontro com Elona se deu no piquenique de 4 de julho, na casa da minha irmã. Uma semana depois, quando seu filho Sagiv começou a falar da sua vida anterior, tudo o que ela sabia sobre o assunto tinha aprendido ouvindo meu relato sobre Chase. Usando seu instinto e bom senso, e empregando tanto perguntas específicas quanto perguntas abertas, ela foi capaz de, primeiro, determinar que Sagiv falava de uma lembrança de vida passada real e, segundo, acompanhar o fluxo natural da história. Mantê-lo envolvido na lembrança bastou para levá-lo até uma catarse capaz de mudar sua vida.

> Certa noite, eu ia de carro com Sagiv, que tinha quatro anos e meio, buscar umas pizzas para o jantar. Raramente andamos de carro sozinhos, pois Sagiv é um dos meus três filhos. Estava sentado no banco da frente, comigo, quando disse: "Quando eu tinha três anos de idade, minha mãe costumava me fazer dormir, de noite, andando de carro." Aquela frase me deixou tonta, porque jamais fizera aquilo. E perguntei: "Passeou sempre no mesmo carro?"
> "Sim, era azul como este, mas o teto – e apontou para cima – era diferente. Não tinha janelas nem teto." Creio que falava de um conversível.
> Então, disse, orgulhoso: "Meu papai tem um carro de corrida."
> Aquele comentário foi realmente estranho, já que nunca chama o pai de papai. Meu marido é israelense, e as crianças sempre o chamaram Abba, que significa pai em hebraico. Estava tão surpresa, que exclamei: "Seu *pai*?"
> Ele respondeu que sim, mas parecia tão confuso quanto eu.
> Disse: "Você quer dizer Abba."
> "Não", respondeu, "meu *papai*."
> Bem, pensei, aonde isto vai chegar? Ele estava realmente concentrado, e podia afirmar pela seriedade do seu rosto que não estava inventando aquilo. Sagiv olhava para baixo, com a testa enrugada, em profunda concentração, tentanto realmente lembrar. E cada vez que recordava de uma parte, olhava para cima, quase surpreso, e dizia: "É, é isso mesmo." Estava muito feliz de lembrar e poder

falar. O mais interessante era que Sagiv sempre tivera um problema, vivia esquecendo as palavras e se frustrava por não poder se expressar direito. Mas, naquele dia, como estava concentrado, as palavras fluíam.

Para manter a conversa, perguntei: "Você tem irmãos ou irmãs?"

"Não."

"Quantos anos tinha, quando isso aconteceu?"

"Três anos."

Perguntei onde vivia, e me respondeu que não sabia. Então, perguntei: "Morava no campo, no subúrbio, como nós, agora, ou na cidade?"

"Numa cidade, como tio Stacey vive. Num apartamento."

"Você cresceu ou ficou com três anos?"

Ele respondeu, tranqüilo e sério: "Não, atiraram em mim."

"Foi assassinado?", perguntei, um tanto chocada.

"Sim, fui baleado e morto."

Estava tão envolvida, naquela hora, que perguntei: "Como?"

"Eram ladrões. Não queriam me matar. Eu não estava fazendo nada. Um deles atirou em mim à toa. Estava no alto da escada. Primeiro, atirou na minha mãe, que estava no térreo. Depois, atirou em mim."

A história de Sagiv dá uma guinada brusca neste ponto e continuará sendo contada mais adiante, ainda neste capítulo.

DISTINGA TEMAS E NECESSIDADES

O segundo objetivo do discernimento é descobrir o significado que há por trás da história de vida passada, além da percepção da criança e da sua descrição. A partir daí, você decide que tipo de ajuda seu filho pode precisar receber.

Quando crianças muito pequenas falam de lembranças de

vidas passadas, contam sua história descrevendo o que lhes vêm à imaginação, o que sentem, e respondendo a perguntas. Mas nao possuem nem maturidade nem objetividade para relacionar acontecimentos do passado com sua vida atual ou para identificar questões de vidas anteriores que ainda as afetam. É então que precisam da sua ajuda. Como adulto, você sabe reconhecer temas implícitos numa história – a ler nas entrelinhas. Aplicando sua capacidade analítica e sua compreensão de como essas lembranças funcionam, pode distinguir como seu filho está sendo afetado pela vida passada. Também pode descobrir *por quê* a lembrança está surgindo, através da identificação das questões não acabadas que estão por trás dela.

Quando Chase falou da sua existência durante a Guerra Civil, pela primeira vez, não mencionou explicitamente sua culpa por ser um soldado. Era criança demais para articular o conceito de culpa, mas disse que "não queria estar ali, atirando nas pessoas". Norman Inge inferiu das declarações de Chase e de sua linguagem corporal que ele se sentia culpado por ser soldado e matar outros homens nas batalhas. Identificando este tema e, depois, falando daqueles sentimentos perturbadores, de maneira que uma criança de cinco anos pudesse entender, Norman foi capaz de liberar a culpa de Chase e o medo que a acompanhava.

Este nível de discernimento pode exigir atenção e reflexão; você pode precisar ruminar horas e dias a fio antes de entender essas questões do passado e sua ligação com o presente. Ou pode perceber tudo num instante. Cada caso é diferente.

Como se distinguem os temas de vidas passadas? Primeiro, coloque-se no lugar do seu filho e imagine o que veria, pensaria e sentiria se estivesse no centro de um cenário de vida passada. Por exemplo: se ele lhe dissesse ter morrido sozinho num campo de batalha, imagine-se neste campo de batalha. Como *você* se sentiria: ainda odiaria o inimigo? Ou odiaria a estupidez dos seus superiores? Desgostoso consigo mesmo por ter cometido um erro que resultou na sua própria morte? Amedrontado com a confusão e o sangue à sua volta? Você pode sentir-se culpado por matar seres humanos que também são marionetes manipuladas pelos poderosos. Ou sofrendo de saudades da família ou da noiva que deixou para trás. Tente imaginar como qualquer uma dessas emoções influenciaria sua visão da realidade nesta vida. Agora, pense em tudo o que sabe sobre o seu filho. Ele tem algum comportamento, traços, sintomas físicos ou problemas emocionais inexplicáveis? As fobias, especialmente, são o primeiro ponto a ser verificado. Se a criança tiver qualquer comportamento ou traço inexplicável, verifique se corresponde a fatos e emoções da história de vida passada. Essa correspondência é a chave – é o que está procurando.

Para ter idéia da variedade de possibilidades, pense nas correspondências entre traumas de vidas passadas e problemas na vida atual que o Dr. Woolger descobriu. Algumas das correlações são simples e fáceis de identificar. Por exemplo, se seu filho lhe contar que foi atacado e morto por cães selvagens em outra vida, e hoje tem fobia de animais de grande porte, a relação é óbvia. Em outros casos, a relação pode não ser tão óbvia. A ligação pode ser complexa, envolver temas superpostos e um emaranhado de assuntos não resolvidos, que tornam a correlação mais difícil de ver.

Além do seu intelecto, use sua intuição para perceber a correspondência. Este não é um processo científico; não há fórmulas para determinar com precisão como uma experiência de vida passada afetará seu filho, nem o significado definitivo de uma lembrança. Torne-se permeável a qualquer inspiração que se apresente. Como conhece o seu filho intimamente, poderá avaliar num lampejo se essa lembrança se aplica à sua vida atual, ou a compreensão pode chegar através de um sonho. Se isso acontecer, acredite no sonho como faria se fosse uma confirmação pessoal do seu filho. Siga o seu instinto e veja até onde ele o leva.

E, lembre-se, os temas de vidas passadas não precisam ser

negativos nem causar problemas. Lembranças de vidas passadas positivas transmitem temas positivos. Uma criança pode lembrar de uma adorada avó de uma vida anterior, que lhe deixou um indelével sentimento de amor e segurança, fazendo com que a criança seja carinhosa e segura. Lembranças generosas e estimulantes são tão significativas quanto as espinhosas. Ao entender esses temas positivos, podemos passar a conhecer melhor o temperamento, a personalidade e o comportamento de nossos filhos. Com crianças como essas, não há nada que nós, como pais, precisemos fazer.

ELIMINANDO A CULPA DOS PAIS

O caso de Donald Foster é daqueles em que a mãe distinguiu a correspondência entre um tema da vida passada e um problema da vida atual. Durante um telefonema que me deu, do Tennessee, Becky Foster me contou o que aconteceu.

> Quando Donald tinha três anos, estávamos passeando sozinhos de carro, observando a paisagem, quando ele começou a falar de seus outros pais. Tão logo falou, atingiu algo dentro de mim. Ele estava sério. Não estava brincando e eu tinha certeza de que não era invenção. Perguntei o que acontecera aos seus outros pais. Disse-me que era muito pequeno quando eles morreram.
>
> "Onde estava quando eles morreram?"
>
> "Estava escondido no mato", respondeu.
>
> Ele não sabia como os pais haviam morrido. Mas, pela voz, parecia apavorado. Continuou falando sobre aquela vida, e parecia sentir-se melhor falando. Então, seu rosto se alegrou e disse: "E agora estou aqui, e você é minha mãe, não é?"
>
> Respondi: "Sim, você é meu filho e eu sou sua mãe. Chama seu pai de Papi, e Cassidy, Kelly e Elizabeth são suas irmãs."

> Ele acrescentou: "E somos uma grande família unida e feliz!" Dizendo aquilo, sabia que a sua experiência ficara no passado. Agora, estava tranqüilo.
>
> Quando perguntei a Becky se Donald tinha algum comportamento esquisito, relacionado com sua lembrança, ela respondeu:
>
> Agora que falou nisso, lembro que Donald sofreu de uma horrível sensação de ansiedade, durante muito tempo. Era o único dos meus quatro filhos a sentir aquilo. Ficava bem quando ainda conseguia me ver, se eu saísse do quarto. Mas, se não conseguisse me ver, começava a chorar. Para evitar que chorasse, era obrigada a carregá-lo no colo onde quer que fosse. Era muito penoso!
>
> Nenhuma das outras crianças tivera aquele problema. Então, achei que aquilo acontecia por minha culpa, por causa do meu estado emocional durante a gravidez de Donald.
>
> Nunca havia relacionado os assuntos, mas agora posso ver e entender. Provavelmente, Donald sentia medo de que eu o abandonasse, pois ficou sozinho depois que seus pais foram mortos diante dos seus olhos. Agora, faz sentido! E não preciso mais me sentir culpada.

A história de Becky traz à baila um aspecto muito importante, um benefício significativo para *os pais*, que deriva da compreensão de como as lembranças de vidas passadas afetam as crianças. Este benefício é a *eliminação da culpa* dos pais. Como nossa cultura geralmente não aceita o conceito de reencarnação, pais conscientes geralmente se culpam pelos erros que cometem, considerando-os como causa de todo e qualquer problema mental ou comportamental que seus filhos possam apresentar. Pesquisas recentes mostraram que os bebês, ainda no útero, registram impressões de suas mães que afetam a personalidade em formação de tal forma que, hoje em dia, certas mães se sentem culpadas até mesmo por pensamentos e sentimentos impróprios durante a gravidez, como os de Becky Foster. Este sentimento de culpa se origina da crença ocidental na teoria da *tabula rasa* – que diz que as crianças nascem como um livro em branco onde se inscrevem os comportamentos dos pais.

Hoje sabemos que as vidas passadas influem no comportamento e na personalidade das crianças e, portanto, os pais já não precisam ser tão rigorosos consigo mesmos. Não estou dizendo que todos os problemas sejam resultado de vidas passadas – não é tão simples assim. Mas os pais não devem se sentir responsáveis por *tudo* na formação dos filhos. Já deviam saber, pelas pesquisas apresentadas neste livro, que as crianças *trazem* bagagens do passado, e que nem todos os seus sentimentos e comportamentos são reflexo das características dos pais.

PERMITA EMOÇÕES

Não importa quão triste, ansiosa, feliz, perturbada ou abalada esteja a criança, permita que ela expresse totalmente as emoções de sua lembrança. Se ela está vindo à tona porque assuntos traumáticos exigem solução, talvez ela possa ser totalmente resolvida apenas falando no assunto. A solução pode envolver choro e até uma catarse completa. Como também pode não haver nenhuma emoção; a criança pode estar completamente desligada da lembrança. Aconteça o que acontecer, sua reação deve ser a mesma: permitir que a criança permaneça envolvida na experiência, enquanto a lembrança percorre seu curso.

Isto é importante porque uma lembrança de vida passada emergente é um processo natural guiado pelo inconsciente. A maneira exata como o inconsciente funciona é algo que está além de nossa capacidade de compreensão, mas podemos confiar na sua sabedoria. Os terapeutas de vidas passadas confiam nisso. Todos os dias, caso após caso, eles observam o inconsciente arquitetar curas impressionantes; a sabedoria implícita do inconsciente é um pressuposto em sua profissão. Você pode confiar que o inconsciente do seu filho saberá quanto poderá revelar, quanto ele poderá suportar e quando deve parar. Sabe o que é necessário para uma cura completa. Quando você permite a expressão das emoções, na verdade você está deixando o caminho livre e permitindo que o inconsciente opere. Está permitindo que o milagre da cura espontânea através da vida passada aconteça.

Você pode distinguir fortes emoções positivas quando seu filho relembra sua vida passada. Una-se à felicidade dele, exultem juntos e explorem os motivos de alegria.

Mas, se seu filho demonstrar emoções negativas, se está triste, amedrontado ou chora ao falar de uma vida trágica, faça-o sentir que você está solidário. Faça a criança saber que está do lado dela. Sua compreensão a fará se sentir segura e a encorajará a se expressar abertamente. Ao terminar, as lembranças tristes ou amedrontadoras já terão perdido sua carga emocional e logo serão esquecidas.

Se emoções muito fortes ainda estiverem emaranhadas na lembrança, provavelmente você ouvirá falar de uma morte traumática. Esteja preparado para essas lembranças de morte, pois são as mais comuns. O que você vai ouvir pode ser perturbador para você. Mas o que *você* sente não é importante. Não tente minimizar essas lembranças nem impedir que seu filho fale delas. Ao contrário, encoraje-o a manter as imagens e sentimentos na memória. Não tenha medo de que essas visões de morte sejam uma fixação mórbida ou de alguma forma perigosas. Pois não o são. São oportunidades valiosíssimas para se desligar de um passado perturbador, e parte natural do processo de cura. Como os terapeutas de vidas passadas já demonstraram, passar novamente pelo momento de uma morte traumática libera e reduz seus efeitos negativos.

Para a maioria das crianças, falar a respeito do trauma da

vida passada pode ser o suficiente para liqüidar com fortes emoções negativas. Porém, outras crianças podem precisar de uma catarse completa. A catarse acontece quando emoções e pensamentos reprimidos atingem um ápice e são liberados de uma só vez. A criança pode ficar com raiva, pode chorar, se debater – pode até chegar à histeria. Isso é bom. É a lembrança se soltando e saindo. Deixe que isso aconteça.

Use o seu bom senso nessas situações, é claro. Se sua filha ficar histérica e começar a se debater, proteja-a para que não se machuque. Segure-a, se sentir que é necessário. Mas *nunca* tente fazer com que ela interrompa o processo. Sei que é difícil ficar assistindo seu filho lutar contra emoções tão violentas. Mas este é o clímax do processo de cura, o momento crucial, em que abster-se é o gesto mais amoroso que você pode fazer. Não tente mudar de assunto repentinamente, dizendo: "Bem, está na hora do almoço", para fazer seu filho sentir-se melhor ou para aliviar um pouco o seu próprio temor de que ele possa ficar preso a esses sentimentos negativos. Isso não acontecerá, e a catarse levará apenas alguns minutos. Por outro lado, se a interromper neste momento, retirará a criança prematuramente do processo e a privará desta oportunidade de liberação total de suas emoções perturbadoras.

Ao chegar ao término, ela sairá imediatamente daquele estado. Se a libertação for total, você saberá. Ela terá a aparência de um sol brilhando após uma tormenta. Você verá seu rosto radiante e sentirá o frescor do ar ao seu redor quando as nuvens da emoção se dissiparem.

SAGIV (SEGUNDA PARTE)

A aceitação por parte de Elona do que Sagiv dizia permitiu que ele passasse por uma catarse radical. Voltemos ao ponto da história em que Sagiv lembra de ter sido baleado:

"Sim, fui baleado e morto."

Estava tão preocupada com aquela questão, que perguntei: "Como?"

"Eram ladrões. Não tiveram intenção de me matar. Eu não estava fazendo nada. Um deles atirou em mim à toa. Estava no alto da escada. Primeiro, atirou na minha mãe, que estava no térreo. Depois, atirou em mim."

Então, olhou para mim e gritou com ódio na voz: "Você não me salvou!" Ele estava realmente furioso comigo e começou a ficar agitado. E gritou novamente: "Você não me salvou!"Aquilo me deixou aterrada. Tentei convencê-lo, falando calmamente, mas com autoridade. "Não era eu. Não era eu. Foi numa outra época. Era uma outra mãe, alguém que nem conheço."

Sagiv pareceu aceitar aquilo imediatamente, e passou a me contar o que aconteceu em seguida. Disse: "Então, eu morri. Estava morto, mas cresci – sabe o que quero dizer. Fiquei lá até que voltei a ser um bebê novamente." Então, seu rosto se iluminou e disse: "E então escolhi você e Abba!" Disse aquilo como se fizesse sentido para mim.

Acredite-me, nossa família não costuma discutir esse tipo de assunto. Somos uma família judia tradicionalista. Acendemos velas todas as sextas-feiras à noite, mas não discutimos filosofia religiosa. Não sei nem se ele já sabia da existência de Deus, naquela época. Então, quando ele disse aquilo, me derrubou. Para mim, aquilo foi uma experiência real e muito além do conhecimento dele. O mais engraçado era a felicidade dele por nos ter escolhido como pais.

Depois de falar sobre a sua morte e como escolheu seus pais, ele perguntou alegremente:

"Já chegamos à pizzaria?"

"Calma", respondi, "estamos quase lá."

A atenção com que Elona ouviu o que Sagiv tinha a dizer sobre a sua morte permitiu que ele passasse rapidamente por uma catarse, que aconteceu quando gritou: "Você não me salvou! Você não me salvou!"

Uma semana depois, Elona trouxe a lembrança à baila. Desta vez, porém, quando Sagiv contou sua história, não havia mais emoções envolvidas – sua catarse havia sido completa, seu ódio passara. E Elona passou a perceber uma mudança na sua personalidade.

> Cerca de uma semana depois, voltei a perguntar-lhe sobre aquilo, pouco antes de ele ir dormir. Repetiu a história exatamente da mesma forma, mas contou mais detalhes sobre a sua morte. Repetiu que sua mãe não pôde salvá-lo. Entretanto, desta vez falou sem emoção. Mais uma vez, afirmei que não era aquela mãe e que jamais deixaria aquilo acontecer. Ele ficou aliviado.
>
> Foi depois daquele dia que percebi uma enorme mudança em Sagiv, especialmente no seu relacionamento comigo. Nunca fora uma criança amorosa. Estava sempre tenso e me empurrava para longe. Não gostava de receber carinho de ninguém. Aquilo me magoava, porque sua irmã mais velha era uma criança muito afetuosa. Sagiv era diferente, e não sabia dizer por quê. Teria sido algo que eu fizera? Mas, imediatamente após ter-me contado a sua história, ele mudou. Lembro claramente, porque me pegou de surpresa! Sagiv sentou no meu colo, passou os braços pelo meu pescoço, e disse: "Eu te adoro, mamãe!" Tornou-se muito carinhoso e passou a me abraçar. Era incrível. Hoje ele massageia a minha nuca se eu estiver tensa, e é muito afetuoso.
>
> Pensando no assunto, percebo que ele me considerava culpada por tudo o que lhe havia acontecido na sua vida anterior. Estava furioso por eu não ter conseguido salvá-

lo ou protegido do que acontecera. E carregou aqueles sentimentos até nascer. Após ter relembrado de tudo, dissipou finalmente o ódio. E desde então me abraça e me beija o tempo todo. É incrível.

ESCLAREÇA O PASSADO E O PRESENTE

Algumas crianças, como Sagiv, precisam de nossa ajuda para esclarecer a diferença entre o que aconteceu no passado e o que é real, agora, no presente. Mesmo após terem falado de suas lembranças e expressado suas emoções, podem continuar a lutar contra incômodos sentimentos do passado. Precisam que intervenhamos e lhes asseguremos que as imagens que têm na cabeça não os atingirão mais, que a vida passada se esgotou, e que agora estão a salvo e seguros numa nova vida, com uma família que os protegerá.

Embora nos seja difícil imaginar, algumas crianças não são capazes de perceber a diferença entre o passado e o presente. Essas crianças não sabem que morreram, mudaram para uma outra existência e agora estão em outro corpo. A existência passada e a presente se fundem na sua percepção, e cenas e sentimentos do passado encobrem sua realidade atual.

Algumas crianças ainda têm um pé no passado e transitam entre duas existências; ficam confusas, sem saber em que vida se acham. Isso acontece mais comumente com crianças muito pequenas, porque a consciência ainda não se fixou nos limites de uma única vida. Suas percepções de tempo são confusas; passado e presente coexistem simultaneamente. Uma das razões para que isso ocorra, creio eu, é que o choque de uma morte súbita congela uma parte de sua consciência na experiência anterior: parte deles fica realmente presa no passado, e a transição não se completa.

Podemos ajudar as crianças a completar sua transição, dizendo-lhes: "Agora você está segura num novo corpo. Está numa outra vida agora." As palavras agem como uma corda de resgate, tirando as crianças do passado para fixá-las inteiramente no presente.

Além desse esclarecimento, você pode precisar dar à sua filha garantias e segurança para questões perturbadoras *específicas*. Garanta a ela que cada um dos eventos desagradáveis pelos quais passou são coisa do passado, que não acontecerão novamente. Use palavras positivas e categóricas para reforçar as lições aprendidas com a lembrança. Repita as garantias, se necessário, nos dias, semanas e meses seguintes, especialmente quando ela se defrontar com situações que possam lembrá-la da perturbadora experiência anterior.

NATALIE

Phyllis Elkins me procurou logo após minha aparição no programa de Oprah. Telefonou-me alguns dias depois que sua filha de dois anos, Natalie, anunciou sua própria morte iminente. Percebam neste caso como Phyllis usou perguntas para distinguir os fatos, como a pequena Natalie progrediu em poucas semanas até fazer sua catarse, e como os tempos de verbos que empregava variavam do passado ao presente, revelando confusão com relação ao tempo e à realidade.

> Certa manhã, Natalie e eu descemos até a cozinha. Ela brincava no chão quando olhou para mim e disse, de uma forma inusitadamente clara e pronunciando bem: "Você não vai me ver mais."
>
> Respondi: "Que quer dizer com isso?"
>
> "Bob e Randy me colocaram na água e me mataram, e fui lá para cima", e apontou para o céu. É claro que comecei a tremer de medo e perguntei: "Quando isso aconteceu?" Ela pensou por um minuto e respondeu: "Terça-feira." Era quarta-feira.

Como estávamos sentadas uma em frente à outra, podia ver seus olhos ligeiramente embaciados. Através deles percebia que ora ela estava presente, ora entrava em transe. As palavras eram intencionais e claras como o cristal. De repente, seu comportamento mudou – ficou calma, controlada e pareceu mais madura. Seu comportamento me deixou nervosíssima.

Contei o fato ao meu marido, quando voltou do trabalho. Ficou tão aflito quanto eu. Tentou falar com ela, mas Natalie mudou de assunto e agiu como um bebê.

Na manhã seguinte, meu instinto me disse que ela voltaria a falar. Perguntei: "Lembra do que disse ontem sobre Bob e Randy?"

Ela disse: "Sim, foi algo sobre uma piscina." Seu rosto estava sério, e falava com muita clareza.

Então, pedi: "Fale sobre a piscina."

Ela respondeu, calma e sem medo: "Tem brinquedos e peixes."

Continuei: "Fale de Bob e Randy. São crianças?"

"Sim, são crianças", respondeu imediatamente.

"Isso é um sonho?", perguntei.

"Não, não". respondeu sem hesitar.

"Viu isso na TV?"

"Não, não vi na TV."

"Isso já aconteceu?"

Ela respondeu: "Preciso ir logo, preciso ir lá para cima."

"Você tem medo de água?"

"Não, preciso ir logo, preciso ir lá para cima."

E foi tudo o que consegui tirar dela. Quando falava sobre aquilo, era com muita clareza, parecendo mais velha ou madura, séria e impassível.

Meu marido e eu não sabíamos o que dizer nem pensar. Estávamos ambos emocionalmente exaustos. Dormi aquela noite com Natalie porque estava amedrontada e queria ficar perto dela. Na manhã seguinte, perguntei novamente pela piscina. Imediatamente, ela disse: "Flutuei lá para o alto." (Notem o verbo no passado.)

"Randy e Bob estavam lá?"

"Eram meus amigos, mas não queriam brincar comigo."

"Você estava de maiô?", perguntei.

Ela olhou para si mesma e respondeu: "Sim."

"Mamãe estava lá?"

"Não."

"Você era uma menininha ou menina grande?"

"Menininha."

"Qual é o seu nome?"

"Natalie." (Observem que Phyllis usou o presente e Natalie respondeu dando seu nome atual.)

"Como era a piscina?"

"Tem brinquedos, uma pequena piscina com peixinhos. Eu estava nadando nela."

"Como era a sensação de flutuar?"

"Boa."

Sabia que não era uma fantasia. Ela tinha dois anos, e a história era consistente. Não mudava com o passar dos dias. Quando ela inventa uma história, mistura com outras de sua imaginação e com histórias que ouviu. Posso identificar essas histórias facilmente: ela as altera constantemente. Mas, nessa história de uma vida passada, não há fantasia. Ela é muito clara nos detalhes.

Natalie contou sua história várias vezes, sempre pela manhã. Ela acordava e começava a falar. E era sempre consistente. Comecei fazendo perguntas abertas do tipo "E o que aconteceu depois?" e acompanhava seu relato. E quando ela acabava, estava encerrado, não adiantava insistir.

Phyllis e eu discutimos as várias hipóteses: Natalie falava de uma lembrança de vida passada ou estava prevendo sua morte? Pendíamos para a alternativa da vida passada. Embora Natalie não tivesse medo de água, os outros sinais estavam presentes: o tom de voz impassível, a consistência da história e o conhecimento de que o afogamento pode causar a morte – algo que Phyllis me asseverou que a pequena Natalie ainda não sabia.

Disse-me que não conheciam meninos com os nomes de Bob e Randy, mas que não ia deixar Natalie passar nem perto de uma piscina enquanto aquilo não fosse esclarecido. Na verdade, relutava até em dar banho na menina!

Encorajei Phyllis a continuar falando com Natalie sobre aquilo, a usar as perguntas abertas, e garantir à menina que aquilo havia acontecido no passado, quando ela ainda estava em outro corpo, e que Bob e Randy já não estavam mais ali nem podiam machucá-la. Também alertei Phyllis sobre uma possível e iminente catarse. Natalie poderia voltar a passar pelo momento de terror do seu afogamento, gritar e se debater, mas tudo terminaria bem. Disse-lhe que se isso acontecesse deveria estar presente para ajudá-la, deixar que ela passasse por todo o processo, e depois dar-lhe todo o amor e a segurança de que tudo terminara, de que ela estava a salvo.

Algumas semanas depois, as coisas começaram a mudar. No Dia das Mães, Phyllis voltou a fazer perguntas a Natalie sobre a sua experiência:

> "A criança se machucou brincando na piscina?"
>
> "Sim", respondeu Natalie. "A criança caiu e bateu com a cabeça. Sua bochecha ficou vermelha. Não é Natalie. É Zack."
>
> Surpresa, Phyllis perguntou: "O que aconteceu depois?"
>
> "Fui para o céu."
>
> "Qual é a idade de Zack?"

> "Dois anos", respondeu.
>
> "Quer falar sobre esse assunto?"
>
> "Não", respondeu. "Estou com medo."
>
> Phyllis tentou infundir-lhe confiança. "Isso não acontecerá novamente. Pode falar desse assunto." Mas o transe de Natalie acabara. Não tinha mais nada a dizer.

Naquele momento, os sentimentos de Natalie começaram a se tornar suficientemente conscientes, e ela pode articulá-los. Conseguiu, finalmente, dizer "Estou com medo."

Mais tarde, naquele mesmo dia, a família se dirigiu para a casa da avó, de carro. Phyllis relembra:

> Natalie estava sentada no seu assento, muito sonolenta. Meu marido se virou e a olhou. Parecia que havia algo errado com ela. Estava com o rosto contorcido, duro, e olhava para o chão.
>
> Perguntei: "Quer falar sobre aquilo?"
>
> Ela voltou a dizer: "Estou com medo, estou com medo."
>
> E, ao terminar de falar, começou a se debater no assento. Teve um pequeno acesso. De repente, seus olhos começaram a brilhar e ficou calma. Ao chegarmos à casa da avó, o acesso cessara e ela estava mudada. Podia ver no seu rosto. Ela parecia brilhar.
>
> Algumas semanas depois, quando visitávamos um amigo, Natalie me surpreendeu lhe perguntando: "Você já ouviu falar do Zack?" Então, muito naturalmente Natalie contou ao meu amigo que Zack estava nadando e que engoliu muita água, caiu, bateu com a cabeça e afundou, indo parar onde ficam os peixinhos. Ela deve ter tomado alguma decisão, naquele Dia das Mães, porque nunca mais falou do assunto.

Natalie foi capaz de vencer seus medos, creio eu, porque sabia que sua mãe a apoiaria. Passou por sua catarse sozinha, no assento do carro. E livrou-se de tudo. Quando voltou a falar de sua lembrança, referiu-se a ela no *passado* e na *terceira pessoa.*

MANIFESTAÇÃO AO LONGO DO TEMPO

O esclarecimento de uma lembrança pode não acontecer de uma vez só. Na maioria dos casos, o processo se dá gradualmente. As lembranças podem surgir repetidamente durante um período de dias, semanas, meses e até anos. Seu filho pode falar sobre a vida passada uma vez e novamente um ano depois, e depois nunca mais. Ou pode ser uma dessas crianças que freqüentemente se referem às suas vidas passadas durante uma conversa, pegando-nos sempre de surpresa.

Como nunca sabemos se a criança acabou de expressar tudo o que precisa da sua lembrança, é preciso ter cuidado para não dizer nem fazer nada que possa desencorajá-la a trazer a lembrança à tona novamente. Se você quiser partilhar essa incrível história com parentes e amigos, *seja discreto.* Não dê muita ênfase, *sobretudo diante da criança* – ela pode ficar desconcertada. Conheço casos de pais que, em seu entusiasmo ao contar a história a terceiros, fizeram com que as crianças ficassem desnorteadas por terem se tornado o centro das atenções, a ponto de negarem ter lembrado de uma vida passada. Protejam-nas também das críticas. Não fale deste assunto com parentes e amigos que você sabe de antemão que não acreditarão. Bastam algumas palavras desencorajadoras ou uma piadinha de escárnio para que uma criança capte a mensagem de que vidas passadas são algo que os adultos consideram ridículo.

Alguns pais me perguntaram se achava correto tentar fazer a lembrança voltar a aparecer, ao invés de esperar que surgisse espontaneamente. A resposta é sim, se você o fizer delicadamente, sem pressionar a criança. Se a primeira lembrança espontânea foi breve, como costuma ser, talvez você não tenha tido tempo suficiente para prestar esclarecimentos ao seu filho, nem dar-lhe a segurança de que precisa, ou, após refletir sobre o que ele lhe disse, você pode ter percebido que ele não fechou um assunto importante. Estes são bons motivos para se tentar fazer a lembrança ressurgir, e não há nenhum risco nessa tentativa.

Use o seu instinto para determinar o melhor momento para fazer perguntas. Espere até que você esteja tranqüilo e a criança relaxada, e ambos longe de fontes de distração.

Então, quando você sentir o momento certo, relembre casualmente o que a criança disse em outra ocasião. Fale assim, por exemplo: "Lembra quando me falou da sua outra mãe?" Faça com que saiba que está interessada no que ela disse e quer saber mais. Se a criança ainda lembra e for capaz de falar sobre o assunto, este pode ser o empurrãozinho necessário para que a lembrança reapareça. Ela pode recomeçar a falar a partir do ponto em que parou, sem perder uma vírgula. Ou pode não querer falar sobre aquilo, ou não lembrar. Se a criança agir como se não soubesse do que você está falando ou disser que "foi apenas um sonho" ou mudar de assunto, deixe estar. Se a porta não se mexe, não há nada que se possa fazer para forçá-la a abrir.

Se não conseguir fazer seu filho falar mais sobre o assunto, pode encorajá-lo a expressar sua lembrança artisticamente. Para algumas crianças, expressar uma lembrança através de um meio que use o lado direito do cérebro é mais fácil do que por meio de palavras. Sugira que ele desenhe, pinte ou encene através de brinquedos. Mesmo que ele pareça ignorar suas sugestões, observe seus desenhos e brincadeiras. Se observar que ele está desenhando ou reencenando a lembrança, mostre interesse pelo que está fazendo e peça que lhe conte do que se trata. Isso pode reabrir o fluxo da memória.

P.S.: TOME NOTA

Mantenha um registro das lembranças de vidas passadas do seu filho. Tome nota imediatamente após o acontecimento, enquanto ainda está fresco na sua mente. Registre tudo o que lembrar: as palavras que ele disse, a expressão do rosto, a linguagem corporal, sinais de emoções, o que você disse e as perguntas que fez, como você se sentiu e o que pensou enquanto testemunhava o acontecimento. Anote também o que você e seu filho faziam no momento, e que pode ter acionado a lembrança.

Se ele falar mais de uma vez sobre a lembrança, suas anotações facilitarão a comparação entre as várias ocasiões, em busca de consistência e para registrar detalhes adicionais. Algumas lembranças de vidas passadas nos chegam em fragmentos que não parecem fazer sentido na hora e são difíceis de lembrar depois. Mas, se você anotar tudo o que seu filho disser, poderá perceber que esses fragmentos, quando reunidos, formam um padrão que faz sentido.

Anotar pode ser de alguma valia para outros pais, também. O estudo de lembranças de vidas passadas em crianças é um campo novo, que necessita de muita pesquisa para que se possa entender toda a importância desse fenômeno. Pesquisadores independentes, como eu, precisam confiar em pais como você para tomar conhecimento de casos. Um relato escrito do seu caso, se você decidir partilhá-lo mais tarde, será uma contribuição valiosa para essa pesquisa. Por meio dele, outros pais poderão aprender com a sua experiência.

Guarde as suas anotações junto com os seus documentos mais valiosos. Quando seu filho estiver crescido e tiver esquecido totalmente sua lembrança de uma vida passada, o relato com as palavras exatas que ele proferiu mostrará o grau de percepção que ele tinha quando pequeno. Do ponto de vista de um adulto, sua lembrança de vida passada pode ter um significado mais profundo. Vocês dois ficarão maravilhados ao perceberem que seu comportamento adulto, suas habilidades, interesses e sua carreira foram previstos pelos inocentes comentários de uma criança de dois anos.

JOHN VAN DYK

John Van Dyk, hoje, deve ter cerca de vinte anos. Aos três anos de idade, teve uma experiência de vida passada, na cidade de São Francisco, em Assis, na Itália. Sua mãe, Alison, mantinha um diário e um álbum de recortes. Quando ficou mais velho, o registro das suas lembranças tornou-se uma fonte de inspiração e de direcionamento para ele, fazendo-o lembrar que recebera as primeiras indicações sobre o propósito de sua vida quando ainda era menino.

> John tinha três anos quando visitou Assis. Seu livro favorito na época era *São Francisco e o Lobo*, uma história infantil que contava a vida do notável santo, e que ele me pedia sempre para ler e reler.
>
> No primeiro dia em Assis, fomos visitar a igreja, e depois andamos até a pequena capela onde São Francisco tivera sua famosa visão de Cristo, que lhe pedira: "Francisco, construa uma igreja para mim."
>
> Como todos os meninos de três anos, cheios de energia, John estava sempre correndo e a pelo menos meio quarteirão à nossa frente. Quando meu marido e eu viramos a esquina, no caminho para a pequena capela, encontramos John segurando a mão de um monge franciscano, pacientemente à nossa espera. O monge se apresentou e disse que John lhe pedira que fizessem um passeio. O monge parecia confuso, mas obviamente também estava intrigado com a espontaneidade daquele menininho americano.
>
> Indo a reboque dos dois novos amigos, ficamos perplexos

com a conversa que se seguiu. John começou o passeio pedindo para ver certas áreas da capela de que eu jamais ouvira falar. Era como se já tivesse estado ali.

Quando chegamos à capela onde São Francisco tivera sua visão, John ficou em silêncio por um longo tempo, olhando fixamente para a imagem de Cristo – uma atitude muito incomum para um menino agitado de três anos. Quando se despediu do seu novo amigo, estávamos convencidos de que tivera uma vida passada em Assis.

John e eu montamos um álbum com postais e fotografias dessa viagem. Até hoje é um dos seus bens mais queridos. Basta que eu diga "Lembra quando você foi a Assis?" e a lembrança volta como se fosse uma torrente que jorrasse daquelas páginas já bem gastas.

Aos vinte e poucos anos, John entrou para um grupo de estudantes católicos no Colorado, onde cursava o segundo grau. Viajou para o México duas vezes, para fazer um trabalho missionário junto aos índios Tarahumara, e uma outra vez para o Alasca, para trabalhar com aldeões esquimós. Decidiu dedicar sua vida ao trabalho junto a comunidades carentes do Terceiro Mundo. Creio que sua escolha profissional foi determinada por suas experiências de vidas passadas.

Como psicoterapeuta de adultos e crianças, creio que as crianças, entre os dois e sete anos, são particularmente aptas a lembrarem-se de vidas passadas, espontaneamente. Nossa tarefa como adultos é respeitar essas experiências e, talvez, como fiz com meu filho, tomar nota dessas lembranças para que a sabedoria não se perca.

CAPÍTULO 13

Sonhando com o Passado

LEMBRANÇAS DE VIDAS PASSADAS EMERGEM NOS SONHOS

"Isso nunca teria acontecido se não fosse o sonho." Assim começa a história dos sonhos e lembranças de vidas passadas na infância de Jenny Cockell. Ainda muito pequena, na Inglaterra, nos anos 50, Jenny foi atormentada pelo mais vívido dos sonhos recorrentes. Viu-se como uma mulher adulta, chamada Mary, deitada numa cama num enorme quarto branco, onde morria de febre. Jenny acordava daquele sonho soluçando de aflição e sofrendo pela culpa de deixar para trás oito crianças pequenas. À medida que foi crescendo, o sonho persistia, a culpa não lhe dava trégua, e ela não conseguia deixar de acreditar que aquele sonho fosse o de uma pessoa real do passado. Assim que foi capaz de segurar um lápis, fez mapas e desenhos da aldeia que via em seus sonhos: descrições detalhadas de sua casa, as estradas, o comércio, a igreja, até detalhes de portões e alamedas. Ela *sabia* que a aldeia ficava na Irlanda, e que um dia a encontraria.

Já adulta, Jenny havia reunido informações suficientes para poder rastrear sua identidade anterior a partir dos seus sonhos e de suas visões acordada. Chegou a Mary Sutton, mulher que vivera numa pequena cidade ao norte de Dublin, e morrera de febre, deixando órfãs oito criancinhas. A longa busca de Jenny para descobrir sua identidade naquela vida passada culminou com uma emocionante reunião com os filhos crescidos de Mary Sutton, na Irlanda. Quase todos os detalhes de que Jenny se lembrava se confirmaram, inclusive detalhes sobre Mary que só a família conhecia. E, o mais importante, após aquele contato com seus filhos de uma vida anterior, Jenny ficou curada do sentimento de culpa e aflição que a atormentara desde a infância – desde que os sonhos começaram.

Compreende-se por que vidas passadas aparecem através de sonhos. As lembranças de vidas passadas residem no inconsciente, e os sonhos são uma expressão do inconsciente. Enquanto dormimos, quando os filtros conscientes da racionalidade estão desativados e as exigências da consciência prática cessam, todos os tipos de materiais inconscientes passam pela nossa mente. Mas, às vezes, as lembranças de vidas passadas ocupam o lugar do material onírico. Como as lembranças de vidas passadas em crianças muito pequenas são muito frescas e próximas da superfície, suspeito que vazem para os sonhos mais facilmente.

Em que idade surgem os sonhos com vidas passadas? Algumas crianças começam a descrever sonhos e pesadelos tão logo aprendem a falar. E algumas destas crianças têm em sua história acessos inexplicáveis de gritos noturnos, o que sugere que os sonhos com vidas passadas podem vir desde o nascimento. Será que os sonhos com vidas passadas têm origem ainda anterior – no útero? Recentes estudos científicos mostraram que bebês no útero, começando com vinte e seis a trinta semanas, já apresentam sinais cerebrais de sono com movimentos rápidos dos olhos, o que para os cientistas indica que o indivíduo está sonhando. Com o que esses bebês poderiam estar sonhando, se sua única experiência de vida foi no interior do útero? A resposta lógica parece ser: com vidas passadas.

Curiosamente, um texto médico tibetano do século onze registra com precisão o momento em que lembranças de vidas passadas começam no útero, confirmando o resultado dos estudos atuais. O texto diz: “Na vigésima sexta semana no ventre, a consciência da criança se torna muito nítida e ela pode ver suas vidas anteriores. Pode ver se foi um ser puro ou um ser ordinário, e que tipo de vida levou antes desse nascimento.”

SINAIS DE SONHOS

A dinâmica de um sonho de vida passada é quase a mesma de uma lembrança de vida passada espontânea. A maior parte do que eu disse no décimo capítulo sobre a identificação dessas lembranças através de quatro sinais também se aplica aos sonhos. Mas existem três sinais adicionais que ajudam a distinguir o sonho com uma vida passada de um sonho comum.

1. VÍVIDO E COERENTE

Vívido é o termo mais usado por pessoas que tiveram sonhos com vidas passadas. A qualidade do sonho é impressionantemente real e nítida. É tão vívido que deixa na memória uma impressão forte, que perdura por dias, semanas e às vezes anos.

Diversamente dos sonhos comuns, os sonhos com vidas passadas não se transformam numa barafunda de fragmentos de histórias, nem em imagens fluidas, formas fantásticas ou pessoas voando. A história é sempre coerente e realística, com detalhes bem plausíveis e ação que descreve uma trama em que se pode acreditar. Mesmo que as cenas do sonho só apresentem imagens fragmentadas, elas sugerem uma história coerente.

2. RECORRENTE

Muitos sonhos com vidas passadas se repetem. Normalmente, começam e param no mesmo ponto, como um vídeo programado para mostrar sempre o mesmo segmento. Alguns são simples, com uma imagem fixa que o sonhador vê todos os dias da mesma forma. Outros têm movimento, mas param inconclusos no momento exato da crise. A crise pode ser a morte iminente, ou o sonho pode se deter um pouco antes de um fato ser revelado. Às vezes, a história continua um pouco além cada vez que se repete; em outros casos, após algum tempo, a história vai adiante, até a crise.

Algumas vezes esses sonhos se tornam menos freqüentes e até cessam, quando a criança cresce. Mas isso não acontece sempre. Sonhos recorrentes podem começar na infância e continuar *pela idade adulta adentro*, sem perder sua nitidez nem seu poder emocional.

Nem todos os sonhos vívidos e recorrentes, porém, são sonhos com vidas passadas. Um temor da vida atual pode perseguir-nos durante o sono – não são comuns os sonhos em que não nos sentimos preparados para uma grande prova escolar? E nem todos os sonhos com vidas passadas são recorrentes. Ouvi relatos de pessoas que tiveram um sonho que as assombrou durante anos – um sonho único, tão vívido e comovente que jamais esqueceram.

3. Personagens diferentes

Como os sonhos de vidas passadas estabelecem uma ligação com uma lembrança real de outra vida, quem sonha pode sentir-se como outra pessoa em outro tempo e lugar. Se esta pessoa for de outro sexo e tiver grande diferença de idade, quem sonha, ao acordar, perceberá que o sonho "não foi igual a nenhum outro sonho que tive".

No meu sonho recorrente de vida durante o Holocausto, eu me via como uma mulher adulta numa cidade estranha, vestindo roupas antiquadas se comparadas com a dos adultos que me rodeavam. Embora visse a mulher como "outra pessoa", eu *sabia* que ela era realmente eu de alguma forma, como Jenny Cockell sabia, sem sombra de dúvida, que havia sido Mary Sutton.

J'AI PEUR! OÙ EST MA MÈRE?

Uma das evidências mais curiosas de que as lembranças de vidas passadas emergem nos sonhos é o ato de falar línguas estrangeiras que não se conhece, durante o sono. O caso a seguir é do livro *Lifetimes* do Dr. Frederick Lenz.

> Certa noite, meu marido e eu acordamos ouvindo uma voz estranha proveniente do quarto de nossa filha de seis anos. Fomos até o quarto dela, e a encontramos dormindo tranqüilamente. Ficamos intrigados. Quando

> já íamos voltar, ela começou a falar dormindo. Falava rapidamente em francês, com uma voz estranha. Minha filha só tem seis anos, nunca viajou para o estrangeiro e jamais viu ou ouviu alguém falar em francês.
>
> Falou em francês várias noites seguidas. Gravamos uma de suas falas e levamos a fita para uma professora de francês do ginásio local. Ela escutou e disse-nos que a menina (nossa filha) que falava estava procurando a mãe, da qual fora separada durante um ataque alemão à sua aldeia. Disse ainda que a menina parecia perdida e, pelo tom de voz, estava muito angustiada.
>
> Meu sentimento é de que nossa filha viveu numa aldeia francesa e, provavelmente, morreu em uma das duas grandes guerras.

Este caso é fascinante não apenas porque a fala foi gravada e examinada, mas porque tem todas as características de uma lembrança de vida passada. As palavras da menina descreviam uma história de vida passada típica, que nos fazem lembrar de tantas outras tragédias em guerras recentes.

A história soa como um assunto não resolvido, pedindo atenção. Suspeito que, na vida anterior, essa menina tenha morrido pouco após a separação de sua mãe, o que a deixou incompleta na hora da morte, provocando sua volta a esta vida com sentimentos residuais de abandono e medo. Eu me pergunto se essa menina não sofria de ansiedade de separação ou de fobias nesta vida, que seriam explicadas pelo trauma da vida passada. Mas o relato publicado não dizia se a lembrança afetara ou não a criança.

PESADELOS QUE CURAM

Os pesadelos são os sonhos com vidas passadas de que mais ouviremos falar. Crianças têm sonhos vívidos sobre vidas passadas agradáveis e rotineiras, que provavelmente não chamam nossa atenção. Porém, um sonho sobre uma morte traumática se faz notar. A criança acorda gritando, corre para o nosso quarto e pula na nossa cama, pedindo proteção. Esta cena se repete todas as noites com crianças que têm pesadelos recorrentes, acabando com a paz noturna de toda a família.

Alguns pesadelos são lembranças de vidas passadas pedindo para serem tratadas. Como acontece com lembranças de vidas passadas emergentes, os sonhos de que ouvimos falar geralmente são uma manifestação de assuntos não resolvidos: um trauma ou morte violenta que começa a ser trazido à tona para ser resolvido. Que diferença faz se encararmos os pesadelos como *oportunidades de curar* traumas de vidas passadas que a criança ainda carrega!

Esta diferença é importante. Se os pesadelos com vidas passadas não forem reconhecidos e resolvidos, podem provocar medo, insônia, e outros problemas na vida adulta. Por este motivo, os pais precisam mudar sua atitude em relação aos pesadelos – não descartando-os com um "você vai ficar bom" ou "foi apenas um sonho" (insinuando que a realidade do sonho não tem significado) ou tentando provar de uma forma protetora que não há monstros dentro do armário, nem bicho-papão embaixo da cama. Nunca faça pouco dos pesadelos do seu filho! Em vez disso, veja cada pesadelo como um possível sonho com uma vida passada e como uma oportunidade de cura. Veja o terror não como um problema, mas como sintoma de uma vida passada perturbadora que precisa ser entendida e resolvida.

Como você *deve* reagir? Os princípios gerais da ação com sonhos de vidas passadas são os mesmos das lembranças de vidas passadas. Sempre que uma lembrança é trazida ao nível consciente e reconhecida, ela se apaga e deixa de interferir com a realidade no estado desperto ou com sonhos durante o sono. Entretanto, existe uma diferença importante: apenas sonhar com uma vida anterior traumática não a resolve, necessariamente.

Diversamente do que acontece com lembranças de vidas passadas quando se está acordado – o que é um ato consciente –, os pesadelos com vidas passadas permanecem inconscientes até que seu filho *fale sobre eles quando estiver acordado.* Então, quando o sonho se torna consciente, atua como se fosse uma lembrança espontânea em estado desperto, e você poderá seguir o conselho do Capítulo 11. Encoraje seu filho a falar sobre o sonho. Distinga os fatos e as emoções da história. Reconheça a verdade da experiência dele e deixe-o expressar todas as suas emoções. Então, esclareça presente e passado, assegure-o de que agora ele está a salvo e é amado, e aborde temas específicos com esclarecimentos adequados.

MARY E AS BOMBAS

O caso de Mary, contado pelo Rabino Gershom, é um exemplo de como uma lembrança traumática de vida passada pode emergir primeiramente em sonhos, continuando a perturbar a vida da criança mesmo acordada. É fácil ver o que os pais de Mary *poderiam* ter feito nesse caso, se tivessem sabido como agir.

> Mary nasceu no Meio-Oeste americano. Durante o dia, era uma criança normal e feliz, mas durante a noite gritava de terror. Tão logo aprendeu a falar, passou a descrever pesadelos muito reais em que sofria um bombardeio, e tinha pavor de sirenes. Certa vez, Mary voltava a pé da escola, quando uma sirene começou a tocar. Ela pôs-se a gritar, correu para o meio da rua, parou um carro que passava, berrando: "Vamos ser bombardeados! Vamos ser bombardeados!"
>
> Enquanto ainda era pequena, tinha visões de si mesma como uma jovem muito magra, de olhos esbugalhados e amedrontada, que perguntava: "Por quê? Por quê? Como pode acontecer isso?" Mary cresceu e, até agora, na meia-

> idade, nunca passou fome. Entretanto, tem pavor de morrer de fome.
>
> Seus pais sempre desprezaram seu comportamento estranho como se fosse "algo que ela ouviu no rádio", mas Mary sabia que era algo mais. Passou a vida se perguntando o que havia de "errado" com ela até que, anos depois, durante uma viagem de trem pela Alemanha, teve um *flash-back*. Finalmente, viu que havia morrido durante o Holocausto, e seus pesadelos e comportamento estranho de repente fizeram sentido.

Os pais de Mary poderiam ter curado seus temores quando ela ainda era uma menina, simplesmente aceitando a sua história como uma memória de vida passada literal e oferecendo-lhe apoio. Podiam tê-la curado, dizendo: "Sim, passou por um bombardeio numa outra vida. Entendemos que tenha medo de sofrer outro bombardeio, mas a guerra acabou. Agora você está a salvo e temos muita comida." Podiam ter-lhe pedido que contasse mais sobre a sua história: como havia morrido, que idade tinha, quem estava com ela, onde estava sua família. Trazer a lembrança à baila com algumas poucas perguntas poderia ter poupado Mary de muitos anos vividos em confusão e ansiedade.

Algumas crianças têm o que os especialistas do sono chamam de *terrores noturnos*, um sério distúrbio do sono que não faz parte da categoria dos pesadelos. Num episódio típico de terror noturno, a criança grita, se debate, pode até andar, correr e se tornar violenta, tudo isso aparentemente acordada. Mais tarde, ao contrário do que acontece com um pesadelo, a criança *não tem a menor lembrança do incidente,* nem um sonho que possa explicar o comportamento estranho. Isso torna os terrores noturnos uma doença extremamente difícil de tratar. Os cientistas não encontram uma explicação satisfatória para o que possa causar o terror noturno, nem remédio confiável. Mas sabem que o terror noturno ocorre durante o ciclo mais profundo do sono e que comumente acontece entre as idades de três ou quatro e cinco ou seis anos.

Como sabemos que alguns pesadelos têm origem numa vida passada, faz sentido que o mesmo ocorra com os terrores noturnos. Pode ser que, durante um sono mais profundo, essas crianças estejam sendo aterrorizadas por memórias vívidas de um trauma de vida passada. Para mim é significativo que os terrores noturnos ocorram na mesma faixa etária em que as crianças costumam ser mais suscetíveis de ter lembranças espontâneas de vidas passadas.

Como acontece em alguns casos que conto adiante, neste mesmo capítulo, quando os pesadelos são tratados como uma forma de lembrança de vida passada, eles podem ser curados. Talvez algumas das técnicas usadas com esses pesadelos pudessem curar os terrores noturnos. Se pais e cientistas que estão tentando entender esses terrores abrissem suas mentes para a possibilidade de uma causa em vida passada, poderíamos chegar a uma solução para esse desconcertante e terrível distúrbio do sono.

HISTÓRIAS LITERAIS

Como a maioria dos pais não sabe que vidas passadas são possíveis, aumentam sem querer o desespero e a confusão de seus filhos, ao destacar um sonho de vida passada. Podem fazê-lo tentando explicá-lo como uma reencenação de algo visto na TV ou num livro com imagens amedrontadoras. Ou, influenciados pelo que leram sobre a psicologia freudiana, eles o interpretam como sendo a representação simbólica de um medo ou impulso reprimido. Mas nada disso seria necessário se percebessem que, na verdade, alguns sonhos e pesadelos são memórias *literais* de experiências verdadeiras do passado.

DANA GRABINER

Dana, que vive em Maryland, leu um dos meus artigos e me

escreveu para relatar um pesadelo recorrente da sua infância, que a perseguiu anos a fio, causando-lhe uma forte insônia. Teve a saúde abalada, até que uma regressão a vidas passadas revelou a fonte do pesadelo. Dana acredita que se ele tivesse sido tratado como uma lembrança de vida passada, quando ela ainda era criança, não a teria infernizado até a idade adulta.

"Diga aos pais, no seu livro, que esses pesadelos nem sempre desaparecem quando a criança cresce, a não ser que sejam reconhecidos como lembranças de vidas passadas", ela me pediu. Prometi que contaria a sua história.

> Meus piores pesadelos eram ligados a afogamentos. Desde meus quatro ou cinco anos, assim que cochilava, primeiro ouvia um zumbido baixo e depois era tragada por um redemoinho de água. Ficava paralisada e não conseguia chamar meus pais. Quando acordava do sonho, gritava por eles, corria para contar-lhes meu pesadelo. Meu pai ia até meu quarto, olhava atrás da cama, no armário e sob a escrivaninha, para me mostrar que não havia monstros ali.
>
> Tive outros sonhos recorrentes na minha infância, mas esses pesadelos com água eram diferentes. A cada dia tornavam-se mais vívidos: eu me afogava de verdade no sonho; podia sentir a água na minha garganta, no meu nariz. E aqueles pesadelos sempre me deixaram aterrorizada.
>
> Os pesadelos continuaram através da minha infância e juventude. No final de 1982, aos trinta e quatro anos, exausta por uma insônia intermitente, uma amiga me sugeriu que tentasse uma regressão a vidas passadas, para descobrir a raiz do meu sonho. Aceitei a idéia.
>
> "Quem é você?", perguntou o hipnotizador, durante a regressão. Identifiquei-me como uma jovem chamada

> Atena, uma empregada doméstica grega. Sabia que era aquela jovem. Vivenciava seus pensamentos e sentimentos. Certo dia, ressentida e desafiante, joguei no chão os utensílios de cozinha e corri para fora da casa, descendo uma escadaria, em direção a uma lagoa. Tirei minhas roupas, deixando-as no chão, e pulei na água. A água estava uma delícia. Momentos depois, apareceu um homem na beira da lagoa e me mandou sair. Recusou-se a jogar minhas roupas para mim e, por isso, permaneci na água. Subitamente, houve uma tempestade, e me afoguei. Pouco depois desta breve regressão, minha insônia desapareceu. Nunca mais tive o pesadelo.

Dana nunca me disse se consultou um terapeuta por causa da sua insônia. Mas, se o tivesse feito, qualquer psicoterapeuta tradicional teria interpretado a água no seu sonho, simbolicamente, como metáfora de uma causa oculta na infância. Dependendo da formação e da orientação do terapeuta, poderia ter interpretado o afogamento como metáfora de sua relação com a mãe ou como sintoma de alguma outra situação de sufocação. Essas interpretações poderiam estar corretas para outras pessoas em circunstâncias diferentes, mas não para Dana.

A cura imediata e total da aflição de Dana, com apenas uma regressão a vidas passadas, prova que seus pesadelos não eram metáforas nem símbolos inconscientes, representando alguma síndrome complexa. Na verdade, eram imagens *literais* de um afogamento em vida anterior. Faremos um favor aos nossos filhos se, além de especularmos sobre o significado simbólico, procurarmos pela história literal em busca de possíveis causas em vidas passadas.

BRUXISMO: UMA HISTÓRIA BEM-SUCEDIDA

Creio que existam milhares de crianças sofrendo de pesadelos de vidas anteriores precisando de ajuda. Seus pais, perplexos, podem pagar por auxílio psicológico, sem que a criança melhore. Este caso da Flórida é uma exceção. Os pesadelos com vidas passadas de Keith foram imediatamente reconhecidos e erradicados. Essa história dá esperança a outras crianças que sofrem de pesadelos.

Keith, aos oito anos, foi se consultar com o Dr. Ron De Vasto em busca de uma solução para o seu bruxismo – o ranger de dentes durante o sono. O pai do menino levara o filho a vários dentistas, mas nenhum deles pôde encontrar uma ligação entre o bruxismo e a fisiologia dos seus dentes ou da mandíbula. Finalmente, o último dentista consultado sugeriu a Keith uma hipnose, e indicou o Dr. De Vasto. E é ele mesmo quem nos conta o que aconteceu na consulta de Keith:

> O pai de Keith me disse que o problema começara de repente, certa noite, seis meses atrás, e parecia piorar. No decorrer da entrevista, mencionou de passagem que Keith estava tendo pesadelos, que começaram quase ao mesmo tempo que o ranger de dentes. Durante os pesadelos, o menino sentia que estava sendo sufocado. Após os pesadelos, Keith sempre acordava tenso e com muito medo.
>
> Keith parecia um menino muito agradável, inteligente e quieto. Estabelecemos um bom relacionamento desde o início. Empreguei regressão no tempo para levá-lo até o momento de seu primeiro pesadelo. A regressão foi fácil, e a história que se revelou deixou-nos estarrecidos.
>
> Keith contou a história de um menino de quinze anos, que viveu na França durante a ocupação nazista. Começou falando do ponto de vista do menino francês, chamado René. Assim que fechou os olhos, começou a tremer e parecia estar sentindo muito medo ao descrever o que via. Uma longa fila de pessoas de sua aldeia, forçada a

andar pelos soldados alemães, passava em frente da fazenda dos seus pais. Os soldados entraram na fazenda, capturaram René e a família, e os colocaram na fila junto com os outros. Ainda em transe, com os olhos fechados, Keith começou a gritar: "Por favor, digam a eles que não sou judeu! Por favor, digam a eles que não sou judeu!" Mas não deram atenção aos seus gritos. Depois de muitos dias de exaustiva caminhada e viagens de trem, René se viu sendo levado como gado através de uma complicada estrutura de paliçadas e arames farpados. Começou a sentir ânsias de vômito com o cheiro de morte ao redor. Então, junto com muitos outros, foi alinhado diante de um fosso. Soldados uniformizados e com metralhadoras começaram a atirar. Uma bala raspou a sua cabeça e ele caiu no fosso. Sentiu o peso sufocante e a pressão dos corpos que caíam sobre ele. Tentou respirar fundo, em busca de ar, e gritar, mas não conseguia abrir a boca por causa da massa de corpos que jazia sobre a sua cabeça. Por isso, não pôde gritar. Cheio de medo e de ódio, teve uma morte lenta e torturante.

A sessão durou cerca de três horas. Ao terminar, Keith respirou fundo, aliviado. Seu pai só conseguia dizer: "Não acredito." Após discutir e processar o que aconteceu na sessão, Keith e seu pai foram para casa. Foi o fim dos pesadelos e do ranger de dentes de Keith.

Quando o terror reprimido da morte em uma vida passada começou a penetrar nos sonhos de Keith, manifestou-se ao mesmo tempo em sua mandíbula. A simultaneidade do sonho e do sintoma físico foi a pista que o Dr. De Vasto seguiu para encontrar a causa numa vida passada.

TERCEIRA PARTE

OUÇAM AS CRIANÇAS

CAPÍTULO 14

Adultos e Suas Religiões

Os adultos podem aprender com crianças muito pequenas porque o coração das crianças é puro e, por isso, o Grande Espírito pode mostrar-lhes muitas coisas que os mais velhos não vêem.

Alce Negro, dos Sioux Oglala

FRENTE A FRENTE COM A REENCARNAÇÃO

É inevitável que os pais que testemunharam seus filhos falando sobre vidas passadas tenham que admitir a idéia da reencarnação.

Para alguns, isto é motivo de sofrimento porque a idéia de reencarnação entra em choque com suas crenças religiosas; outros a acolhem bem, como se fosse uma confirmação do que suspeitavam ser verdade. Para todos os pais com quem falei, o poder das lembranças de seus filhos era mais forte que qualquer doutrina religiosa que tivessem seguido. Sua súbita percepção da reencarnação como realidade expandiu sua visão do que é possível no universo e em suas próprias vidas. Todos admitiram que suas crenças mudaram profundamente quando seus filhos relataram inocentemente suas vidas anteriores.

Mary Fleming, mãe dos artistas gêmeos, conta como a experiência de seus filhos transformou sua mente:

> É perturbador quando os filhos começam a falar tão claramente sobre Deus, morte, reencarnação e paraíso. Mas, como aquilo partia dos meus filhos, eu não podia descartar. Tive que reavaliar todas as minhas crenças e idéias sobre a vida e por que estamos na Terra.
>
> Nossa família participa muito da paróquia da Igreja Católica local, e eu não sei bem o que a Igreja pensaria

> sobre tudo isso. Mas tenho que crer nos meus filhos quando eles falam.

A verdade que existe nas lembranças de uma criança provoca uma reação em cadeia de nova compreensão, não apenas sobre vida e morte, mas sobre o mundo espiritual invisível. Quando as crianças falam tão inocentemente de morrer e reviver – mistérios que acreditamos estar além da compreensão delas – sabemos que o que dizem é verdade porque sentimos a reação em nossos corpos. Esse testemunho de verdade, que vem através de nossos filhos, mexe com algo dentro de nós. Acordamos para uma nova realidade. Começamos a perceber coisas que antes não notávamos. Percebemos que nada acontece por acaso: coincidências, repentinamente, passam a ter um significado, e começamos a compreender as ligações entre os mundos interno e externo. Mas poderíamos ter perdido tudo isso se nossos filhos não nos tivessem puxado pela mão e nos mostrado.

Se acreditarmos no que nossos filhos estão dizendo, podemos nos abrir para a possibilidade de que também vivemos antes e viveremos novamente. Sentimo-nos enormemente expandidos e vivos a partir dessa percepção, sabendo que a parte mais profunda de nós mesmos sempre existirá.

Para Phyllis Elkins, sua experiência com Natalie deu-lhe uma visão diferente do mundo, cheia de esperança e significado.

> Fui criada no Catolicismo, mas não sou praticante. Creio em Deus à minha maneira. Nunca conversamos com Natalie sobre religião, exceto que acreditamos em Deus. Meu marido também é uma pessoa muito aberta. Mas, quando passamos por tudo aquilo pela primeira vez, foi como se nos tivessem jogado contra uma parede. É como quando se dá à luz – imediatamente tem-se uma nova visão da vida. Tem-se uma visão diferente do que é importante.

> Costumava pensar que seria confortador saber que quando morremos temos uma oportunidade de voltar, reformular as coisas e até mesmo estar de novo na mesma família. Por causa de Natalie, hoje acredito piamente nisso.

As vidas e as percepções daqueles pais mudaram porque acreditaram em seus filhos. Não permitiram que suas religiões colocassem obstáculos. Ou mudaram a forma de pensar sobre a doutrina religiosa em que tinham sido educados ou encontraram um meio de criar espaço em suas crenças religiosas para aceitar a reencarnação.

Porém, para outros, não foi tão fácil. Ao conversar com certos pais, me deram a impressão de estarem nervosos e inseguros a respeito do que deveriam pensar ou crer. Diziam-me, em voz baixa: "Pode parecer estranho, mas..." ou "Por favor, não pense que sou maluco, mas..." Assegurei a todos que estavam em boa companhia, que não eram os únicos a verem e ouvirem essas coisas dos seus filhos. Ficaram aliviados e gratos pela oportunidade de discutir suas experiências sem se sentirem embaraçados, culpados ou malucos, ou temerosos de acreditar nos filhos. Confessaram que não podiam falar sobre essas experiências com a família ou os amigos – ou com os padres, rabinos e pastores – porque tinham medo. Sabiam que aquelas experiências não se ajustavam às suas doutrinas religiosas e que poderiam ser afastados por acreditarem num "absurdo" que contradizia sua fé.

Refleti sobre aquilo. Se aqueles pais, que tiveram segurança suficiente para me procurar ainda estavam nervosos, imagine quantos pais não mantêm em segredo as lembranças de seus filhos? Ou, pior, quantos não silenciam as crianças e negam o que vêem com seus olhos e sentem em seus corações, por terem medo de serem criticados pelos vizinhos ou por sua igreja?

Para mim, esse temor é o maior obstáculo para uma aceitação mais ampla das lembranças de vidas passadas em crianças. Decidi pesquisar para entender isso melhor. Queria ver se podia descobrir por que a reencarnação tem uma imagem tão ruim na cultura ocidental. Na TV e nas caricaturas, a reencarnação é sempre motivo de riso, quando satirizada como uma superstição absurda. O preconceito sobre o assunto é enorme. Às vezes, quando falo com certas pessoas sobre o meu trabalho, começam a cantarolar o tema do seriado *Além da Imaginação,* uma forma polida de rotular minhas idéias de estranhas e fora de propósito. Desde que Shirley MacLaine tão corajosamente publicou suas experiências pessoais com reencarnação, seu nome tornou-se sinônimo de piada sobre reencarnação.

Mas algo interessante está acontecendo, porque a imagem pública da reencarnação não coincide com o que as pessoas pensam particularmente sobre o assunto. De acordo com uma recente pesquisa do Instituto Gallup, 27% dos adultos americanos admitem, anonimamente, acreditar em reencarnação. E, embora as pessoas riam de Shirley MacLaine, milhões delas compraram e leram seus livros sobre reencarnação. Por que essa contradição? De onde vêm esse temor e essa negação?

UM CONCEITO ESPIRITUAL MUITO AMPLO

Parte do problema é a simples ignorância dos fatos. Como a reencarnação raramente é discutida como uma idéia espiritual séria através da mídia ou nas escolas, e certamente não nas igrejas, o que a maioria dos ocidentais sabe sobre o assunto é apenas aquilo que absorvem através de piadas e caricaturas.

A reencarnação *não* é, como muita gente na nossa cultura pensa, uma crença ligada à Índia ou a qualquer religião ou cultura. Tem sido uma crença espiritual para bilhões de pessoas em todo o mundo há milhares de anos, uma idéia global que floresceu independentemente entre as populações de todos os continentes, desde os celtas até os teutões do norte da Europa, os povos indígenas da África, Austrália e das Américas. Centenas de milhões de hindus e budistas no mundo de hoje acreditam na reencarnação. É tolerada pelo Islã – a seita mística islâmica dos Sufis faz dela a pedra fundamental de sua fé. Comparada com a maioria do resto do mundo, nossa cultura judaico-cristã, com sua negação da reencarnação, está em minoria.

Na verdade, não existe uma doutrina única e rígida sobre reencarnação. É impossível dizer que a reencarnação é isto e não aquilo. É uma idéia espiritual genérica, como a crença em divindades, cujas interpretações e práticas variam tanto quanto os povos que existem no mundo. Algumas noções de como a reencarnação funciona *são* superstições absurdas – idéias claramente inaceitáveis para as nossas mentes modernas. Mas em outros lugares a reencarnação se desenvolveu, transformando-se numa filosofia de leis naturais e introspecção espiritual, que poderia dar uma contribuição valiosa para o pensamento ocidental.

Em qualquer questão sobre os mecanismos da reencarnação, há uma enorme variedade de crenças provenientes de todos os pontos do mundo. Por exemplo, na questão sobre o tempo que uma alma aguarda para voltar à vida, alguns acreditam que o intervalo é de centenas de anos, enquanto outros pensam que está fixado entre sete e vinte anos. Os drusos do Líbano chegam ao extremo de crer que o renascimento se dá imediatamente após a morte, sem nenhum intervalo – dizem até que o último sopro do moribundo é seguido pela primeira respiração do recém-nascido reencarnado.

Em algumas culturas, religiões e seitas, a reencarnação é uma idéia dogmática e punitiva, institucionalizada por meio de regras e rituais; o temor de um renascimento infeliz é usado como uma arma para intimidar e controlar as massas. O sistema de castas da Índia, por exemplo, é estruturado sobre a idéia de que as almas reencarnam subindo a escala de castas, alguns degraus de cada vez, e somente após a execução de vários rituais.

Em outras culturas, a reencarnação é um conceito profundamente libertador e positivo. A antropóloga Margaret Mead descobriu que tanto os balineses quanto os esquimós reverenciam o ciclo do renascimento em sua atitude com relação ao aprendizado. Acreditam que suas crianças têm dons proféticos, e desde cedo as ensinam a fazer coisas complicadas, considerando que elas sejam capazes de fazê-las porque, na verdade, são adultos. Até mesmo os velhos continuam aprendendo, porque seus esforços não serão desperdiçados.

As versões da reencarnação ensinadas pelas tradições esotéricas dos hindus e budistas tibetanos são as mais enaltecedoras e compatíveis com a mente ocidental. Mas até mesmo os hindus e os budistas discordam sobre o que é transmitido de uma existência para outra. Os hindus acreditam que seja a identidade de uma alma viajante; os budistas dizem que é uma torrente contínua de consciência, um relacionamento de causa e efeito, mas sem uma identidade de alma viajante. Contudo, ambos concordam que uma lei natural, chamada carma, rege as particularidades do renascimento.

O carma é outra idéia relacionada com a reencarnação, muito suscetível de interpretações, e muitas vezes mal compreendida pelos ocidentais. No nível mais simples, carma é o mesmo que a lei física de causa e efeito, ação e reação. Os cristãos a conhecem pelo ensinamento que diz: "Você colhe o que planta." Mas o carma funciona através de muitas existências. Por este princípio, tudo o que fazemos, seja bom ou mau, tem efeito sobre nós e os outros; e as conseqüências da cada ação podem voltar até nós nesta ou em outra existência.

Como nos ensina o budismo, o carma *não* é uma lei de predestinação, como temem alguns ocidentais. Ao contrário, ele permite o livre-arbítrio. A lei do carma não determina nossos atos. É uma lei imparcial, que pede que aprendamos com os nossos erros. Quando criamos um carma "negativo", agindo de maneira egoísta, machucando os outros e a nós mesmos, rompendo a harmonia do Universo (atos que alguns chamam de "pecado"), o Universo não nos julga. Simplesmente nos devolve a desarmonia, oferecendo-nos outra oportunidade de responder corretamente. Criamos um carma positivo quando agimos com consciência e em harmonia com a associação de todas as coisas – em outras palavras, com amor e compaixão. A mensagem mais evidente do carma é que somos responsáveis pelas nossas ações.

A reencarnação e a lei do carma explicam o paradoxo que observamos no Ocidente: por que coisas terríveis acontecem com pessoas de bem, enquanto que os patifes parecem viver com a maior facilidade? Se não considerarmos o aspecto cumulativo do carma, a vida parece aleatória e injusta – um giro cósmico dos dados. Às vezes é impossível enxergarmos alguma justiça moral, ou mesmo um significado, dentro dos limites de uma única vida quando, por exemplo, uma criança inocente morre ou nasce cega ou sem lar. Mas, se encararmos cada vida como apenas uma imagem de um filme composto de inúmeras imagens, nossa perspectiva muda. Percebemos que o filme visto como um todo faz sentido, e nos conta uma história de equilíbrio, justiça e ordem.

Portanto, se a reencarnação é uma idéia espiritual genérica, não ligada a nenhuma religião ou cultura, por que resistem a ela no Ocidente? Por que a cultura judaico-cristã difere da maioria das outras do mundo? Procurei as fontes da história do Judaísmo e do Cristianismo em busca de respostas, e o que descobri é tão fascinante e revelador que valeu o esforço.

Procurei primeiro no Cristianismo e descobri que a Bíblia não fala na reencarnação, e muito menos a condena. Não existe escritura que repudie a reencarnação. Na verdade, muitos estudiosos da Bíblia e cristãos devotos acreditam que Jesus aprovava tacitamente a reencarnação. Os historiadores sabem que a reencarnação era uma crença bastante comum no Oriente Médio naquele tempo, e Jesus parece aceitá-la como algo que não merecesse maiores comentários, em qualquer sentido.

Dois trechos do Evangelho nos demonstram isso. Em Mateus 17:10-13, Jesus fala com seus discípulos sobre a conhecida profecia do Velho Testamento de que o retorno do profeta Elias precederia a chegada do Messias:

Os discípulos perguntaram: "Por que os doutores da lei dizem que Elias deve vir primeiro?"

Jesus respondeu: "Para ter certeza, Elias virá e restaurará todas as coisas. Mas eu lhes digo, Elias já chegou e não o reconheceram, mas fizeram com ele tudo o que quiseram. Da mesma forma, o Filho do Homem irá sofrer em suas mãos." Então, os discípulos compreenderam que ele lhes falava de João Batista.

Como pode essa declaração, esse reconhecimento de Jesus de que Elias já havia voltado como João Batista, ser interpretada como algo que não seja reencarnação?

Outro trecho muito citado é o de João 9:2. Os discípulos apontaram para um homem que havia *nascido* cego e perguntaram:

Quem pecou, esse homem ou seus pais, posto que nasceu cego?

Jesus usou a pergunta para falar do pecado, mas é significativo que não tenha repudiado o pressuposto óbvio da afirmativa. De que outra forma o homem poderia ter pecado *antes* de ter nascido, se não tivesse vivido antes? Se Jesus quisesse ter condenado a reencarnação, aquela era a oportunidade, mas ele não o fez.

Então, de onde é que os cristãos tiraram a noção de que a reencarnação é um pecado, como já ouvi algumas pessoas dizerem? A resposta não está nas palavras de Jesus, mas nas origens da Igreja Romana. É muito interessante a história do que aconteceu nos trezentos anos que se passaram entre a humilde pregação de Jesus no deserto e a fixação da doutrina e do credo em que os cristãos acreditam até hoje.

OS DOGMAS CERCEIAM O HOMEM

O enorme carisma de Jesus Cristo e sua pregação das boas novas mudou profundamente a vida dos que o conheceram e seguiram. O entusiasmo e o espírito dos primeiros cristãos se espalhou pelo Oriente Médio, até que o que começara como um inspirado culto de judeus na poeirenta Judéia tornou-se um movimento religioso revolucionário que permeou todo o Império Romano.

À medida que as idéias foram se espalhando, elas se infiltraram nas práticas e nas teologias das religiões existentes, tomando formas que Jesus mesmo não teria reconhecido – especialmente a instituição de um clero formal que mediava as relações dos homens com Deus. Durante os três primeiros séculos da era cristã, não houve uma doutrina cristã única. A teologia cristã e sua doutrina – interpretações dos ensinamentos de Cristo misturadas com idéias de outros filósofos e religiosos – foram calorosamente debatidas por pelo menos trezentos anos. Muitos dos dogmas da fé que os cristãos hoje aceitam eram apenas algumas idéias entre muitas, durante aquele longo período.

É um fato que algumas seitas cristãs e escritores aceitaram a reencarnação como acréscimo aos ensinamentos de Cristo. Orígenes, um dos proclamados Doutores da Igreja, e descrito por São Gregório como "o príncipe do conhecimento cristão no terceiro século", escreveu: "Todas as almas chegam a esse mundo fortalecidas pelas vitórias e enfraquecidas pelas derrotas de sua vida anterior."

Portanto, se a reencarnação era uma idéia corrente no Cristianismo nascente, por que todos os seus traços desapareceram da religião cristã que conhecemos hoje?

No início do quarto século, fortes facções cristãs concorriam entre si em busca de influência e poder, enquanto que, ao mesmo tempo, o Império Romano começava a entrar em colapso. No ano 325, num movimento para tentar renovar a unidade do império, o ditador absoluto e imperador Constantino reuniu os líderes das facções cristãs que lutavam entre si no Concílio de Nicéia. Ofereceu-se para colocar todo o seu poder imperial para apoiar os cristãos, se resolvessem suas diferenças e concordassem em ter um único credo. As decisões tomadas neste primeiro concílio determinaram a fundação da Igreja Católica Romana. Para garantir a unidade, todas as crenças que conflitavam com o novo credo foram banidas, e nesse processo as facções e documentos que sustentavam a reencarnação foram descartados.

Depois, com o total apoio dos líderes cristãos, Constantino passou a agir para eliminar as religiões competidoras e tornar absoluto seu domínio pessoal sobre o império. O resultado do casamento entre a Igreja e o estado imperial foi uma nova Igreja, feita à imagem do autocrático Império Romano. Por esta razão, segundo alguns historiadores, a Igreja exalta inquestionavelmente a autoridade central, impõe um único credo dogmático aos seus seguidores e trabalha com tanta energia para reprimir idéias divergentes. Isso é importante, porque a reencarnação ficou fora do credo oficial.

Aparentemente, alguns cristãos continuaram a crer na reencarnação, mesmo depois do Concílio de Nicéia, porque em 553 a Igreja considerou necessário condenar explicitamente a reencarnação. No Segundo Concílio de Constantinopla, o conceito de reencarnação, reunido a outras idéias sob o termo "preexistência da alma", foi considerado um crime passível de excomunhão e maldição (anátema).

Por que a Igreja iria a tais extremos para desacreditar a reencarnação? A psicologia implícita da reencarnação pode ser a melhor explicação. Uma pessoa que acredita na reencarnação assume a responsabilidade por sua própria evolução espiritual através do renascimento. Não precisa de padres, confessionários ou rituais para evitar a condenação (todas essas idéias não fizeram parte dos ensinamentos de Jesus). Precisa apenas levar em consideração os seus atos em relação aos outros e a si mesmo. A crença na reencarnação elimina o medo do inferno eterno que a Igreja emprega para disciplinar seu rebanho. Em outras palavras, a reencarnação mina a autoridade e o poder da Igreja dogmática. Não foi à toa que deixou os defensores da fé tão preocupados.

Apesar do decreto de 553, a crença na reencarnação persistiu. Foram precisos mais mil anos e muito derramamento de sangue para reprimir completamente a idéia. No início do século XIII, os cátaros, uma seita de cristãos que acreditavam na reencarnação, floresceu na Itália e no sul da França. O papa montou uma cruzada para erradicar aquela heresia, e meio milhão de pessoas foram massacradas – aldeias inteiras de uma vez –, sendo os cátaros completamente eliminados. Esse expurgo foi precursor da brutal Inquisição, que começaria logo depois. Não apenas a simples crença na reencarnação era causa para uma perseguição, como a crença em *qualquer* idéia metafísica que ficasse fora das fronteiras dos dogmas da Igreja.

A mortífera eficiência da Inquisição mostrou-se eficaz. A perseguição pela Igreja institucional amedrontou a psique coletiva, rodeando-nos com uma grade invisível, que separa o que é permitido do que é perigoso acreditar. Desde então, as pessoas que nutrem idéias proibidas aprenderam a manter seus pensamentos guardados. Nossa memória cultural ainda carrega o medo das represálias por ligação declarada com práticas ocultas, o uso de poderes psíquicos ou a crença na reencarnação.

Eis aqui a origem do comportamento duplo. Não é à toa que muitas pessoas hoje acreditam em reencarnação no âmbito privado, mas temem afirmá-lo em público, com medo de serem consideradas estranhas – o nome moderno da heresia. Talvez, entendendo de onde vem o medo, possamos acabar com seu controle sobre nós e derrubar a grade invisível. Assim, quando nossos filhos falarem de vidas passadas, poderemos seguir nossos corações e não nossos temores – e acreditar neles.

O LIVRO DO ESPLENDOR

É possível a um judeu praticante acreditar na reencarnação –

acreditar nas lembranças de vidas passadas de seus filhos – sem contradizer sua fé? A maioria dos judeus ficará surpresa, como eu, de saber que a reencarnação está no cerne do Judaísmo esotérico, chamado Cabala. Até começar a fazer esta pesquisa, sempre achei que o Judaísmo ignorava a reencarnação. Nunca fora mencionada na minha educação religiosa, nem por ninguém da família. No entanto, lá está. O estudioso do Judaísmo, Simcha Paull Raphael, proclama enfaticamente: "Sim, os cabalistas acreditam na reencarnação! A reencarnação é tão ritualisticamente pura para o Judaísmo quanto o vinho Estrela de David, usado nas cerimônias."

A religião judaica não tem uma doutrina ou um dogma, nenhum livro que defina a fé, como a Bíblia para o Cristianismo. Ao invés disso, os judeus tiram sua inspiração e orientação religiosa de um certo número de textos sagrados. Um deles é um livro de ensinamentos místicos, o texto principal da Cabala, chamado *Zohar* ou *O Livro do Esplendor*. Esse livro tem guiado os místicos judeus desde pelo menos o século XIII, quando apareceu pela primeira vez na Espanha, embora alguns estudiosos creiam que ele registra ensinamentos secretos que são transmitidos desde antes dos tempos de Cristo.

O Livro do Esplendor registra o ciclo de morte e renascimento, chamado *gilgul*, que significa tanto "roda" quanto "transformações". Ensina que cada reencarnação é uma missão especial que inclui lições a se aprender, ordens a serem cumpridas e feitos a serem executados, para equilibrar erros cometidos em existências anteriores – em outras palavras, para tratar de negócios inacabados. O propósito mais importante do *gilgul* é a purificação da alma e sua libertação do ciclo de vidas terrenas.

Quanto mais eu lia, mais impressionada ficava por descobrir como *O Livro do Esplendor* é próximo e paralelo às crenças místicas dos hindus e dos budistas, especialmente do *Livro Tibetano dos Mortos*. Ambos foram escritos para guiar a alma na sua jornada no pós-morte e no renascimento. *O Livro do Esplendor* descreve ciclos de desenvolvimento em que a morte é apenas um estágio na jornada da alma, uma porta para outros reinos de conscientização, no caminho de volta para outra existência terrena. Concorda com o budismo em que o ponto mais importante do ciclo da conscientização é o momento da morte e que os pensamentos mantidos na mente neste momento influem fortemente na qualidade da próxima vida.

Que surpresa encontrar este tesouro de sabedoria enterrado no meu próprio quintal espiritual, as mesmas jóias de percepção que me haviam atraído para as escrituras esotéricas dos budistas e hindus! Talvez minha busca fosse muito diferente se eu tivesse conhecido a Cabala quando jovem. Se eu conhecesse esses ensinamentos quando minhas lembranças do Holocausto vieram à tona, talvez não tivesse ficado tão confusa e insegura com o que acontecia comigo.

Por que tão poucos judeus conhecem essas lindas concepções sobre a morte, a vida após a morte e o renascimento? Até onde pude observar, tinham sido um elemento vital dos ensinamentos judaicos na Idade Média, mas de alguma forma ficaram encobertas e ocultas do pensamento judaico predominante. Descobri que a resposta tinha muito a ver com o tratamento que a Igreja Católica Romana deu aos judeus desde a Idade Média. Quando a Igreja dominava todas as instituições da Europa, pressionou os judeus a abandonar sua religião e aceitar a teologia cristã. A Igreja insistiu em afirmar que *só* ela controlava a porta da vida após a morte. Um decreto oficial da Igreja, no Concílio de Florença em 1442, não deixa dúvidas:

Ninguém fora da Igreja Católica, nem os judeus, nem os hereges, nem os cismáticos, poderão participar da vida eterna, mas serão consumidos pelo fogo eterno preparado para o demônio e seus anjos.

Séculos desse tipo de perseguição impuseram seu tributo à psique do judeu moderno. Cercado dos ensinamentos cristãos sobre a vida após a morte, que lhes acenava explicitamente com o inferno, muitos judeus decidiram optar por sair do sistema, eliminando qualquer idéia de uma vida após a morte dentro da sua crença, inclusive sua mística tradição do *gilgul*.

Contudo, hoje, vemos o reflorescimento do interesse em todas as tradições místicas e o ressurgimento da Cabala. *O Livro do Esplendor* está sendo ressuscitado com novas traduções e interpretações, atingindo um público cada vez mais amplo. Do que pude aprender, sinto-me confiante em dizer a qualquer judeu que aceitar a lembrança de vida passada de uma criança é um ato que está em perfeita harmonia com as tradições judaicas. A crença na reencarnação está ligada ao fundo do velho coração do misticismo judaico.

"SIM, EXISTE UM DEUS!"

Quando uma criança fala de uma lembrança de vida passada, o efeito ricocheteia longe. No centro está a criança, que é diretamente curada e mudada. Os pais, que estão perto, são atingidos pela verdade da experiência – uma verdade poderosa demais, capaz de desalojar crenças profundamente entrincheiradas. Para observadores – mesmo aqueles que apenas lêem a respeito –, relatos de lembranças de vidas anteriores de crianças podem levar a alma em direção a um novo entendimento. Lembranças de vidas passadas de crianças têm o poder de mudar vidas.

Colleen Hocken mostra como sua vida mudou:

> Creio que a experiência de Blake foi algo que eu precisava para começar minha própria jornada espiritual. Antes que acontecesse, era atéia. Pensava que Deus não existisse. Antes havia coisas que não conseguia entender, como por que crianças de três meses têm que morrer. Não podia entender como Deus podia ser tão cruel.
>
> Desde a experiência de Blake, pesquisei e li sobre reencarnação e comecei a entender como funciona – que

temos diversas vidas e aprendemos coisas diferentes em cada uma delas. Também escolhemos o corpo em que voltamos, como o corpo de um aleijado ou de um retardado, para poder aprender. Antes disso, pensava que Deus fosse extremamente cruel por fazer isso a uma pessoa, enquanto outra levava uma vida maravilhosa. Então, sabendo que as vidas anteriores são possíveis, tudo pareceu fazer sentido e hoje percebo que, sim, existe um Deus!

CAPÍTULO 15

A MORTE É UMA PORTA GIRATÓRIA

Não esqueça que para você devo voltar...
Somente um momento, de descanso ao vento,
e outra mulher há de me carregar.

Kahlil Gibran

PERDER UM FILHO

Não há tragédia maior do que a morte de uma criança, nem maior agonia, nem desgraça que despedace mais dolorosamente a alma e rasgue o coração.

Quando uma criança morre, os pais procuram desesperadamente o significado do tormento. Choram de angústia: "Como Deus pôde ser tão cruel a ponto de levar meu filho?" Tateiam em vão procurando razões: "Que fez o meu bebê para merecer isto?" Inevitavelmente, culpam-se pelo ocorrido, esmagados sob o peso da culpa: "Que foi que *fiz* para merecer isso?" Se acreditarmos que só temos uma vida para viver, a morte de um filho soa como uma perda sem sentido, irreparável.

Nada pode apagar o pesar e a dor de tão terrível perda. Mas, se acreditarmos que a morte não é o fim, que vivemos mais de uma vez, e que as almas – especialmente as das crianças – renascem rapidamente, podemos ter alívio sabendo que a criança breve estará de volta à Terra, para recomeçar outra vez.

Os pais não precisam perder a fé na ordem e na justiça do universo, se acreditarem que a morte de seus filhos tem um propósito, por mais terrível que seja a dor neste momento. Toda morte é o supremo acontecimento cármico para a alma que prossegue, assim como para aqueles que ficam e sofrem a perda.

Podemos confiar na lógica do comportamento cósmico, de que a morte tem significado, mesmo que ele esteja fora do nosso entendimento. Isso diminui o desespero e, à medida que o tempo passa, pode nos levar a ver significados mais profundos em nossas vidas, que jamais percebêramos antes.

A reencarnação nos dá uma esperança plausível para um milagre. É bem possível que uma criança perdida para a morte possa voltar e renascer na mesma família – uma reviravolta cósmica. Como mostram os dois casos a seguir, a oração fervorosa e a fé obstinada também podem exercer seu papel curador.

O PODER DA ORAÇÃO

Este caso é bem documentado e conhecido na Inglaterra. Parte do relato tem origem na revista londrina *Reincarnation International*. O Dr. Stevenson o acompanhou com suas próprias verificações e publicou-o em *Children Who Remember Previous Lives*.

JENNIFER E GILLIAN POLLACK

No dia 5 de maio de 1957, a família Pollack da Inglaterra sofreu uma tragédia inimaginável, quando suas duas filhas, Joanna de onze anos, e Jacqueline, de seis, morreram no mesmo acidente. As meninas caminhavam para a missa dominical, quando um motorista ensandecido subiu a calçada e as atropelou, jogando-as no ar e matando-as instantaneamente.

Durante anos antes do acidente, o pai, John Pollack, um devotado católico que acreditava firmemente na reencarnação, rezou pedindo a Deus uma prova da reencarnação. Agora, pedia que Deus lhe mandasse as filhas de volta.

Em menos de um ano, a mulher, Florence, ficou grávida e John lhe assegurou que suas duas filhas estavam voltando para a família, como gêmeas. John persistiu na afirmação, contradizendo o ginecologista, que insistia que apenas uma criança crescia no ventre de Florence. No dia 4 de outubro de 1958, Florence deu à luz duas gêmeas idênticas que receberam os nomes de Jennifer e Gillian.

Imediatamente, perceberam que Jennifer, *mas não Gillian*, tinha duas marcas de nascença – uma linha branca na testa e uma marca marrom na cintura – que correspondiam em tamanho, forma e localização a uma cicatriz e uma marca congênita que Jacqueline tinha na testa e na cintura. Aquilo era notável, porque gêmeas idênticas que partilham material genético idêntico (Stevenson fez testes para comprovar que este era o caso) teriam que ter marcas de nascença idênticas.

Quando as meninas já tinham crescido o bastante para falar, lembraram de detalhes de suas irmãs mortas, que não tinham meios normais de saber. Durante um teste, identificaram corretamente brinquedos que tinham pertencido a Joanna e a Jacqueline. Ao visitarem pela primeira vez a cidade em que Joanna e Jacqueline haviam vivido (os Pollack se mudaram quando as meninas ainda eram bem pequenas), apontaram corretamente para a antiga casa da família, dirigiram-se sem ajuda da casa até o parque e o *playground*, e descreveram espontaneamente a escola e os balanços antes de vê-los. Certa vez, quando as meninas estavam brincando, Florence ouviu-as falar sobre o acidente: "Gillian segurava a cabeça de Jennifer e dizia que o sangue escorria dos olhos dela porque foi ali que o carro bateu."

Este caso tem todos os sinais de uma lembrança de vidas passadas clássica – especialmente as marcas de nascença. John Pollack tinha certeza de que Deus havia atendido suas preces e que as filhas que perdera no terrível acidente haviam voltado para ele.

RETORNO À FAMÍLIA

A história da família Pollack é muito impressionante. Mas não é única. O fenômeno de *retorno à família* – reencarnação na mesma família – é surpreendentemente comum. Ian Stevenson documentou muitos casos de crianças que reencarnaram na mesma família; os Harrison também se defrontaram com esse fenômeno. Estatísticas coligidas de casos do Dr. Stevenson e de outros pesquisadores mostram que pelo menos dez por cento das crianças investigadas haviam voltado à mesma família.

Em algumas culturas, como as da África Ocidental, Bali, Burma, bem como entre os índios americanos e os esquimós, acredita-se que uma pessoa que morra, seja velha ou nova, reencarne pelo menos na mesma tribo ou comunidade, quando não na mesma família. Quando uma criança nasce, procuram sinais – especialmente as marcas de nascença – para saber qual dos recém-mortos da tribo retornou. Mais tarde, para provar sua identidade, testam a habilidade da criança para reconhecer objetos pessoais do morto. Entre os iorubas da África Ocidental, costuma-se acolher um recém-nascido com a saudação: "Você voltou!" Dão o nome Babatunde aos meninos, que significa "Papai voltou", e as meninas são chamadas de Yetunde, que significa "Mamãe voltou".

O caso a seguir chegou ao meu conhecimento através da minha rede de amigos. Foi contado por Hilda Swiger, uma avó da Flórida, que tinha uma fé muito forte de que suas preces trariam seu filho morto de volta.

RANDY SWIGER

> Nasci no seio de uma família muito religiosa. Meu pai era ministro de uma Igreja de Deus em Indiana. Ele acreditava que reencarnação fosse coisa do diabo. Algumas pessoas pensam assim.
>
> Mas eu sempre acreditei na reencarnação. Existem referências na Bíblia, como em Mateus 17:10-13, quando Jesus falou aos discípulos que João Batista era Elias renascido. As pessoas passam por cima dessas coisas,

deixando de ver muitas coisas quando não querem enxergar.

Meu filho Richard morreu num acidente de automóvel em 1977. Tinha vinte e oito anos.

Rezei muito, pedindo que voltasse. E sonhei com ele o tempo todo. O último sonho que tive com Richard foi quando a esposa do meu outro filho estava grávida. Naquele sonho, implorei para que ele voltasse. Ele disse: "Não, estou aqui do outro lado há muito tempo e não quero voltar." Eu chorava e rogava, dizendo: "Serei muito boa para você." Aquele foi o último sonho que tive com Richard.

Pouco depois daquele sonho, meu neto Randy nasceu. A primeira vez que o vi, com duas semanas, ele levantou as mãozinhas para mim e me olhou nos olhos e eu disse: "Epa, sei quem é este bebê." Podia ver a alma dele através dos seus olhos. Imediatamente, senti uma forte ligação com ele. Sabia que era Richard renascido.

Aos dois anos e meio, Randy disse algo que pela primeira vez nos fez acreditar que era realmente Richard renascido e não racionalização do meu desejo. Acabara de me mudar e estava desembalando a bagagem. Encontrei uma pintura de um anjo, que Richard havia feito. Quando Randy viu o quadro, pegou-o imediatamente e correu para o pai, todo excitado, dizendo: "Olhe, papai, olhe. Eu pintei isso. Pintei isso muito tempo atrás."

Outra vez, aos três anos e meio, disse-me: "Estive na sua barriga antes de ir para a minha mãe. Mas morri e fui para o céu e vi vovô John. Mas sabia que você precisava de mim, e então vim para cá na barriga da minha mãe, para poder estar com você." John era meu pai, avô de Richard, bisavô de Randy – mas Randy o chamou de vovô John.

Há alguns anos, quando Randy tinha quatro anos, nós o

levamos para a primeira viagem ao Epcot Center. Ao entrarmos num restaurante, Randy disse para o pai: "Está indo na direção errada. Você se sentou aqui." Randy apontou para uma mesa em particular. "Foi aqui que você se sentou antes."

De repente, meu filho percebeu que Randy estava certo. Eles haviam sentado exatamente naquela mesa, em sua visita anterior ao Epcot Center, logo após a concepção de Randy. Meu filho perguntou, surpreso: "Como você sabia?"

A resposta de Randy nos deixou surpresos. "Ora, eu estava seguindo vocês no dia em que vieram aqui, antes de eu nascer."

A família inteira está convencida de que Randy é Richard renascido. Após a morte do meu filho, comecei realmente a buscar respostas, porque sentia muita dor. Não há nada no mundo tão doloroso quanto perder um filho – nada! É o maior desgosto que uma pessoa pode ter. Todos os anos, no dia do aniversário de sua morte, sentava na sepultura dele e sofria. Chorava horas a fio. Então, Randy nasceu. Ele preencheu o espaço ocupado pela dor. Sabia que era meu filho que retornara para mim. Não precisei mais voltar ao cemitério.

CAPÍTULO 16

Veja as Crianças de Modo Diferente

Nosso nascimento é apenas sono e esquecimento:
A alma que nasce conosco, nossa estrela vital,
Teve em algum recanto seu fenecimento.
E vieste de tão longe
Não em completo esquecimento,
E não em nudez total,
Mas trilhando nuvens de glória viemos
De Deus que é nosso abrigo:
Na nossa infância, o céu está em torno de nós!

William Wordsworth

Quando aceitamos o fato de que algumas crianças já viveram anteriormente, passamos a ver as crianças de forma diferente. Não podemos mais vê-las como inferiores a nós simplesmente porque são menores e não conseguem abrir uma torneira ou amarrar os sapatos. Agora sabemos que as crianças são mais do que apenas seres biológicos formados por hereditariedade e ambiente. Também são seres espirituais que trazem consigo sua sabedoria e experiência, reunidas em outras vidas sobre a Terra. Se aceitarmos esta visão – de que as crianças são almas experientes em corpos pequenos –, perceberemos que elas têm muito mais a nos oferecer do que achamos possível.

De início, essa percepção pode ser difícil e perturbadora, porque é extremamente distinta do que aprendemos a acreditar sobre as crianças. Como Charlotte Swenson descobriu, leva-se um tempo para se acostumar com essa nova visão:

Primeiro, quando meus filhos começaram a dizer aquelas

> coisas, aquilo me perturbou. "Não quero ouvir", dizia eu. "Deixem-me na minha santa ignorância." Porque o que disseram me obrigou a pensar, me fez me sentir desconfortável, porque eram coisas chocantes e surpreendentes demais, e não deviam estar saindo da boca de criancinhas. Pensamos que, quando as crianças nascem, não sabem quase nada, e quando têm quatro anos, têm quatro anos – e não trinta ou sessenta.
>
> Agora percebo que as crianças realmente estão sintonizadas com a força criativa. Quero manter os canais abertos, manter o fluxo passando, para elas *e* para mim. Agora percebo que meus filhos me ensinaram mais que eu a eles. Mostraram que há muito mais coisas a serem vistas do que nossos sentidos podem perceber. Agora, por causa deles, creio em coisas que estão fora dos limites da vida "normal".

Quando aceitamos a verdade das lembranças de vidas anteriores, começamos a aceitar nossos filhos como almas que viveram antes, viverão novamente, e que estão conosco com um propósito. O poeta Kahlil Gibran disse: "As crianças chegam através de você, mas não são suas." Na verdade, são criaturas de Deus, não nossas. Nasceram para nós de acordo com um plano que é mais vasto do que podemos imaginar.

Esta sutil mudança de atitude, essa nova humildade, muda o nosso papel enquanto pais. Vemos que o desenvolvimento de nossos filhos não depende totalmente de nós. Ele é, fundamentalmente, um desdobramento do destino individual e do propósito com o qual nasceram. Isto é mais valioso e real do que qualquer plano que possamos ter para eles.

Continua sendo nossa obrigação proteger e cuidar de nossos filhos pequenos, orientá-los, prepará-los para sobreviver por conta própria. E é um prazer e privilégio partilhar com eles nossos interesses e sonhos, e as lições que aprendemos ao longo do caminho. Mas temos que repensar nossos papéis de pais oniscientes e estabelecer um outro relacionamento com nossas crianças, de respeito *mútuo* e aprendizado. Há momentos em que precisamos recuar e permitir que eles dividam o que sabem conosco. Então, podemos nos maravilhar com a originalidade deles e perguntar: "O que *você* pode me ensinar?" Esta é a receita para um relacionamento entre pais e filhos baseada no espiritual, tornando a vida muito mais interessante, e dando à incomparável individualidade da criança a oportunidade de florescer.

De acordo com os princípios de renascimento e carma, voltamos juntos em cada vida com pessoas que já conhecemos antes, para continuar nossas lições cármicas. Todas as pessoas importantes para nós agora entraram em nossas vidas por uma razão. E mudamos constantemente de papel. Nosso filho nesta vida pode ter sido nosso pai, esposa, irmão, professor, perseguidor, rival ou amante no passado. No nível da alma, somos ambos iguais – a única diferença é que desta vez um chegou à Terra vinte anos ou mais antes do outro.

Esta nova percepção aumenta o encantamento e o significado de nossa relação com nossos filhos. Quando passamos a ver as crianças de forma diferente, nós as acolhemos como as almas que são e perguntamos: "Quem você é? Por que veio para mim?" Se nos abrirmos para este nível espiritual e ouvirmos nossos filhos, observando ao mesmo tempo nossos próprios sentimentos, começaremos a entender melhor nossos destinos mútuos.

MENTE DE INICIANTE

Quando as crianças falam de coração aberto sobre o paraíso, morte e renascimento, estão tratando das grandes questões da existência humana – as mesmas questões que levaram os adultos a criar a filosofia, a religião e os mitos em busca de resposta. É estarrecedor e um tanto enervante, quando crianças bem pequenas, cuja maior conquista até então foi deixar as fraldas, começam a expressar ousadas percepcões sobre o maior de todos os mistérios. Mas faz sentido, quando pensamos que estão falando de cadeira, por experiência. Suas lembranças do reino espiritual são recentes. Ainda lembram sua mais recente passagem pelo espaço atemporal e ilimitado de Deus, Cristo, Alá, Buda, Jeová, o Grande Espírito, ou qualquer que seja o nome que se queira dar ao manancial de amor e sabedoria universal.

As crianças nos falam sobre essas coisas sem os preconceitos limitantes criados pelos adultos ou por clichês conceituais – "mente de iniciante", como chamam os budistas. Seu conhecimento do espírito provém de uma experiência direta e não adulterada. Eu me pergunto se não era a isso que Jesus se referia quando nos disse que devemos amar as criancinhas, se quisermos entrar no Reino dos céus.

Mas como as crianças falam com tanta inocência, você precisa ouvir cuidadosamente para distinguir os tesouros espirituais da pura fantasia corriqueira. Note a sinceridade em suas vozes. Fique alerta para as repercussões de energia espiritual em seu próprio corpo. Foi assim que Mary Fleming soube que seus filhos, que pareciam a princípio estar inventando histórias, na verdade relatavam suas lembranças ao nascimento:

> Certa noite, quando Alan e Michael tinham seis anos e sua irmã Colleen cerca de oito, andávamos de carro e a discussão passou a ser sobre um peixinho de aquário que acabara de morrer.
> Michael disse: "Nosso peixinho voltará a viver?"
> Eu respondi: "Não sei se entendi o que você quer dizer."
> "Vai voltar a viver como outro peixe?"
> "Você quer dizer como um gato que tivesse sete vidas?"
> Michael retrucou, com a voz exasperada: "Não, como as pessoas fazem! Nosso peixe vai voltar e viver outra vida

de peixe, como as pessoas voltam para viver outra vida de gente?"

O tom de sua voz me espantou. Olhei para ele e perguntei: "Quem lhe disse isso, que as pessoas voltam e vivem outra vida?"

Michael respondeu, confiante: "Ninguém precisou me dizer isso. Nós sabemos disso." As outras crianças concordaram. Quase bati com o carro!

Mary continuou:

A primeira vez em que vi as crianças falando de vida antes do nascimento foi quando Colleen tinha cinco ou seis anos, e os meninos três ou quatro. Foi antes do menor ter nascido. Estávamos sentados na mesa da cozinha e a conversa mudou para o assunto "céu", e como era a vida antes deles nascerem.

Colleen disse: "Quando estava no céu, esperando para nascer, havia muitos de nós por lá. Alguns dos meus amigos também esperavam. Havia dois anjos cuidando da gente e, se alguém gritasse, um dos anjos vinha e o levava. Havia uma fila enorme esperando para renascer."

Michael interrompeu: "Deus me segurou pouco antes de eu descer para nascer."

Eu disse: "Que maravilha, Michael! Alan, Deus também o segurou antes de nascer?"

Michael me olhou impaciente e afirmou: "Mãe, Deus me segurou e a Mãe segurou Alan. Não se lembra?"

Naquele momento, eu me senti muito estranha, como se estivesse frio. Achava que era um papo de faz-de-conta, mas algo no olhar que Michael me deu e o jeito sério como descrevia as coisas, me fizeram ficar atenta.

Após alguns anos, as lembranças começaram a desaparecer. Até mesmo as crianças perceberam:

> Desde que Eileen, minha quarta filha nasceu, as crianças têm dito que mal podem esperar para que a irmã aprenda a falar, para que lhes fale sobre o céu, pois eles estão começando a esquecer.

"UMA PROFUNDA INTEGRAÇÃO DE CRENÇAS"

Os filhos de Mary Fleming descreveram suas lembranças espirituais com imagens infantis de lugares e eventos de que se lembraram. Algumas crianças nascem não apenas com essas lembranças mas também com o dom de entender e articular conceitos espirituais sofisticados. A filha de Lisa, Courtney, é uma dessas crianças:

> Certo dia, meu filho Joey olhava uma fotografia de sua irmã mais velha, Aubrey, quando ainda era bebê. Perguntou onde estava quando a fotografia foi tirada. Aubrey respondeu: "Você estava no céu dos bebês, esperando para nascer, Joey."
>
> Courtney ficou indignada com aquilo e disse: "Não é assim que funciona! Não é assim que funciona!"
>
> E esclareceu o que queria dizer: "A gente vai para o céu, descansa um pouquinho, como se fossem férias, mas depois tem que trabalhar. Tem que começar a pensar no que precisa aprender na próxima vida. Tem que começar a escolher a sua próxima família, uma família que possa ajudá-lo a aprender o que tiver que aprender a seguir. O céu não é um lugar feito para se ficar parado para sempre. Não é um lugar onde se pode relaxar para depois voltar. Lá, você tem trabalho para fazer."
>
> Courtney falava aquilo muito, muito séria. Tinha quatro anos e meio. E aquele não era um conceito infantil sobre

> o céu. Um lugar onde certas coisas têm que ser cumpridas.
>
> Para fazê-la prosseguir, perguntei: "Se você já esteve no céu, Courtney, consegue se lembrar de lá?"
>
> Ela respondeu: "Sim."
>
> "Então", continuei, "você deve ter visto Deus."
>
> Ela disse que sim. Pensei comigo mesma: é agora que eu a pego! E disse: "Não me lembro bem de Deus. Como é que ele é?"
>
> Fiquei esperando uma versão cinematográfica de Deus. Mas ela olhou no fundo dos meus olhos e respondeu: "Você não sabe que só vi Deus com a minha alma?"
>
> Eu já devia saber que não conseguiria encurralá-la.

Algumas vezes, a compreensão que uma criança tem dos padrões da vida vai além da que tem a maioria dos adultos, inclusive seus pais. Quando isso acontece, o que podemos fazer é nos abrirmos para as lições e agradecer pela sabedoria que a criança nos oferece, gratuitamente. Lisa continua:

> Courtney está com seis anos. As lembranças de sua vida passada começam a rarear, mas não se esgotaram completamente.
>
> Há alguns meses, ela disse algo que achei muito interessante. Estávamos na cozinha, e ela corria por todos os cantos, vestida de bailarina. A TV estava ligada num noticiário qualquer. Comecei a prestar atenção à voz do apresentador, e só então percebi que falava sobre o filho de uma mulher, que seria executado por um crime que cometera. Tentei explicar aquilo para Courtney da forma menos dolorosa possível, sem entrar em detalhes sobre o significado da palavra estupro.
>
> Courtney disse: "Bem, mãe, ela não entende. Por isso, sofre."

Perguntei: "Que é que ela não entende, Courtney?"

"Bem", repondeu, "ela não entende que quando alguém estraga a sua vida como aquele homem fez, a morte não é um castigo. Porque quando ele morrer, vai começar tudo de novo, e será um bebê numa outra família, sem nenhuma das coisas ruins que ele fez perseguindo-o. E é realmente muito melhor para ele, porque não vai desperdiçar energia, e pode aprender o que precisa aprender muito mais facilmente se recomeçar. E ela não entende isso, mãe, porque, se entendesse, não estaria triste." E saiu da cozinha rodopiando.

Fico arrepiada toda vez que falo nisso. Levei quase três horas para entender perfeitamente o que ela dissera. Para mim, ela conseguiu uma profunda integração de crenças. E, podem acreditar, não fomos nós que lhe ensinamos. Freqüentamos uma igreja presbiteriana e considero minha família bem liberal, mas aquilo não provém de dogmas religiosos que ela reuniu. Nunca ouviu aquele tipo de raciocínio antes. Foi tudo fruto dela mesma.

Sinto uma grande responsabilidade em relação a Courtney, pois sei que tenho uma filha cuja alma é mais avançada que a minha. Na ocasião, me senti como se fosse uma criança que faz uma pergunta infantil. Sem ser agressiva ou rude, ela me colocou no meu lugar.

CHASE E SARAH

Algumas pessoas me perguntam se as experiências de vidas passadas dos meus filhos os afetaram ao longo do tempo. Certamente não lhes fizeram nenhum mal, e estou convencida de que os ajudaram a se tornar indivíduos mais fortes.

Mais de oito anos se passaram desde que Chase e Sarah falaram pela primeira vez de suas vidas anteriores, e ambos hoje são adolescentes bem desenvolvidos. Sarah está sempre em movimento. Ganha medalhas nos esportes, faz teatro, canta, e vai muito bem na escola. Faz *tudo* com entusiasmo. Tornou-se famosa por começar a dançar de repente, onde estiver, a qualquer momento – nos corredores da escola, no supermercado, e especialmente na nossa cozinha. Ela nos faz rir.

Chase já não é mais um garotinho: está com um metro e oitenta. Pretende ser escritor, e sua paixão pela bateria tornou-se uma atividade séria. Ainda faz barulho em alto e bom som, mas agora é sincopado. Sua força interior nos impressiona.

Meus dois filhos são criativos e curiosos, o que atribuo, em parte, às experiências com vidas passadas. Sabem que Steve e eu aceitamos suas experiências extraordinárias, e creio que isso os encorajou a expandir os limites do que é possível ou normal. Mais importante ainda, aprenderam a acreditar nas suas intuição e inspiração, mantendo seus canais abertos para a fonte de criatividade.

Tomam pouco conhecimento do meu trabalho, como a maioria dos filhos. Raramente mencionam suas experiências de vidas passadas, e as imagens que antes eram tão vívidas desapareceram. Entretanto, ocasionalmente, fazem perguntas que demonstram que suas experiências com vidas passadas moldaram seu pensamento e suas crenças: "Como deve ter sido meu relacionamento com este meu amigo na vida passada? Podemos quase ler o pensamento um do outro." Ou então: "Quanto do seu carma você leva de uma existência para outra?" Geralmente respondo: "Não sei. O que é que você acha?" E fico escutando, enquanto eles mergulham profundamente dentro de si mesmos, em busca de uma resposta muito mais interessante do que aquela que eu poderia dar. Continuo aprendendo com eles.

Às vezes me dou conta do quanto minha vida mudou, desde aquele dia na cozinha. Este livro e a minha nova carreira começaram no momento em que Norman Inge pediu que Chase sentasse no meu colo e fechasse os olhos. Tento imaginar como a minha vida seria diferente se eu *não* tivesse acreditado no que Chase e Sarah disseram naquele dia. Ou, se tivesse acreditado mas mantido em segredo, e tivesse guardado as experiências deles num canto da prateleira do sótão, junto com as bonecas Barbie e os conjuntos de Lego. Provavelmente ainda estaria procurando o que fazer – um trabalho, um passatempo, uma aventura – para dar sentido à minha vida.

Mas ignorar o poder das lembranças dos meus filhos nunca foi uma opção. Fazendo um retrospecto, posso perceber que o que aconteceu naquele dia na minha cozinha fazia parte de um plano maior: a hora, o lugar, as condições eram perfeitos para que eu pudesse apreender o significado do evento e seguir adiante aprendendo tudo o que eu pudesse sobre lembranças de vidas passadas em crianças, para poder partilhar com todos vocês. Agora vejo minha história como algo além de um caso pessoal, mas como um exemplo do que pode acontecer quando você se abre para essas forças maiores, de um modo geral. E, no particular, o que pode acontecer quando você presta atenção no que seu filho diz – presta atenção *realmente*, com todo o seu coração e com toda a sua alma.

BIBLIOGRAFIA

Adelman, Ken. "Everlasting Life?" *Washingtonian* (June 1995).

Armstrong, Thomas. *The Radiant Child*. Wheaton, IL: Theosophical Publishing House, 1985.

Bolduc, Henry Leo. *Life Patterns*. Independence, VA: Into Time Publishers, 1994.

Chamberlain, David B. "Babies Are Not What We Thought: Call for a New Paradigm." *International Journal of Prenatal and Perinatal Studies*, vol. 4, nº 3/4 (1992), pp.1-17.

_____. "The Expanding Boundaries of Memory."*Pre- and Peri-Natal Psychology*, vol.4, nº 3 (Spring 1990), pp. 171-89.

_____. *Babies Remember Birth*. New York: Ballantine Books, 1988.

Cockell, Jenny. *Across Time and Death*. New York: Simon & Schuster, 1993.

Eason, Cassandra. *The Psychic Power of Children*. London: Rider, 1990.

Eliot, T. S. *Four Quartets*. New York: Harcourt, Brace and World, 1971.

Evans-Wentz, W.Y., trans. *The Tibetan Book of the Dead*. London: Oxford University Press, 1960.

Ferber, Richard. *Solve Your Child's Sleep Problems*. New York: Simon & Schuster, 1985.

Fiore, Edith. *You Have Been Here Before*. New York: Ballantine Books, 1978.

Freedman, Thelma. "Treating Children's Nightmares with Past Life Report Therapy: A Case and a Discussion." *Journal of Regression Therapy*, vol. 5, nº 1 (1991), pp.48-54.

Fremantle, Francesca, and Chögyam Trungpa, trans. *The Tibetan Book of the Dead*. Boston: Shambhala, 1987.

Gabriel, Michael. *Voices from the Womb*. Lower Lake, CA: Aslan Publishing, 1992.

Gershom, Yonassan. *Beyond the Ashes*. Virginia Beach, VA: ARE Press, 1992.

Grof, Stanislav. *Beyond the Brain*. Albany: State University of New York Press, 1985.

Hampton, Charles. *Reincarnation: A Christian Doctrine*. Los Angeles: St. Albans Press, 1925.

Harrison, Peter, and Mary Harrison. *The Children That Time Forgot*. New York: Berkley Publishing Group, 1991.

Head, Joseph, and Sylvia Cranston. *Reincarnation: The Phoenix Fire Mystery*. Pasadena, CA: Theosophical University Press, 1994.

Hoffman, Edward. *Visions of Innocence*. Boston: Shambhala, 1992.

_____. *The Way of Splendor*. Northvale, NJ: Jason Aronson, 1981.

Kamenetz, Rodger. *The Jew in the Lotus*. New York: Harper Collins, 1994.

Kapleau, Philip. *The Wheel of Life and Death.* New York: Doubleday, 1989.

Lenz, Frederick. *Lifetimes.* New York: Ballantine Books, 1979.

Lucas, Winafred Blake. *Regression Therapy: A Handbook for Professionals,* vols. 1 e 2.

Crest Park, CA: Deep Forest Press, 1993.

Matlock, James G. "Past Life Memory Case Studies." In: Stanley Krippner and Mary Lou Carlson, eds., *Advances in Parapsychological Research.* Jefferson, NC: McFarland & Co., 1990.

McGarey, Gladys. *Born to Live.* Phoenix: Gabriel Press, 1980.

Moody, Raymond A., Jr. *Life After Life.* New York: Bantam Books, 1975.

_____, and Paul Perry. *Coming Back: A Psychiatrist Explores Past-Life Journeys.* New York: Bantam Books, 1990.

Moore, Marcia. *Hypersentience.* New York: Crown Publishers, 1976.

Morse, Melvin, and Paul Perry. *Closer to the Light.* New York: Ivy Books, 1992.

Motoyama, Hiroshi. *Karma and Reincarnation.* New York: Avon Books, 1992.

Netherton, Morris, and Nancy Shiffren. *Past Lives Therapy.* New York: William Morrow & Co., 1978.

Pearce, Joseph Chilton. *Magical Child.* New York: Penguin Books, 1977.

Peterson, James. *The Secret Life of Kids.* Wheaton, IL: Theosophical Publishing House, 1987.

Piontelli, Alessandra. *From Fetus do Child.* New York: Tavistock/Routledge, 1992.

Prabhavananda, Swami, trans. *The Upanishads.* New York: New American Library, 1957.

Raphael, Simcha Paull. *Jewish Views of the Afterlife.* Northvale, NJ: Jason Aronson, 1994.

"Birthmarks and Birth Defects."*Reincarnation International,* nº 2 (April 1994), pp.20-21.

"Sisters Return as Twins." *Reincarnation International,* nº 3 (July 1994), p. 26.

Rinpoche, Sogyal. *The Tibetan Book of Living and Dying.* New York: Harper Collins, 1994.

Schlotterbeck, Karl. *Living Your Past Lives: The Psychology of Past-Life Regression.* New York: Ballantine Books, 1987.

Stevenson, Ian. "Birthmarks and Birth Defects Corresponding to Wounds on Deceased Persons." *Journal of Scientific Exploration,* vol.7, no.4 (1993), pp.403-10

_____. "Phobias in Children Who Claim to Remember Previous Lives." *Journal of Scientific Exploration,* vol.4, nº 2 (1990), pp. 243-54.

_____. *Children Who Remember Previous Lives.* Charlottesville: University Press of Virginia, 1987.

_____. "American Children Who Claim to Remember Previous Lives." *Journal of Nervous and Mental Disease*, vol.171, no.12 (1983), pp.742-48.

_____. *Cases of the Reincarnation Type*, vol. 3, Twelve Cases in Lebanon and Turkey. Charlottesville: University Press of Virginia, 1980.

_____. *Cases of the Reincarnation Type*, vol. 1, Ten Cases in India. Charlottesville: University Press of Virginia, 1975.

_____. *Twenty Cases Suggestive of Reincarnation*. Charlottesville: University Press of Virginia, 1974.

Sutphen, Dick, and Lauren Leigh Taylor. *Past-Life Therapy in Action*. Malibu, CA: Valley of the Sun, 1987.

Ten Dam, Hans. *Exploring Reincarnation*. London: Arkana (The Penguin Group), 1987.

Thurman, Robert A.F., trans. *The Tibetan Book of the Dead*. New York: Bantam Books, 1994.

Van den Bergh, B.R.H. "The Influence of Maternal Emotions During Pregnancy of Fetal and Neonatal Behavior." *Pre-and Peri-Natal Psychology*, vol.5, nº 2 (Winter 1990), pp. 119-29.

Verny, Thomas, and John Kelly. *The Secret Life of the Unborn Child*. New York: Dell Publishing, 1981.

Wambach, Helen. *Reliving Past Lives: The Evidence Under Hypnosis*. New York: Bantam Books, 1979.

Weatherhead, Leslie D. *The Case for Reincarnation*. London: M. C. Peto, 1966.

Weiss, Brian. *A cura através da terapia de vidas passadas*. Rio de Janeiro: Salamandra, 1996.

_____. *Muitas Vidas, Muitos Mestres*. Rio de Janeiro: Salamandra, 1992.

Wells, H.G. *The Outline of History*, vols. 1 and 2. Garden City, NY: Garden City Books, 1961.

Wester, William, II, and Donald O'Grady. *Clinical Hypnosis with Children*. New York: Bruner/Mazel, 1991.

Whitton, Joel, and Joe Fisher. *Life Between Life*. New York: Warner Books, 1986.

Wickes, Frances. *The Inner World of Childhood*. Boston: Sigo Press, 1927.

Woolger, Roger. *Other Lives, Other Selves*. New York: Doubleday, 1987.

Sobre a Terapia de Vidas Passadas, leia também os livros do Dr. Brian Weiss:

MUITAS VIDAS, MUITOS MESTRES

O que acontece quando um renomado psiquiatra vem a público para revelar sua experiência com uma paciente que, durante as sessões de hipnose, regride no tempo e vivencia suas vidas passadas?

Muitas Vidas, Muitos Mestres, primeiro livro do autor, conta a surpreendente e controvertida história deste médico — o Dr. Brian Weiss — e seu trabalho com a paciente Catherine que, apesar de tratada durante 18 meses com a terapia tradicional, só apresenta cura satisfatória ao regredir às suas vidas anteriores.

"Nada em meu passado me preparara para isto. Fiquei totalmente surpreso quando essas coisas aconteceram" — afirma o Dr. Weiss, formado para pensar como cientista e médico, pautando seu trabalho pelo racionalismo das teorias tradicionais de tratamento psiquiátrico.

Verdadeiro, emocionante, revelador. *Muitas Vidas, Muitos Mestres* é a contribuição de um respeitado cientista para a ascensão de uma nova teoria científica capaz de responder às questões que intrigam a humanidade há vários milênios.

SÓ O AMOR É REAL

Só o Amor é Real descreve o drama da procura de almas gêmeas — duas pessoas que estão marcadas para todo sempre pelo amor que tiveram em outras encarnações, e que percorrem vidas e vidas, sempre buscando uma à outra.

Elizabeth inicia uma terapia de regressão por sofrer de melancolia e por conta de muitos relacionamentos fracassados. Procura o Dr. Weiss e penetra em suas vidas anteriores, começando a entender seu presente. Simultaneamente, o Dr. Weiss trata de

Pedro, também passando por sérios conflitos emocionais.

O Dr. Weiss tratou de muitos familiares que descobriram ter se conhecido em vidas passadas. O resultado é sempre chocante, imprevisível. Mas o caso de Elizabeth e Pedro é diferente. Eles são estranhos um ao outro no presente. No entanto, ao relatar suas vidas passadas, descrevem os mesmos fatos com incrível coincidência de detalhes e demonstram as mesmas emoções. Teriam sido um casal de apaixonados? Seus problemas seriam justamente conseqüência da dificuldade que uma alma estava tendo em reencontrar a outra?

A resposta é uma história fascinante, para a qual nem o psiquiatra nem seus pacientes estavam preparados, mas que invadiu seus cotidianos. Trata-se de um drama comum que ocorre muitas e muitas vezes, conosco ou ao nosso redor, sem ninguém tomar conhecimento. Só que, desta vez, havia alguém lá para contar ao mundo o que estava acontecendo...

A CURA ATRAVÉS DA TERAPIA DE VIDAS PASSADAS

Neste livro, o Dr. Brian Weiss aprofunda sua experiência com o extraordinário poder curativo da terapia de vidas passadas.

Relatando casos reais ocorridos em seu consultório, o Dr. Weiss mostra como a terapia de regressão pode curar as dores físicas, o pesar pela perda de pessoas queridas, os relacionamentos conflitivos e os mecanismos nocivos de defesa, ajudando-nos a criar relações amorosas, desbloquear talentos reprimidos e transformar nossa visão da vida e da morte.

Verdadeiro livro de referência sobre o assunto, *A Cura através da Terapia de Vidas Passadas* apresenta também as técnicas de hipnose, meditação e lembrança de sonhos que o Dr. Weiss ensina a seus pacientes e que qualquer pessoa pode praticar em casa para atingir estados profundos de relaxamento e trazer à mente suas experiências mais remotas.

SEMINÁRIOS E FITAS NO BRASIL

O Dr. Weiss desenvolveu quatro exercícios de relaxamento, meditação e regressão para o uso de seus pacientes, tornando-os mais tarde acessíveis a seus leitores.

Estes exercícios já estão disponíveis no Brasil nas seguintes fitas de áudio bilíngües:

Fita nº 1 - Relaxamento profundo
Fita nº 2 - Meditação para a cura
Fita nº 3 - Exercícios de Regressão
Fita nº 4 - Regressão através do tempo

Cada exercício tem duração de cerca de 25 minutos. O lado A contém a versão em português e o lado B, a gravação original do Dr. Weiss em inglês.

O Dr. Weiss dirige uma clínica particular em Miami que conta com uma equipe de psicólogos treinados para aplicar a terapia de vidas passadas. Ele também organiza seminários, workshops e programas de treinamento para profissionais.

Para obter maiores informações sobre os futuros eventos do Dr. Weiss no Brasil, bem como sobre suas fitas cassetes, favor entrar em contato dando seu nome, endereço completo e telefone para:

Editora Sextante
Av. Nilo Peçanha, 155 Gr. 301 - Centro
20020-100 - Rio de Janeiro - RJ
Tel.: (021) 524.6760 - Fax.: (021) 533.1622
Serviço de Atendimento: 0800-22-6306 (ligação gratuita)